国际空港城市

在大空间中构建未来

INTERNATIONAL AEROTROPOLIS

To Build the Future in Big Space

王学东　著

社会科学文献出版社
SOCIAL SCIENCES ACADEMIC PRESS (CHINA)

在大空间中构建未来

为什么要建设国际空港城市

20世纪后半叶以来，航空运输适应了国际贸易运输距离长、空间范围广、时效要求高等特点，正在成为继海洋运输、运河运输、铁路运输、高速公路运输之后，世界经济的新一轮增长极。今天的机场，就像100年前的海港、50年前的火车站一样，已经成为经济全球化的新核心。

以机场为依托发展形成的临空经济区，为商品、服务、资本和技术在更大空间的流动提供了新的平台。目前在发达国家，临空经济已经成为各国抢占新一轮经济发展的战略制高点。美国孟菲斯、荷兰史基浦、韩国仁川、新加坡樟宜都已发展成为著名的国际空港城市和区域经济中心。

可以说，临空经济的发展已经颠覆了传统的区域经济理论，打破了产业由发达国家向发展中国家的沿海、内陆梯度转移的规律，构成了全球高端产业以国际空港城市为平台，点对点、跨洲网状布局的大空间格局。某种程度上，大空间时代的到来，正在使世界上广袤的内陆地区摆脱以往的区位劣势，与沿海地区站在了同一起点上。这也正是本书的核心——以国际空港城市为依托，在大空间中构建未来。

建设什么样的国际空港城市

2011年，美国北卡罗来纳大学约翰·卡萨达（John Kasarda）博士出版了《航空大都市——我们未来的生活方式》一书，对航空大都市进行了生动的阐述。随着我国转变经济发展方式的步伐不断加快，各地开始意识到发展临空经济的重要性，已有 50 多座城市规划了临空经济区。北京、上海、郑州等地均把发展临空经济作为本地区的重大战略，在中长期规划中给予了很高的地位。但客观地说，航空大都市对大多数机场来说并不具有普遍意义，我们更愿意用国际空港城市来概括临空经济区的高级形态，这也符合经济学研究的初衷。西咸新区空港新城以西北地区最大的枢纽机场——西安咸阳国际机场为核心，2011 年成立时就确立了建设一座国际化、人文化、生态化、智慧化的国际空港城市的总体定位，未来的三大核心目标就是要建设一座自由贸易之城，成为丝绸之路经济带的商业门户；建设一座文化交流之城，成为东西方文化交流的平台；建设一座国际产业之城，成为西部高端制造基地。目前，国际空港城市建设的宏伟画卷正在徐徐拉开。

怎么样建设国际空港城市

由于国内枢纽机场大都远离市区，除了航空枢纽的功能以外，其余所有功能基本缺失，因此国际空港城市在建设之初就必须用全新的思路、更大的气魄去审视，既要借鉴国外空港城市的经验，又要在经济全球化的背景下实现跨越式发展。除了定位问题以外，最关键的就是要突破以往新区"分期开发、滚动发展"的理念，进行城市功能的自我构造和自我完善。西咸新区空港新城一成立就创新性地提出了"功能整体构造、项目协同建设"的全新理念，同步实施若干个功能性项目，在较短时间内实现了四大发展目标。一是构建起国际空港城市最核心的城市服务功能，包括城市公共服务体系的建立；二是实现基础和核心产业的集聚和扩张，国际空港城市产业体系的雏形显现；三是快速形成城市标杆形象，国际空港城市风貌基本形成；四是集聚了人气，增强了人们对国际空港城市发展的信心。

如何在大空间时代抓住临空经济发展先机，使中国抢占世界经济战略制高点，影响到国家宏观发展战略与区域经济格局的走向。同时也是空港城市建设者与学术界都不得不深思的问题。因此，为了总结西咸新区空港新城在国际空港城市建设方面形成的理论认识和独特模式，为理论研究及其他空港城市建设提供有益参考，本书以西咸新区空港新城为例进行了系统性的归纳和研究，并对建设国际空港城市的未来进行了展望。当然，基于国内临空经济的发展现状和本人所在单位在国际空港城市建设方面尚处于初期阶段，本书内容还有许多不足之处，期望通过以后的探索实践加以完善，敬请各位读者提出宝贵意见！

王学东

2014 年 7 月 11 日于西咸新区空港新城

目　录

第一章　空港城市的兴起和关键要素 / 1

　第一节　空港城市的概念与特征 / 2

　第二节　空港城市形成的时代背景 / 5

　第三节　空港城市形成的基础条件与原因 / 12

　第四节　空港城市发展的关键要素 / 15

第二章　空港经济区向空港城市的演变 / 22

　第一节　空港经济区向空港城市演变的阶段划分 / 22

　第二节　空港城市演进的动力机制 / 28

　第三节　当前空港城市发展存在的问题 / 34

　第四节　空港城市的发展趋势 / 35

第三章　国内外空港城市的典型案例及借鉴 / 37

　第一节　荷兰阿姆斯特丹——空港城市的典范 / 37

　第二节　日本关西——空城一体的航空枢纽 / 41

　第三节　韩国仁川——快速崛起的东北亚航运枢纽 / 44

　第四节　美国孟菲斯——美国的门户 / 48

　第五节　北京临空经济区 / 51

　第六节　上海临空经济区 / 54

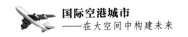
第四章　空港经济区对区域发展的影响机制分析 / 59

第一节　已有研究综述 / 59

第二节　空港经济区对区域经济社会影响的微观机制分析 / 60

第三节　空港经济区对区域经济增长的影响 / 62

第四节　空港对区域空间的重构 / 65

第五节　空港主导型城市经济的可持续问题 / 68

第五章　国际空港城市发展与建设的核心理念 / 70

第一节　战略定位 / 71

第二节　城市功能 / 72

第三节　发展目标：第四代国际空港城市 / 73

第四节　"四化"的城市发展理念 / 74

第五节　发展路径 / 77

第六章　国际空港城市的总体规划与功能布局 / 81

第一节　国际空港城市空间布局和建设的总体战略 / 81

第二节　构建产城融合发展的主要功能组团体系 / 95

第三节　建设高标准的城市基础设施体系 / 116

第七章　国际空港城市开发建设模式 / 132

第一节　传统滚动开发模式的特点与局限 / 132

第二节　"功能整体构造、项目协同建设"的总体发展模式 / 135

第三节　总体发展模式的实现途径 / 139

第八章　构建特色鲜明的国际空港城市产业体系 / 154

第一节　国际空港城市的产业体系构成 / 154

第二节　航空物流业 / 163

第三节　民航科技产业 / 168

第四节　半导体产业 / 188

第五节　新型现代临空服务业 / 200

第六节　临空现代农业 / 205

第九章　构建国际化的国际空港城市公共服务体系 / 207

第一节　国际化大都市对公共服务的基本要求 / 207

第二节　空港新城公共服务现状与差距 / 209

第三节　国际化公共服务建设的借鉴：邻里中心 / 212

第四节　构建国际化的空港新城公共服务体系 / 214

第五节　空港新城国际化公共服务设施规划 / 217

第六节　空港新城实现公共服务国际化的发展措施 / 222

第十章　实施国际空港城市战略性生态环境保护 / 225

第十一章　国际空港城市的前景与展望 / 229

第一节　国际空港城市的发展前景 / 229

第二节　国际空港城市的发展展望：自由贸易园区 / 233

附件一　西安国家航空城实验区发展规划（2013－2025）/ 243

附件二　2013 欧亚经济论坛
　　　　——中国临空经济区发展与合作交流会会议综述 / 255

参考文献 / 262

第一章
空港城市的兴起和关键要素

交通可以改变一个城市的区位禀赋，决定着城市的兴衰。一个时代的交通方式对这个时代的经济模式和城市发展模式有着根本性的影响，一个城市和区域的发展与其所处区位及与外部联系沟通的方式有着密不可分的关系。随着科技的进步，人类交往与交通方式对城市的区位和发展起到了决定性的作用。纵观近代以来国际大都市的发展历程，"交通—产业—城市化"存在着密切关联，至今共经历了五个历史时代，即海洋运输时代、内河运输时代、铁路运输时代、公路运输时代和航空运输时代。不同历史时期存在着不同的主导交通工具和交通方式，并以此形成不同城市类型，例如"码头城市"、"车站城市"、"超级城市"、"多中心及新城"和"空港都市"等。

中国改革开放的历史证明：谁能更多更好地融入全球化，谁经济增长的持续性就能得到保证。在依靠人力与畜力为主要交通方式的时代，西安在很长一段时期内是中国经济、政治与文化发展的中心。但随着交通方式的变革，更多的沿海城市依靠区位优势与交通优势成为中国对外开放的主要阵地和经济发展的中心，而西安的中心作用则逐渐没落且受到了极大削弱。对当前身处西北内陆、不沿海、不沿边的大西安和陕西省来说，如何构建对外开放和国际交往的门户和联系通道、拉近与世界的距离，决定着我们未来的发展方式和高度。航空时代的到来和知识经济的发展，为内陆区域打破交通制约与区位禀赋条件、参与国际分工、融入国际化发展提供了一个新路径与新思路。

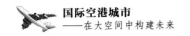

第一节　空港城市的概念与特征

近半个世纪以来，随着全球经济一体化和国际交通运输结构的重大变化，航空运输和航空业在国际分工和贸易中发挥着越来越重要的作用，航空业的巨大发展产生了许多区域性和国际性的航空枢纽。大型航空机场突破了原有单一的运输功能，航空枢纽发挥着巨大的经济辐射力，与所在城市的结合越来越紧密，给产业、城市和区域发展带来了重大影响，并逐渐形成了一个集国内外航空运输、物流服务、仓储加工、航空产业、国际贸易、海关保税、会议展览、旅游娱乐、生活居住、商贸购物、文化教育等功能于一体的综合性都市区。

尤其是进入 21 世纪以来，临空经济在区域经济发展中的作用显得更加重要。空港已不再是一个只上下飞机的地方，而是一种整合客流、物流、资讯、产业、休闲、商务、居住等城市集群功能的新兴业态。甚至有人认为，空港经济将成为 21 世纪城市经济的发动机和经济全球化竞争的决战场。以时间、通信技术与全球化为基础的速度经济与即时经济成为 21 世纪的主流经济，航空交通的快速性与即时性将成为新经济发展的依托。国内外众多的成功经验也表明，将现代工业与现代服务业有机结合的空港经济，应该是未来全球化进程中城市经济竞争的焦点。

一　空港城市的概念

从世界范围来看，空港城市的概念起源于 20 世纪的欧洲。1959 年，爱尔兰成立了香农国际航空港自由贸易区，标志着全球第一个空港经济区诞生。半个多世纪以来，许多国家和地区把大型空港所在地区开发为对外开放的核心地区，以此来争取区域竞争和全球化竞争的主动权，先后诞生了荷兰的史基浦机场、韩国的仁川机场、新加坡的樟宜机场、香港机场等。这些地区的临空经济发展已较为成熟，尤其是以仁川机场为核心的仁川经济自由区，被韩国政府指定为全球化商业前哨基地，目前已形成商务与金融、物流、尖端产业、医疗、生物科技、教育和文化旅游等多个产业的聚集区。在我国，近几年已有57个城市规划了58个临空经济区，先后涌现了如郑州航空港经济区、北京顺义空港经济区、广州空港经济区、上海浦东空港经济区等全国知名空港区。目前，以空港城市为战略支点发展外向型经济成为大势所趋。

目前，不同学者对空港城市的内涵界定不尽相同。在 Mckinley Conway（1965）首次提出临空经济的概念后，学界对此的关注程度日益提高。John Kasard（1992a）在研究人类历史上不同的运输方式基础上，提出了第五波理论，认为航空运输是继海运、天然运河、铁路和公路运输之后对区域经济发展的第五冲击波，它会逐渐成为地区经济发展的增长极。该观点已被学术界广为接受。随着人们认识的不断深入，对空港城市的认识也趋于明晰，目前学界主要形成了以下三种认识。

第一种认识认为临空经济是后工业时代的新型经济模式。这种观点认为临空经济是通过依托大型枢纽机场的综合优势，发展具有航空指向性的产业集群，从而对机场周边地区的产业产生直接或间接的经济影响，促使资本、技术、人力等生产要素在机场周边集聚的一种新型经济形态，是一种具有现代服务业特征与新经济时代特征的新型产业，有人也称其为"机场产业"、"空港产业"、"临空经济"或"机场经济"。

第二种认识认为空港经济区（或临空经济区）是一个临空产业集聚空间。这种观点认为临空经济是以机场为核心、依托机场对经济资源要素产生的空间集聚效应，从而在机场周边地区形成的以航空物流、人流所衍生的产业集群为主体的功能区，该区域正逐步演化成空港运营区、空港紧邻区、沿空港交通走廊地区和空港辐射区圈层分布的综合性经济区域。

第三种认识认为空港城市是空港经济区的高级阶段发展形式。空港城市是空港经济区发展到高级阶段而形成的航空城市和航空大都市。空港城市是一种以国际枢纽机场为依托，通过空中通道和信息化通道与世界重要经济区取得密切联系，以重点发展客货运输、仓储加工、综合贸易、商业服务、会议展览等临空产业为特色的综合性新型门户城市。空港城市的建设和发展旨在最大限度地利用全球范围内的资源，使机场周边发展成为本地经济的核心和全球经济产业链的一个重要节点，使其在新的国际分工体系中占据有利地位。在全球经济一体化和电子信息革命背景下，经济对时间的要求越来越高，速度经济的重要性日益显现，许多国家和地区已经从战略高度上认识到大力推进临空经济发展和发展空港城市的必要性，将它作为提升国家、区域、城市竞争力的重要战略手段。

由以上可以看出，空港经济区的概念包含三个层次的含义。第一，它具有经济的概念，是一种新的经济模式。由于机场对周边地区产生的直接或间接的经济影响，出现资金、技术和劳动力的聚集，从而产生了具有集聚效应和扩散效应的新经济形态。第二，它具有产业的概念，空港经济区涉及一系列以发展临空产业为核心的相关产业，包括先导产业（运输业、民航综合服务业）和相关产业（配套服务、传统的制造业、物流配送、商务餐饮、住宅开发和高新技术产业等）。第三，它具有地理的概念，空港经济区以机场为地理中心，沿交通沿线向外发散式扩张。从城市规划的角度来看，空港经济区的概念是建立在枢纽机场和新城规划的基础之上的。

二 空港城市的特征

综观现有文献，多数研究集中在临空经济的区域发展效应与产业布局等方面，也有一些文献分析了临空经济的形成机理（曹允春，2009；管驰明，2008），但目前有关临空经济的产生及特征的文献仍较少。空港经济区以空港经济为基础，当空港经济发展到一定数量和程度并通过自组织机制相互紧密联系就形成了所谓的空港经济区，因此可以说，空港经济区是空港经济在空间上的体现。从产业角度而言，空港经济区是航空运输服务产业及航空运输相关产业的空间经济组织形式，主要有以下特征。

第一，区域特定性。空港经济区必须以大型枢纽机场为依托，在地理空间上覆盖机场运营核心区域及周边地区，否则"空港"经济区就无从谈起。

第二，空间结构多层次性。空港经济区在空间上大多表现为廊道式和圈层式相结合的特点。一方面，机场通过放射状的道路交通系统与主城和其他城镇相连，相关产业通常会沿道路呈廊道式分布，另一方面，不同的相关产业对运输条件要求不同，通常会围绕机场运营地形成同心圆式的圈层结构分布。可以依据距离机场远近把空港经济区分为 4 个区，即空港核心区（机场周边 1 公里范围内）、紧邻空港区（机场周边 1~5 公里范围内）、空港相邻地区（机场周边 5~10 公里范围内，或在空港交通走廊沿线 15 分钟车程范围内）和外围辐射区（机场周边 10~15 公里范围内）。

第三，产业选择性。空港经济区并不是适合所有产业在此布局。综观国内外空港产业发展的情况，空港核心区的产业重点是基础设施产业，如飞机后勤维修服务、燃油供应、航空食品业、旅客服务、航空货运服务、停车场服务等服务项目，另外还有航空公司的办事机构等；紧邻空港区重点发展临空配套产业，包括飞机零部件制造以及与之有关的咨询、培训、航空公司的行政总部、航油航材的总部、航空物流业等；空港相邻地区主要发展高新技术产业，如生物工艺/生物制药、计算机、信息技术、仪器、微电子等制造及研发中心等和现代服务业，包括现代物流、公共仓储、通信服务、电子商务、金融保险、信息咨询、资产评估、会计审计、生活服务、商业贸易、餐饮酒店、会展旅游、教育培训、医疗卫生等，另外，这个区域也可以发展现代农业；而在外围辐射区，可以布局高端房地产业等。

第二节　空港城市形成的时代背景

一　航空交通工具的革命

临空经济和空港城市在近半个世纪的兴起绝非偶然。从历史上看，这是一个与经济发展历史阶段同步出现的规律性现象，并与交通运输工具的重大变革息息相关。众所周知，人类经历了几次重大的交通运输革命，而且交通运输工具的每次革新都深刻地影响着经济的空间形态和产业结构，并带来整个经济的跳跃式发展。

第一，在海河运输时代，帆船和轮船是主要交通运输工具，江河湖海是经济要道。水上运输带来了港口经济的率先兴起和发展。世界上著名的大型商业中心大都市兴起于港口或江河要冲。15 世纪哥伦布发现新大陆，荷兰、西班牙等海洋强国通过强大的远洋运输，产生出跨洲的世界商品交易市场，带动了工场手工业的大繁荣。16 世纪的西班牙、17~19 世纪的英国依靠发达的海洋贸易成为当时的世界第一强国，也使巴塞罗那、伦敦等海港城市先后成为生产要素聚集和产业兴旺的世界大都市。在中国，上海、广州等城市都是因海港而兴，但是要比西方发达国家的世界大都市出现得晚得多。在美国殖民地时期，大西洋沿岸首先兴起的是波士顿、纽约、费城、查尔斯顿等港口城市，这些成为带动殖民地社会经济发展的四大经济中心。随着人类进入工业时代，人们对工业原料、能源等的需求越来越大，一些沿河的原料或能源产地通过内河或运河交通，能够与外界进行较为便利的物质交换，带动了这些地区的繁荣与兴旺。英国的伯明翰，曾享有长达约一个半世纪的"世界工厂"的声誉，这得益于其发达的运河交通。在美国内河运输发展时期，内河运输的改善起了关键作用，汽船与运河互补，提高了运输效率，便利了河运贸易，使港口城市沿河流向内陆发展。美国五大湖地区的一些重要城市，例如最著名的底特律，虽然现在衰落了，但在当时，依托发达的水运成为世界著名的汽车城。中国的武汉，号称九省通衢，拥有四通八达的水陆网络，作为内陆与长江下游商品贸易的转运中心，并发展成为清代后半叶至民国前期中国第二大城市和第一大重工业城市。

第二，在铁路运输时代，火车成为主要的交通运输工具，促进了铁路城镇的形成和发展。铁路铺设始于 19 世纪上半期，19 世纪下半期更新加快，在西欧和北美等工业化先发国家逐渐形成了稠密的铁路交通网，大多数城市都有铁路线相连，铁路成为促进区域经济发展的大动脉，推动工业化向纵深发展。德国的鲁尔工业区，就是通过四通八达的铁路网络，发展成为世界上著名的工业中心。美国西部开发过程中最壮观的景象之一是在横贯大陆铁路的沿线，兴起了难以计数的铁路城镇，地处东西两大地域中间点的芝加哥成为 11 条铁路的交会站点，是全国名副其实的铁路枢纽，进而成为美国著名的重工业中心城市。在中国，最典型的是郑州，随着平汉铁路（北京至武汉）、陇海线的先后通车，因其枢纽地位，从一个名不见经传的传统农业小县发展成为中原地区的中心城市，被称为"火车拉来的城市"。

第三，在公路运输时代，汽车是主要的交通运输工具，郊区经济快速发展。1932 年，德国修筑了世界上第一条高速公路，当时它主要是为了军事目的，高速公路的产生也改变了世界战争史，当时德国部队极强的机动性及著名的"闪电战"的重要依托就是发达的公路。二战后，高速公路网络的形成对经济发展产生了巨大影响，随着高速公路系统的建成和完善，汽车不仅速度较快，更重要的是操作灵活，可以深入到城市和地区的每一个角落，这样汽车便成为货运和客运的主要承载工具。汽车的普遍使用，使人口流动更加灵活，城市的地域范围得以不断扩大，在市区以外的近郊和远郊，又形成很多分散的居民点，自此郊区化开始成为一个规律性现象，单核城市开始向多中心发展，形成大都市区和"小时经济圈"的效应，例如美国大城市所形成的"大都会区"，人们上班在城市中心的写字楼，而居住在离主城区五六十公里远的郊区，如此便扩大了城市的规模。

第四，在航空运输时代，飞机成为重要的交通运输工具，空港城市快速形成和发展。20 世纪人类一个伟大的发明，就是 1903 年美国莱特兄弟发明的飞机，最早更多的是军事意义，后来成为重要的客运工具，到 20 世纪后半叶它在货运方面发挥越来越重要的作用，空运这一运输方式对人类经济社会发展进程的影响不容忽视。目前，世界贸易总值的 40% 通过空运完成。在美国，几乎 2/3 的货运是经过 24 ~ 48 小时的空中快运完成的。在科技革命的推动下，经济全球化和以时间为基础的竞争居主流地位，速度和便捷对新经济来说至关重要。临空经济具有市场速达性和全球易达性，这是其不断扩张和发展的内在逻辑与动力。例如，占地 230 公顷的日本中部机场城是国际商业的集聚地，包括口岸交流区、物流区、航空加工区、港口区、中心区、生活文化区、研发制造区；爱尔兰的香农机场自由贸易区 2000 年实现出口总值 18.72 亿美元，进口总值为 7.48 亿美元，成为欧洲最具吸引力的国际商业区之一，也是爱尔兰近几十年快速增长的推进器。

当前，航空运输对区域经济发展的拉动作用日渐增强，机场已不仅仅是传统意义上的交通集结地，而是一个临空经济高度集中的经济区域。在传统经济时代，大鱼吃小鱼是一种常态，而在新经济时代，则是"快鱼吃慢鱼"。思科 CEO 钱伯斯认为，"在 Internet 经济下，大公司不一定打败小公

航空货运

司，但是快的一定会打败慢的。Internet 与工业革命的不同点之一是，你不必占有大量资金，哪里有机会，资本就很快会在哪里重新组合。速度会转换为市场份额、利润率和经验"。"快鱼吃慢鱼"强调了对市场机会和客户需求的快速反应，因此，现代经济正在创造一个以航空化、数字化、全球化和以时间价值为基础的全新竞争体系。

在以经济全球一体化和速度经济为外在加速器的知识经济时代，航空运输显现出巨大的时空收敛性。机场作为全球价值链中最为突出的国际物流节点，其周边地区成为组织生产最为快捷的区位。机场周边地区形成的临空经济是速度经济与航空运输互动的产物。美国经济学家小艾尔弗雷德·钱德勒在其著作《看不见的手——美国企业的管理革命》一书中首次提出速度经济的概念。21 世纪为那些认识到商业流动性和商务开发的变化并将其充分利用的城市带来了比较优势。数字化、全球化与航空业的催化作用使开展商业的地点与方式发生转型，同时它还改变了产品与人们常规往来的速度和距离，类似 20 世纪的高速公路、19 世纪的铁路以及 18 世纪的运河与港口所起到的作用，如今，这些机场周围的地区已经成为对时效和速度要求高的制造业以及配套设施、娱乐、旅游、企业写字楼等远程连通性行业的吸铁石，促进了区域经济和城市经济的发展。图 1-1 是 1945~2010 年全球航空出行增长情况，由此图可以看出，过去的半个多世纪以来，航空客运与货运获得了高速增长，航空运输成为目前主要的交通运输方式。

二 产业结构变迁

产业结构的变化是临空经济形成的重要因素。随着产业结构从重工业化向高加工度化转变，分工日益细化，而生产流程的改变和计算机辅助制造系

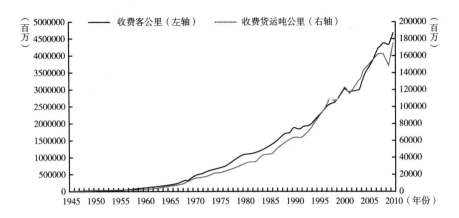

图 1 - 1　1945 ~ 2010 年全球航空出行增长情况

统的实施使得多品种、小批量的生产方式成为可能，这种生产方式在迅速扩大分工网络的同时带来了物流成本的显著上升。统计显示，企业运输成本、配送成本、信息成本和储存成本等物流成本占制造企业产品总成本的65% ~ 80%，而运输成本又占物流成本的 70% 左右。为了缩短产品在途时间、减少仓储费用，企业倾向于选择具有便捷、高效物流网点的地区作为设厂地址。尤其是对于新兴的技术密集型产业，因其大多处于竞争激烈的市场环境，产品更新换代频繁，要求企业不断提高库存周转率，缩短运输时间。这样一来，快速高效的物流网络对企业来说至关重要，靠近机场成为企业选址的首选。

此外，知识密集型服务业的发展使面对面交流的重要性不断提高，对高效运输方式的需求使越来越多的商务人士倾向于选择飞机作为他们的出行方式。一些集聚了企业总部和研发机构的区域，与枢纽机场之间便捷的交通条件对区域经济的发展有重要的战略意义。临空产业的发展及与周边地区便利的交通条件增强了临空经济区对跨国企业总部的吸引力，从而带动了房地产业、会展业、生活娱乐业等的发展，扩大了临空经济的规模，使临空经济区成为城市经济新的增长核心。

随着全球产业结构的高级化、工序的细分化，国家之间开始利用各自的资源禀赋优势对产业链进行分工，以降低产品成本。产业链从原来的不同梯度国家在某一产业上依次起步、此消彼长的"雁行"发展模式转变为各国家在同一产品不同工序上几乎同时起步和联动的"龙形"发展模式，产业转移由"整体型"向"分离型"转变。同时，由于同一产品不同工序对不同要素的依赖程度的差异性，国际产业链由原来的垂直或水平转移向同一产品内部各工序之间的分工模式演化，地区之间的分工变得更加显著而持久。

随着技术进步和贸易自由化的发展，越来越多的国家和地区融入以产品价值链为纽带的全球分工网络，成为产品价值增值过程中的一环。由于全球价值链从地理空间及企业层面都具有附加值越高则集中度越高、附加值越低则分散程度越高的特点，因此在价值链的底端往往有多个分散在各个国家的地方产业集群共同作为一家上游企业的供应商，从而导致中间产品在全球范围内广泛流动。以电脑的硬盘马达来说，虽然马达并非硬盘核心部件，在价值链上只属于中低层次，但其分工环节多达十几个，分散于日本，中国平湖、宁波和大连，东南亚的新加坡、马来西亚、菲律宾和泰国等多个国家和地区。激烈的市场竞争使得企业需要不断缩短产品的运输时间，从而整个产品分工网络更加依赖于远距离运输体系，使高效的航空运输网络成为每一个要进入全球分工网络的国家的必备条件。中间品贸易量将带动航空货运量的增加，增强航空运输的辐射和波及效应，推动当地的临空经济升级。

全球价值链转移为航空运输业的发展带来了重大机遇，尤其对于发展中国家，航线网络的丰富和流量的增加带动了运输经济的增长。与此同时，航线资源的丰富也刺激了依赖于航空运输的临空产业集群的发展。由于我国的大部分外向型加工企业仍处于全球价值链的低端环节，而附加值越低的环节其进入门槛越低，因而随着经济的发展，能够进入价值链中低环节的地方产业集群越来越多。这意味着处于价值链低端的企业将面临更激烈的竞争，而运输时间和成本对地方产业集群嵌入全球价值链中将起到关键作用。研究表明，运输时间多一天，所花的运输成本大约是进口货物本身价值的 0.3%，管理成本大约为 0.5%，这相当于货物在途资金利息费用的 30 倍。竞争的加剧使得这些企业对交易效率的要求不断提高。为了进一步缩短运输时间，降低交易成本，争取进入全球分工网络，一些知识密集型、依赖于航空运输的企业需要选择在机场周边或者与机场之间交通便利的区域设址，以充分利用快速通达的航空运输网络将其产品送交客户。

另外，虽然通信技术的发展使得近距离交流的需求降低，但对于很多非标准化的黏性知识的传播而言，面对面的交流仍然是必不可少的。靠近机场便于企业缩短与价值链上游企业及高科技中心的时间距离，较易获得知识溢出，推动价值升级。在临空经济区设厂还可以加强企业与分散在其他国家的供应商和客户的联系和沟通。因而，临空经济区不断吸引一些高科技企业和公司总部入驻，推动临空产业集群的形成。

国际市场的激烈竞争已使企业之间的竞争从"大鱼吃小鱼"转变为"快鱼吃慢鱼"，企业对产品运输时间的要求促使航空运输在对外贸易中的作用更为显著。区域机场的航班和航线网络资源以及企业与机场之间的距离成为跨国公司选址的重要影响因素。对美国制造业 1978～1994 年在 6 个欧盟国家的跨国经营活动和投资的研究表明，劳动成本在生产高科技技术的跨国公司的区位决定中并不起中心作用，而与主要的生产和研发中心接近才是重要的区位决定因素。区域开放带来的对外贸易量的增加推动了主要机场周边临空经济的形成。大型枢纽机场周边吸引了跨国公司总部、外向型高新技术企业以及物流服务企业等。

三 日趋开放的航空政策

我国加入 WTO 后，对外开放由有限范围和有限领域内的开放，转变为全方位的开放；由以试点为特征的政策性开放，转变为法律框架下可预见的开放；由单方面为主的自我开放，转变为世贸组织成员之间的相互开放。航空运输业的垄断地位也受到挑战。国内的管制逐步放松，各个层面的对外开放正在形成。

航空管制的放松及民航运输服务市场的开放有利于吸引更高水平的地面服务和配套企业入驻临空经济区，推动相关企业提升自身营运水平和竞争力。外资的注入还将为机场引进先进的经营管理技术和人才，并利用资金进行机场基础设施建设，扩大机场的规模，从而为临空经济的发展提供良好的环境条件。

此外，我国航权开放的力度也进一步加大，先后与美国、澳大利亚、泰国、新加坡、印度等国就航线表、运力、第五航权、代号共享、包机等事项签订了较为宽松的双边运输协定。航权开放使得外国航空公司可以大举进入国内航空货运市场，争夺货源和客源。国外有实力的货运代理公司将抢滩中国口岸城市。这些代理公司由于与海外的集运航空公司、货运航空公司有着比较密切的合作关系和架构良好的网络互联性，因此有助于双方在我国进行强强联合，共同开发潜力无限的中国市场。

可以预计，在今后 10 年中，越来越多的海外航空公司会通过各种方式投资我国的航空货运业。一方面，在一些口岸城市和中西部枢纽城市的机场和当地机场或航空公司合作，或者依靠当地机场或基地航空公司，采取合作经营或独资经营的方式提供货运地面代理和操作服务。临空经济区内物流服务业将得到充分发展。另一方面，航权开放使区域的触角延伸至更广阔的市场空间，开放地区将有机会利用其他国家的航线使本地产业集群嵌入全球航运网络。这对于提高交易效率、提高区域参与世界分工的能力和水平产生极大的促进作用。

第三节　空港城市形成的基础条件与原因

一　空港城市形成的基础条件

城市之所以成为城市的不可或缺的要素是一定规模的人口与产业的集聚。在航空交通运输时代，围绕航空机场所引致的临空人口集聚和临空产业集聚，逐渐形成规模可观的临空经济，最后发展成为以空港为中心的空港城市。空港城市是一个国家或区域经济发展达到一定水平、一定阶段的产物。一个经济落后的地区可能有航空运输，但很难有临空产业和空港城市。空港城市的本质是临空经济的高级形式，其形成必须具备以下基础条件。

首先，空港城市所依托的城市是区域首位度高的国际化城市。相对于周边城市，所依托城市是这一区域的中心地区。以区域城市整体格局的视角，空港所依托的城市还需要进一步开发建设，满足对周边城市的服务需求。

其次，大型枢纽机场要有庞大的客货流。航空运输业的极大发展，带动相关产业的发展。例如美国的孟菲斯机场，其货邮吞吐量一直遥遥领先于世界其他空港。世界上所有知名的航空物流企业几乎都在孟菲斯机场设有物流机构。围绕航空物流，又形成了一批商务服务、金融服务等现代服务业部门。

最后，依托大型空港形成相关的产业集群。由于交通运输枢纽指向产业布局模式具有原料地指向、燃料地指向、消费地指向等优点，一些产业部门的布局指向也比较倾向于向大型枢纽机场周围集中，由此依托大型空港形成相关的产业集群。如高新技术产业的产品特点是"短、小、轻、薄、贵"，与航空运输适合于体积小、价值高、时效性强的货物特性恰巧吻合。因此，很多发达国家和地区电子信息产业布局的一个重要趋势就是临空指向。

二 空港城市形成的原因

空港城市不是凭空出现的，其形成与发展是临空经济不断发展壮大的结果。

（一）临空经济本身是社会经济一定历史发展阶段的产物

如果一个地区或城市社会经济发展水平较低，尚未有机场建设，或者机场规模过小，飞行航线稀少，临空经济这种新的经济形态就不可能出现。当区域经济规模不断扩张，新兴城市不断崛起，人口规模和产业规模不断扩大，形成了较为广阔的经济腹地，与其他城市和地区的经济文化交流越发频繁、越发重要时，建设新机场和开通新航线的必要性就显得日益突出。在这一阶段，虽然临空经济尚待形成，但随着新机场的建设，就给相关产业和企业提供了一个新的市场信号，将直接影响产业的布局和企业的选址。当企业开始逐渐围绕机场周边设立工厂、仓库、物流中心、商贸中心、服务业等不动产和投资固定资产，与时间和速度相关的产业和衍生产业开始集聚布局在新机场空间半径内，临空经济就处于孕育阶段。

（二）当临空经济形成之后，内源性动力和外源性动力促进其快速发展

内源性动力源于机场本身的发展状况。机场发展速度快，区域性地位提升较快，机场就可能从支线机场向枢纽机场发展，货运物流和客运客流增长快速将催化企业选址决策和产业集聚，从而出现临空经济的快速发展。如

此，基于时间的竞争优势应运而生。小乔治·斯托克在其开创性论文《时间：下一个竞争优势资源》中，分析了二战以来日本企业竞争优势的演进过程。他指出，日本企业首先从"低劳动力成本优势战略"向"基于规模的资金密集优势战略"发展，然后从"集中生产优势战略"向"柔性生产优势战略"发展。在这一发展过程中，时间和速度对企业竞争优势的重要性不断增强。时间竞争和速度竞争的核心就在于缩短从产品开发、加工制造到销售配送等的时间，从而赢得竞争优势，使得新产品更早进入市场，赢取更多的市场份额，大大降低产品生产及上市周期长所带来的时间成本。基于时间成本的区位选择机制会导致决策主体（企业）的区位偏好以机场周边为主，也就是临空指向。

外源性动力是促进临空经济成长的重要因素。新兴产业的兴起，对航空运输需求加大。随着城市化向郊区扩展，城市外围的快速交通环线体系不断完善，促进城市边缘地区发展，使得位于城市边缘的机场地区发展潜力变大，企业进一步向机场地区聚集，大量企业聚集于临空经济区促使产业结构调整和产业结构优化升级，传统制造业得到改造，高新技术产业和现代制造业不断涌现。高科技产品具有体积小、重量轻、单位产品承担运费高、生命周期短等特点，特别适合航空运输，这就决定了高新技术产业和现代制造业对航空运输依赖性较强、需求较大，从而促进临空经济成长。

（三）在临空经济成熟阶段，临空经济区内形成若干产业集群

在航空运输产业集群中，航空客运和货运是核心产业，通过产业后向关联，吸引航油、航材、机务维修、航空制造、航空食品等产业在临空经济区聚集，通过产业前向关联，为其他产业提供航空客运和货运服务，促使高新技术产业、现代制造业、部分传统制造业、生物工程、总部经济等产业向临空经济区聚集，形成以航空运输业为核心，规模宏大的航空运输产业集群。在大的产业集群下面，存在若干子产业集群，例如，对于核心芯片产业来说，其通过产业后向关联和产业前向关联，吸引生产与之配套的零部件产业、芯片研发设计产业、电子信息产业在临空经济区聚集，通过产业旁侧关联，吸引辅助性产业也向临空经济区聚集，如此就形成以核心芯片产业为中心，由零部件和研发设计服务等专业化投入的供应商和核心芯片使用商构成的产业群落。因此，通过产业间的关联，最终形成航空运输产业集群、高新技术产业集群、现代制造产业集群、航空制造产业集群、现代物流产业集群、生物园艺产业集群，群簇式产业集群得以形成。产业集群形成后，在外部规模经济和外部范围经济作用下，企业的生产成本和交易成本大规模降低，从而提高了临空产业的整体效率，促进了临空经济的发展。

（四）政府的制度安排与政策鼓励

为了促进临空经济长期健康发展，政府对临空经济进行干预，制定长期统一发展规划，设计促进临空经济发展的制度安排，促使临空经济步入航空城开发阶段，并使之成为最有利于发挥增长极对腹地和机场依托城市经济发展的带动作用的阶段。在政府制定的临空经济区发展规划的指引下，临空产业按空间布局结构规划进行梯度向外扩散。由于服务对象、运输方式等特点，航空运输业和航空服务业在空港区以及紧邻空港区布局；距离空港近的区域，土地价格昂贵，但考虑到运输成本，企业区位不能距离机场太远，因此，临空指向性较强的产业，如高新技术产业、现代制造业等，将其区位选择在距离机场较远的紧邻空港区和空港相邻区；现代服务业、消费服务业、公益性服务业布局于临空经济区的外围，以降低其土地成本，同时又能为临空指向性产业提供相应的服务。临空产业除了临空指向性产业外，还吸纳为临空产业及其职员提供生产、生活服务的辅助性产业，包括现代服务业，如信息、金融、会展、现代物流、法律服务；生活服务业，如商品零售、旅游、房地产、餐饮、娱乐休闲等；公益性服务业，如基础教育、培训、医疗保健、市政管理等。临空产业和辅助产业的协调发展，使临空经济区成为拥有主导产业、配套产业的基础产业功能完善、空间布局合理的航空城市。

第四节　空港城市发展的关键要素

空港城市是以枢纽机场及临近区域为中心，机场所在区域为载体，综合

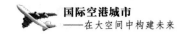
运输体系为动脉，临空相关产业为支撑，广大经济腹地为依托，展开生产力布局的一种新型经济模式。这些经济要素相互作用、相互联系共同形成一个有机的社会经济系统，空港城市的发展离不开这些关键要素。

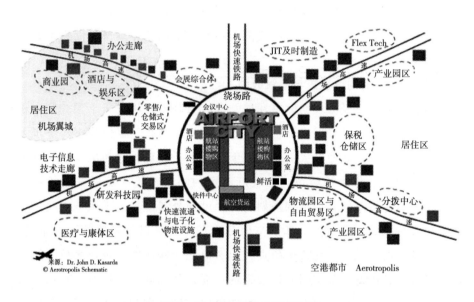

图1-2 空港城市功能区布局

一　枢纽机场

枢纽机场，至少是大型区域性机场，是空港经济区发展的载体。机场的枢纽特性是机场运营规模、网络通达性、中转能力等枢纽特性的表现。现在许多城市的政府出于发展旅游业、构建完整的交通体系等需要都在兴建或计划兴建机场。可以说，机场的产生和发展是空港经济产生和发展的前提，缺少机场作用的经济模式不能界定为空港经济。机场航线数量和运输业务规模对空港经济的建设和发展产生决定性的影响，如果缺少国际、国内客货流的有力支撑，或机场的航线和航空运输业务规模过小，就无法使经济空间的资源要素逐渐向机场周边地区聚集，更无法对机场周边区域的产业发展产生辐射带动作用。所以，并非所有的机场都能够发展空港经济，形成空港经济区，只有在枢纽机场，至少是大型区域性枢纽机场才可能规划空港经济区。

根据《全国民用机场布局规划（2008）》和《中国民用航空发展第十二个五年规划》，我国将建设五大机场群，包括北方机场群、华东机场群、中南机场群、西南机场群和西北机场群；三大国际枢纽机场，包括北京首都机场、上海浦东机场和广州白云机场；20 个区域枢纽机场，包括哈尔滨、沈阳、大连、天津、上海虹桥、杭州、南京、厦门、青岛、深圳、武汉、郑州、长沙、南宁、海口、成都、重庆、昆明、西安、乌鲁木齐。表 1－1 是我国十大枢纽机场发展情况，其中，西安咸阳国际机场客运吞吐量排名第 8 位，货邮吞吐量排名第 15 位，客运与货邮均有待于进一步提升。

表 1－1　中国十大枢纽机场发展情况

机场	旅客吞吐量(人)			货邮吞吐量(吨)		
	排名	2012 年	2013 年	排名	2012 年	2013 年
北京/首都	1	81929352	83712355	2	1799864	1843681
广州/白云	2	48309410	52450262	3	1248764	1309746
上海/浦东	3	44880164	47189849	1	2938157	2928527
上海/虹桥	4	33828726	35599643	6	429813.9	435115.9
成都/双流	5	31595130	33444618	5	508031.4	501391.2
深圳/宝安	6	29569725	32268457	4	854901.4	913472.1
昆明/长水	7	23979259	29688297	9	262272.3	293627.7
西安/咸阳	8	23420654	26044673	15	174782.7	178857.5
重庆/江北	9	22057003	25272039	10	268642.4	280149.8
杭州/萧山	10	19115320	22114103	7	338371.1	368095.3

二　综合交通运输体系

交通运输体系是保证现代社会经济正常运行的重要环节。随着区域社会经济一体化的发展，社会分工越来越明确，各个地区在经济发展中扮演的角色各有不同，使得地区间的人、财、物等资源的交流越来越频繁，对交通的机动性和可达性提出了更高的要求，传统的单一繁琐的交通模式已经越来越不能适应当今社会发展。早在 20 世纪 70～80 年代，美国、日本等发达国家

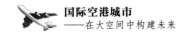
已经着手规划综合交通运输体系，现在已经形成高度发达的运输体系。

基于现代物流的发展和人们出行的需要，综合交通运输体系应运而生，要求城市规划部门和交通管理部门通过整合航空、铁路、公路、水路等多元运输方式，简化客货运输的中间环节，使其具有较大的灵活性，这是现代化交通运输的必然要求。综合交通运输体系亦要求从传统"管制型"交通向"协调型"交通转变，明确规划和设定多元交通方式的关键接口，提高运输效率。

从空港的角度而言，交通运输体系是联系空港与空港、空港与腹地的交通网络，是空港经济产生和发展的生命脉络。网络通达性，包括机场航线网络通达性，机场地面综合交通网络通达性，机场所在区域与周边地区的资金、信息、人力等资源连通性。第一，机场航线网络通达性决定了机场的对外连接能力，决定了城市的可连通国际市场范围。空港通过各条航线将城市与城市联系起来，航班越多，城市间的联系也就越经常化、多方面化、紧密化，相互影响就越深远，相互协作分工就会产生发展空港产业的需要，形成空港产业群。第二，机场地面综合交通网络通达性，主要是机场综合交通枢纽建设，即多种交通运输方式的衔接程度，这决定了机场的对内沟通能力，决定了连接城市腹地资源的范围和临空经济区的区域影响空间范围。空港往往又是区域中联系铁路、公路、水路等多种运输方式的枢纽，是各种运输工具的结合部和转换衔接的场所，所以空港区域是物流市场及为交通运输服务的相关行业及各种企业的密集地，从而形成相关的产业群。第三，产业群的形成和繁荣是空港及周边地区真正成为一个经济区的核心内容。而若要实现客流、物流、资金流以及信息流在空港间及空港与腹地间的快速通达和高效运转，必须大大提高交通的可达性和机动性，形成综合交通运输体系。对于我国这样面积广大的国家，跨区域的联动将主要依靠航空网络和高速铁路的作用。通过建立层次性较强的交通网络，协调整合空港流动要素，能够为大型空港及其周边腹地的相关产业群的形成创造良好的条件。

三　临空产业集群与繁荣的城市经济

临空产业是临空经济产生的核心和支撑。临空产业包括与机场和航空运输直接或间接相关的产业，如直接为航空运输服务的产业、航空保税产业、高新技术产业及其配套零部件产业、出口加工业、现代园艺农业、商务、旅游、生活服务业、房地产业等。随着经济全球化、一体化、区域化的深入，经济发展模式发生了很大变化，使得企业的区位偏好由运费指向、供给指向、市场指向逐渐发展成时间价值指向。在以节约研发时间和最短化新产品进入目标市场时间为特征的柔性化生产方式中，时间价值成为影响企业的成本与收益的重要区位因素，企业的区位决策目标指向机场——这个拥有现代快速的交通运输工具的场所，这使得区域生产要素的聚集和扩散行为变得通达而迅捷，加速了区域资源流动。因此，在新环境下企业的区位需求是临空经济产生发展的动因之一。

临空产业要考虑机场航线网络的覆盖面。临空产业的原材料和产品主要依靠航空运输，因此，机场的航线网络连接原材料产地和市场是关键因素。进驻临空经济区的企业如果没有相应的航线网络，无法充分利用机场资源，其生产将受到很大制约，继而影响企业的正常运营。同时，临空产业的发展应同区域经济发展规划统一，实现区域的协调发展，否则很容易变成一个孤岛型产业区。

机场所在区域是临空经济发展的经济支撑。机场所在城市拥有优越的区位优势和交通条件，就会对各生产要素产生强大吸引力和集散功能，各种要素通过临空经济循环实现显值和增值，并使机场所在城市成为资源转化、物资集散、资金配置、信息交换、人才集聚的经济中心，从而促进城市经济的发展。而城市经济的发展，特别是高新技术产业的发展，为机场带来更多的客货运输，聚集更多的人流、物流、资金流和信息流，使各种生产要素更加集中，从而促进临空经济和城市经济的进一步发展。世界范围内港口与腹地城市的发展演变始终遵循着一个普遍规律——"建港兴城，以港兴城，港为城用，港以城兴，港城相长，衰荣共济"，港口与所在城市、腹地经济存在相互依存、互联互动的关系。

大型枢纽空港的崛起，可以大大扩展城市对外联系的空间，大型空港周边相关产业群的形成使空港区域成为区域经济增长的新高地，使其形成具有强大集聚效应和扩散效应的增长极。机场所在区域的经济社会发展水平直接影响临空经济区机场繁荣度、临空经济产业高效度和空港社会和谐度。以临空产业为例，航空客流和航空货流的高端性决定了临空产业具有高技术、高人才、高资金和高风险的区位偏好，而区域的宏观经济水平决定了人才、资金的聚集程度，同时也决定了政府的扶持力度。

四　宽广的经济腹地

大型枢纽机场和综合交通运输体系仅为临空经济的产生发展提供了潜在的可能性，这种潜在的可能性只有在具备了一定的客观条件后才能转化为现实的事物，这种客观条件就是聚集的临空产业群与繁荣的城市经济和宽广的经济腹地。因此，临空经济一定是这两种因素共同作用的结果。

对空港城市而言，经济腹地主要是指空港航运输入、输出货物的影响范围，空港腹地往往与空港周边交通基础设施的通达能力、港口货运的货种结构、腹地经济的产业结构等直接相关。经济腹地的面积以及腹地经济发展状况对机场和临空经济的发展无疑起着决定性的作用，腹地越宽广，经济越发达，货源就越充足，就越能促进空港城市的发展。

空港城市发展需要腹地经济发展的支撑，腹地经济发展到一定程度，人民生活水平显著提高，摆脱贫困，步入小康后，人民群众才能具有选择航空运输的财力，航空运输规模才会空前扩展，大量产业才会在机场周围聚集，临空经济才能得以出现，在这之前，只能说存在航空现象，而不能说存在临空经济。经过 30 多年改革开放，特别是 2001 年底我国加入世界贸易组织后，我国经济呈现新一轮快速增长，2012 年我国的 GDP 超过 50 万亿元，人均 GDP 达到 3.85 万元，折合成美元为 6100 美元；恩格尔系数由 1978 年 60% 左右下降到 2012 年的 36%，这表明我国人民生活水平已经达到小康。据有关专家预测，一个国家的人均 GDP 超过 3000 美元后，临空经济将进入快速发展期，目前，我国人均 GDP 已经远远超过 3000 美元，表明我国临空经济跨越式发展时期已经来临。

根据民航发展的一般规律，人均 GDP 达到 5000 美元时，年人均航空出行 0.4 次左右；人均 GDP 达到 10000 美元时，年人均航空出行为 0.7 次左右。2012 年，全球机场接待旅客 55 亿人次。预计到 2030 年，这一数字将增至 120 亿人次，同时航空货运的增长幅度将会更大。中国计划在未来五年向航空业投资将近 2500 亿美元，将实现全球领先增长，而其他新兴市场也将紧跟中国的步伐。这些国家的发展不仅带来最快的经济和国民收入增长速度，而且将会带来大规模的航空出行。世界旅游组织预测，到 2020 年，出境游的中国内地游客将超过 1 亿人。国际机场协会（ACI）调查数据显示，每年 100 万航空旅客运输量相当于产生 1.3 亿美元的经济效益和 2500 个就业岗位。正因如此，国际机场协会将机场喻为"国家和地区经济增长的发动机"。

第二章
空港经济区向空港城市的演变

第一节　空港经济区向空港城市演变的阶段划分

从空港经济演变历程看，空港经济在发展过程中呈现不断高端化的特点。在航空运输业与区域经济不断互动发展的过程中，空港所担当的门户功能不断提升。空港所处理的门户要素逐步由单一的客运转为以客运为主、货运为辅，进一步发展成为客货运并重，并出现了以客货运为载体的信息流、资金流的发展趋势。在这一门户功能升级的过程中，其功能承载空间不断扩大、演进，由空港转为空港与周边临空工业园的复合体，进一步发展成为功能更加综合的空港城，并出现了与城市功能高度融合的空港都会区的发展趋势。这些历程和趋势构成了空港经济的四代发展阶段。随着经济全球化和区域化进程的加速，世界较为成熟的空港经济已开始由第三代向更高、更新层次的第四代过渡。

一　第一代空港经济区

第一代空港经济区，以机场本身功能为主，是区域的重要基础设施和简单经济功能区。它是以空运为主的航空初级经济区，主要特征是以空港为空间形态。在第一代空港经济区发展阶段，机场依托城市和腹地经济发展产生了航空客流和部分航空物流，以航空客运产业为临空经济区的主导产业，并且除了航空运输业外，开始出现以机场为核心、服务于机场和航空公司的航空服务业，包括机务维修、航油航材供应、地面运输、地勤服务、候机楼服务、行旅运送、客货代理、旅客配餐等。空港配套产业得到初步发展，包括餐馆、零售、宾馆业等，但该阶段客货流量相对较小，航空服务业规模相对有限。由于空港运输需求和运输能力较弱，空港经济区规模较小，对其他城市的辐射能力相对有限；机场与城市主城区之间的联系通常以点对点的交通方式连接。

第一代空港经济区发展阶段，由于主要定位于客流运输，空港经济区往往选择远离主城区的郊区空旷地带，以此来降低土地成本。在城市化加速过程中，人口和产业在城市过度聚集导致交通日趋恶化、用地日益紧张、环境问题突出、聚集经济效应明显降低等问题。正是这种拥挤效应促使原来位于城市中心的工业企业开始到城市外围寻找更好的发展空间，而距离城市大约20～30公里的机场周边土地价格便宜、交通便利、生态环境良好，自然而然成为城市工业部门的最佳选址地。在第一代空港经济区阶段，由于临空指向性的产业聚集程度和规模相对有限，无法充分实现极化效应和溢出效应，以致经济辐射范围较小，与上下游产业联系较少，尚未形成成熟的国内分工和国际分工产业链。

二 第二代空港经济区

第二代空港经济区，航空货运引导功能展现，临空指向性强的临空型制造业加快集聚，空港经济区快速成型。在第一代空港经济区基础上，空港客运持续发展，并逐渐向货运领域发展，形成以客运为主、货运为辅的运营格局，逐步向第二代空港经济区发展。第二代空港经济区的一个显著特征是临空工业园区的集聚，航空服务业和临空产业区为核心的临空城市经济开始形成，同时空港城与大城市主城区及周边城市的经济联系越来越紧密，开始形成以高速公路、快速路、轨道交通等为主的多元联运的交通网络。

在第二代空港城市发展阶段，大量临空指向性强的产业在临空经济区聚集，增加了航空运输需求，致使机场规模扩大，航线网络扩张，而航空物流和客流增加，使得航空公司运营业务增加、航空公司的运营水平提高，促进航空服务业迅速发展，形成门类齐全的航空服务业，包括与航空地勤有关的服务业，如加油、消防、导航、紧急医疗、保安；航空物流服务业，如货物集散、货物仓储、货物转运、货运代理；与航空公司作业有关的服务业，如客票代理、行李运送；此外还有飞机修理、餐饮住宿、商业零售、汽车租赁、机舱清扫等服务业。航空服务业为航空运输业提供优质的服务，促进航空运输效率的提高，使临空经济区对临空指向性企业具有更大吸引力。同时，航空服务企业数量增多，服务水平提高，航空服务业成为临空经济的重要组成部分，促进临空经济发展。

在第二代空港经济区发展阶段，空港城临空产业规模逐渐扩大，产业技术水平显著提高，机场基础设施越来越完善，空港城通往城市和腹地的快速交通网络已经初步形成，这将进一步吸引生产要素和产业向临空经济区聚集，使产业结构进一步优化，一些具备发展条件的第二代空港经济区将进一步向第三代空港经济区发展。

三　第三代空港经济区

第三代空港经济区，各类生产生活要素加快集聚，对区域经济社会发展产生重要影响，成为区域发展的重要增长极。随着国际分工和全球化的迅猛发展，世界经济进入了航空运输时代，航空客运与货运都出现了大幅度增长，从而在世界主要经济地区涌现了许多第三代空港经济区。第三代空港经济区的主要特征是客运、货运并重，形成集客货流集结疏散、娱乐购物、休闲会客等功能于一体的多元化空港，临空产业集聚加速，以空港为枢纽形成多元快捷交通网络，构建具有经济辐射力的区域城市群。在第三代空港经济区发展阶段，制造业与服务业相互促进，制造业产业水平的提高促进服务业发展，服务业的高端化促进制造业产业水平高度化，特别是以信息、物流、金融、会展、研发设计为代表的现代服务业，对制造业成本的降低、效率的提高起到非常重要的作用。高新技术产业、现代制造业、航空物流业、航空运输业的快速发展，为降低成本、提高效率，迫切需要为之提供服务的生产服务业得到充分发展，促进这些临空产业的升级和优化，因此，信息、金融、现代物流、会展业、研发设计和法律服务等现代服务业纷纷在临空经济区布局，为临空制造业提供充分、便利的生产服务。信息产业渗透到制造业中，改造制造业的生产工艺，扩大机器加工产品的广度，节约企业搜寻信息的成本，提高制造业的生产效率；现代物流产业与制造业结合，节约制造业的物流成本，提高原材料、零部件和产品在仓储、包装、运输、配送等环节的效率；金融业与制造业结合，拓展企业融资的途径和范围，解决企业发展所需资本不足的难题，为企业资本运作提供一个良好的环境；现代会展业与制造业结合，为企业提供展示自身产品和企业文化的机会，节约企业宣传和产品营销成本；研发、设计服务业与制造业结合，促进制造业产品的多样化，改进产品性能，使企业开发出更多符合市场需求的产品，提高企业竞争力。

在第三代空港经济区阶段，连接机场和城市、腹地的快速公路、轻轨，以及围绕机场的环线交通修建完毕，形成便捷的立体交通体系，临空经济区的基础设施逐步完善。这大幅度增强了空港经济区的区位优势，吸引大量临空指向性产业在空港经济区聚集，从而提高空港经济区人才、技术、管理、资本等要素的丰裕度。高新技术产业、现代制造业、现代服务业、现代物流产业、总部经济充分发展，群簇式产业集群形成，使得空港经济区生产要素高度聚集，经济总量快速增长，从而成为名副其实的区域经济增长极，在扩散效应的作用下，资本、人才、技术、知识、管理等生产要素由空港经济区流向腹地和机场依托的城市，促进腹地和城市产业结构升级，带动经济快速发展。

四　第四代空港经济区

第四代空港经济区，与全球重要经济区紧密联系，成为全球经济中的重要枢纽节点和区域内国际化程度最高的航空大都市。随着世界经济步入21世纪，信息革命已将整个全球经济紧密地联系起来，全球化趋势不断加深，空港城市的作用和重要性日益加强，国际化程度越来越高。第四代空港城市的主要特征就是国际化和智慧化程度高，成为全球经济的重要枢纽节点和全球分工的重要融合器。第四代空港城市同时汇集大流量的客流、货流、资金流、信息流，衍生产业高度发达，高端服务、研发创意和休闲经济成为临空产业的主要环节，并与都市其他产业融合发展，形成以机场为枢纽、城市中心区为节点的多式联运的区域性、智能型快捷交通网络。第四代空港还特别注重人文、环境生态与产业经济的和谐发展。

第四代空港城市定位的首要特征就是国际化。随着经济全球化和跨国公

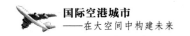
司在全球经营，对航空运输的需求显著增加，航空运输的重要性与日俱增，迫使机场规模扩大，服务功能完善，枢纽机场航线网络向全世界重要城市扩张。机场成为一国通往世界各国的重要窗口和沟通全球市场的渠道。临空经济区聚集了丰富的生产要素，以及便利的立体交通系统，跨国公司的总部或其地区总部也将其区位选择于临空经济区，使空港城市成为研发设计中心、产品和服务营销中心、公司财务结算中心，充分显示总部经济特性。外向型临空产业也在空港城市布局，利用航空运输其原材料、零部件、产品和职员，达到向全球抢占市场的目的，特别是跨国公司利用机场这一渠道，在全球范围内建立经营生产网络，实现生产销售全球化。

五　小结

根据以上分析，我们归纳概括出空港经济区四代演进（见图 2 - 1）。

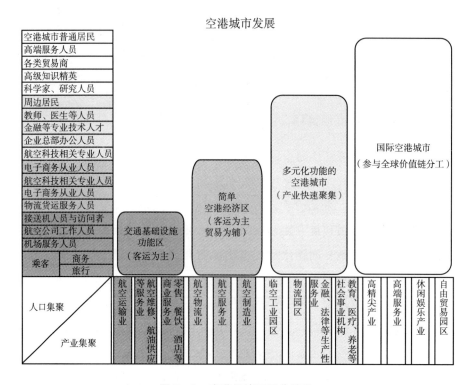

图 2 - 1　空港经济区四代演进

从图中可以看出，空港经济区每发生一次阶梯式质变，空港经济区的内涵与外延就得到一次延伸与拓展。而支撑空港经济区发生阶梯式质变的力量则是区域内产业集聚与人口集聚程度不断提高，极化效应与溢出效应日趋显著，尤其是产业结构越来越高端化与客户群越来越知识化的特征，引致空港经济区的城市综合配套服务功能不断完善与升级，并最终使空港经济区越来越具备一个国际性城市的完整框架与生产要素。

当空港仅仅履行一个交通基础设施终端功能时，这种初级形态的空港经济区只是中心城市交通运输职能在空间与地域上的迁移，空港经济区大量分布的是机场与基地航空公司，配有少量的航空维修、航油供应等航空服务业及餐饮、酒店等基本的商业服务业。这个阶段，由于距主城区较远，该区域只属于少数特殊群体密集往返的地方，往来人员主要为商务或旅行乘客、机场服务人员、航空公司工作人员、接送机人员和一些访问者。此时，由于该区域临空指向性的产业聚集程度和规模均较小，人口与产业的集聚十分有限，以致经济辐射范围较小，与上下游产业关联较弱。

随着航空货运功能的日益凸显，航空物流业迅速崛起，物流公司相继入驻空港区域，带动了航空维修、航材供应等服务业的极大发展，并产生了航空制造业就地发展的需求，大量临空指向型产业聚集于此，物流货运服务人员、电子商务人员、航空科技相关专业人员等随之而来，人口与产业集聚效应大大提高，区域的经济与商业功能增强，空港经济区雏形初现。此时，空港经济区与腹地城市的交通体系也得到完善。

随着航空制造业等产业在空港经济区内的加速集聚，一个又一个临空工业园区形成。为降低成本、提高效率，促进临空制造业的升级与优化，信息、金融、现代物流、会展业、研发设计和法律服务等生产性服务业在临空经济区布局，为临空制造业提供充分、便利的生产服务。同时，金融、会计、法律、IT等专业技术人才汇聚于此，空港经济区的辐射扩散效应提高，信息、人才、技术、管理、资本等生产要素开始从腹地城市向空港经济区流动。此外，随着这些人员及其家属落户空港经济区，教育、医疗、养老等社会服务机构产生，空港经济区的城市综合配套功能大大提高，一个多元化空港城市的基本功能与框架初步形成。此时，空港经济区成为腹地城市的一个

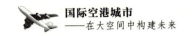

区或者独立为一个城市，与腹地城市的综合交通体系网络形成。

而随着空港城市产业与人口不断聚集，扩散效应日益明显，大量的客流、货流、资金流、信息流往返于此，高端服务、研发创意和休闲经济等衍生产业高度发达，成为全球重要的自由贸易园区，国际化和智慧化程度高，是全球贸易与分工的重要融合器，是全球经济的重要增长极。科学家、研究人员等知识精英、各类国际贸易商及高端服务人员成为这里的居民，一座国际化的空港大都市形成。

第二节　空港城市演进的动力机制

国内关于临空经济的研究起步较晚，但近年来发展较快，发表了不少相关成果。这方面文献多集中在临空经济的产生演进、临空经济的区域发展效应以及临空经济区的空间结构和产业布局等方面。孙波等学者（2006）认为，空港区域与腹地区域的双向互动发展是临空经济的形成机理；曹允春（2009）从复杂系统演进理论出发，分析了临空经济演进的动力机制，将其分为基础性动力、外源性动力以及内生性动力，并指出了不同的发展阶段，其发展动力是不同的；曹允春（2006）分别从机场、企业、临空产业以及政府的角度分析了临空经济的核心竞争力形成；管驰明（2008）指出在城市经济的扩散效应和临空产业的集聚效应下，空港都市区逐渐形成。另外，魏晓芳等学者（2010）分析了空港经济区产业空间布局问题，刘雪妮（2009）、王勇（2011）探讨了临空经济对区域经济的影响。本书认为技术创新、产业集聚与产品内分工是促进空港城市演进发展的内在动力机制。

一　技术创新动力

临空经济是一种新型经济形态，与传统农业和工业经济形态相区别，但也拥有一般经济形态的共性，技术创新同样是临空经济发展的长期推动力量。技术创新通过促进交通技术进步、提升航空运输能力、优化产业和经济结构、提高信息化和知识经济水平、增加企业核心竞争力，为临空经济发展提供不竭动力。

第一，技术创新促进交通运输方式高级化。目前，作为最高形式的交通运输工具，航空运输飞机综合应用多种高新技术，如新型飞机制造材料、机载电子设备、卫星导航技术、信息技术等，来提高技术和经济性能，是当今最重要的高技术产业之一。中国是世界航空运输大国，具有巨大的市场需求和潜力。依靠和利用当今先进的科学技术，大力发展民族航空工业，特别是制造大型民机，对于促进国家经济社会发展具有重要的战略意义。

第二，技术创新促进临空产业高级化。在临空经济初创阶段，临空产业以航空运输业、航空服务业、传统制造业为主，这些产业的产品或服务附加值不高，产业技术水平较低。为了获取超额利润，企业进行技术创新，随着技术革命和技术创新成果的应用，产业整体技术水平得到大幅度提高，促使高新技术产业和现代制造业出现。这些产业的产品附加值高、生命周期短、单位产品承担运费能力强，倾向于利用航空进行运输，所以这些产业将其区位选择在临空经济区，成为临空产业的一部分。因此，技术创新促进临空产业走向高端、高效、高辐射性，提升临空产业水平。

第三，技术创新促进临空产业结构升级。在现代经济条件下，技术创新提高了信息技术水平，使其应用日渐产业化，信息产业、互联网等为现代服务业的诞生提供技术可能性，同时，临空产业高端化趋势急切呼唤建立现代高端生产性服务业，以便为其提供生产服务。因此，在临空经济成熟阶段，以信息、金融、现代物流、会展为代表的现代服务业成为临空产业的重要组成部分，临空产业由原来的二、一、三结构转变为二、三、一结构，如此，临空产业结构实现高级化。为了保持临空经济产业高端性，充分发挥临空经济作为区域经济增长极的作用，带动腹地经济发展，必须进行持续创新。在临空经济区内，企业技术创新会给其带来暂时超额利润，引起临空经济产业升级，不久，通过扩散效应，创新性技术成果就会辐射到腹地和机场所依托的城市，引起创新成果应用浪潮，从而使整个区域经济走向高潮。当该创新成果被大多数企业模仿后，创新技术成为社会共有技术，经济发展出现停滞。这时就需要临空产业进行新的创新，促使临空产业再次升级，然后带动整个区域经济向前发展。因此，接连不断的创新，是临空经济保持发展的不

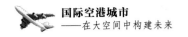

竭动力。

第四，技术创新带动空港城市及其腹地经济增长。在空港城市内，推进型产业技术创新首先引起自身增长，通过投入产出关系、外部经济、模仿学习效应、乘数效应等引致与其有前向、后向和旁侧关联关系的部门增长，实现临空经济增长。然后，通过临空经济扩散效应，实现对腹地的辐射作用，带动腹地和机场所依托的城市经济增长，并促进产业技术水平提高。推进型产业是临空经济创新产生和扩散的源泉，正是推进型产业创新活动引发临空经济自身增长，同时也带动腹地经济增长。因此，选择什么样的产业作为推进型产业至关重要，既要考虑产业前向、后向和旁侧关联关系，又要考虑临空经济发展阶段产业特征、产业连锁效果、增长后劲和发展瓶颈效应；不仅要考虑利用比较优势来发展临空推进型产业，还要考虑到推进型产业对周边地区的市场需求和对腹地的扩散效应。应该根据临空经济演进阶段，确定相应的推进型产业，在临空经济发展初创阶段，一般是选择航空运输业作为推进型产业；在成长阶段、成熟阶段、瓶颈阶段和航空城开发阶段，选择相应高新技术产业或现代制造业作为推进型产业。

总之，培养符合临空经济发展阶段特征、创新能力强的产业作为推进型产业具有非常重要的意义，通过推进型产业创新活动，不仅能够推动临空经济自身快速发展，而且能够推动腹地及机场所依托的城市发展和扩张。

二 产业集聚动力

产业集聚是指同一产业的大量企业在某个特定地理区域内高度集中的一种经济现象。已有理论和实证研究表明，一个区域的竞争优势与其内部的产业集聚紧密相关。产业集聚有利于资本、知识、技术等要素的重新组合与创新，有利于本地区工程师、技术工人等人力资本的集中和本地熟练劳动力市场的形成，从而使区域更具创新活力，增强区域竞争优势。临空产业集群是指航空运输相关产业或依赖于航空运输的产业以及为这些产业配套的上下游企业在临空经济区内集中而形成的产业集群。临空产业集群的发展扩大了临空经济区的范围，改善了区内的要素结构，是空港城市推动区域产业结构升级、提高就业水平和促进经济增长的主要形式。

　　临空产业集群的形成与空港城市的区位优势是密不可分的。机场作为大型公共基础设施，具有投资大、周期长、辐射范围广的特点，这就决定了航空运输资源在一定区域内的垄断性和不可复制性。而机场的航线和航班资源不仅要在区域客货吞吐量达到一定水平后才能得到拓展，还受到所处地理位置和国家政策的严格限制，因而机场资源具有稀缺性和布局分散性。依赖航空运输的企业，为与其分布在全球的价值网络紧密连接，倾向于在大型枢纽机场所在的临空经济区布局，从而带来相关产业的集中。临空工业高时效、高科技的特点决定了其具备产业集群的原动力，而产业集群也是临空工业发展的必然选择。临空产业集群具有以下优势。

　　第一，降低运输时间成本和运输费用。临空企业选址时的航空枢纽指向性源自其产品的高时效性，其产品运输时间的延长不仅会增加成本，还会给企业带来巨大的市场风险。发展临空产业集群可以吸引相关产业及产业链上下游企业的集中，缩短供应链各环节之间的距离，减少运输时间，从而降低成本。这对于具有较高产品时间价值的临空工业企业来说具有更大的吸引力。空港城市的运输规模经济带来的航线和航班资源会吸引更多的新企业在选择区位时更倾向于在此设厂，从而形成规模报酬递增效应，加速产业集聚。

　　第二，获得专业化服务。高新技术企业的发展需要更具专业性的服务企业的支持，如风险投资、金融、科技服务、人才以及一体化的物流服务等，而这些服务往往需要专用性资产的投入，如专业人才和专用设施等。根据威廉姆森关于资产专用化的观点，由于资产用途的不可转移性，专用性资产的投入会给投资企业带来较大的风险，而相关或同类企业形成产业集群后，服务企业的市场扩大可以降低专用性投资的风险，从而吸引专业化服务企业进行专业投入。在空港城市形成产业集群将提高服务性企业的专用性资产投入力度，改善临空经济区的服务环境，从而提高集聚企业的收益。此外，产业集群有利于推动相关政府部门改进运作流程，为企业提供更优质的服务。如长三角的苏州地区利用毗邻上海机场的优势，形成了庞大的 IT 产业集群。80% 的 IT 产品都需要通过航空运输，在 48~72 小时内将产品送交客户。而根据规定，苏州每笔进出口的货物都需要经过上海

和南京两个海关，进口货物在机场办完手续运输到工厂就需要 24 小时以上。为提高物流效率，该地区申请了"虚拟空港"。货物抵达上海机场后，直接装上"卡车航班"，运输至苏州物流中心。这样一来，从上海机场到园区企业的时间缩短为 7 小时，大大提高了物流效率，增强了集群企业的竞争优势。

第三，获得知识溢出效应。产业在空港城市集聚促进知识和技术溢出，导致学习效应出现和创新加快。知识和技术溢出方式有两种。一方面是知识和技术正式扩散，这主要通过企业间正式联系实现知识和技术转移；另一方面是知识和技术非正式扩散，这主要通过专业知识人员之间非正式交流传递知识和技术。企业在空港城市集聚可以产生知识和技术非正式扩散，这是因为，空港城市集聚了相似和同类企业，这些企业人才的专业存在相关性，工作之余，他们在餐馆、酒吧、茶座、聚会等活动过程中，不经意的闲聊可能传递知识和技术方面的专门信息。同时，这些专业人才可能是朋友或熟人，故技术资料也可能在企业、工程师、设计人员之间流动。集聚企业比单个企业更容易获得专业信息，通过这种信息的非正式扩散，获得较大收益。企业集聚于空港城市也可产生专门信息的正式扩散，因为企业在地理上邻近，同类企业之间可能会进行知识和技术有偿转让，或者建立研究共同体对产业技术进行共同研究开发，在这些活动过程中，知识和技术等专门信息实现企业间传递。通过思想和信息的正式和非正式扩散，空港城市聚集了专门的知识和技术信息。这种知识和技术溢出与共同享用，有利于临空企业之间形成学习网络，加快企业创新步伐，从而提高临空经济核心竞争力。

三 产业链分工动力

与人类历史发展相类似，分工演进也是一个历史过程，先后经历产业间分工、产业内分工和产业链分工。产业链分工实现了一种产业链各个环节在不同区域完成，以充分利用不同区域优势，降低产品研发、设计、生产、销售成本，使企业获得更大利润空间。对于高新技术产业、现代制造业和现代服务业来说，产业链分工更是一种提高企业效益的有效产业组织方式。高端产业的产业链各环节倾向于在临空经济区分布，这样既获得了与各环节相对应的生产条件，也可以便利地利用航空进行产品运输，这客观上促进临空经济发展。因此，产业链分工是空港城市发展的必要动力。产业链分工对临空经济和空港城市发展推动作用表现在两个方面，即功能专业化和速度经济。

第一，功能专业化促进临空经济发展。信息、计算机硬件、核心芯片、精密仪器等临空高技术产业链各个环节所要求的生产经营条件很不相同，同时，各个地区的资源禀赋、市场优势也大不一样，这两方面结合使临空高技术产业链的不同环节在相应临空经济区集聚，形成临空经济区功能专业化。功能专业化为临空产业带来三个方面的好处。一是促进新技术、新设备发明和使用，提高生产效率。在功能专业化条件下，临空企业专注于产业链特定环节，企业容易集中财力和智力进行新技术和新设备研发，从而使得新技术和新设备产生。二是有利于临空产业的员工熟能生巧，临空企业管理简化，提高生产经营效率。临空企业的员工专注于产业链特定环节，使其工作在一定技术水平下变得较为简单，并且员工生产经营活动越来越集中于较少操作上，使员工能够较快学会生产技术或经营技巧，进而达到熟能生巧的境界，从而提高生产经营效率。此外，功能专业化使管理工作变得较为简单，提高临空企业管理效率。三是形成集聚经济效应。临空专业化企业可以共享临空经济区的基础设施，节约大量基础设施建设费用，获得外部规模经济带来的效益。此外，专业化企业可以得到辅助性行业提供的生产经营服务，辅助性行业的服务是针对专业化生产经营而配套的，所以可以更好地发挥其服务功能，形成外部范围经济。功能专业化导致的外部规模经济和外部范围经济，客观上可以降低成本，提高临空经济整体效率。

第二，速度经济的影响。在产业链分工背景下，临空产业链上各个环节都分散到具有优势条件的临空经济区，有利于利用各临空经济区在资源禀赋和市场条件方面的比较优势。然而，为了实现产品价值，产业链各个环节需要进行协作。例如，计算机生产中需要计算机键盘生产环节与计算机显示器生产环节之间的配合，必须把键盘从甲临空经济区运输到乙临空经济区，再进行组装才能得到计算机产品。在临空经济区集聚的高技术产业，如电子信息、精密仪器、计算机硬件、核心芯片等，由于其产品生命周期短、更新速度快，生产这些产品的企业要想获得市场竞争力，必须以最快的速度实现产

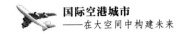

业链各个环节之间的协作，以完成研发、设计、原材料采购加工、中间投入品生产、制造、装配、仓储运输、销售批发、终端零售、售后服务等环节。而航空运输具有快速、便捷特点，因此，临空高科技产业理所当然选择航空运输。由此，航空运输能加快临空高科技产业链各环节之间的联系，提高临空产业效益，促使更多同类或相似环节的高科技企业向空港城市集聚，促进临空经济发展。

第三节　当前空港城市发展存在的问题

在技术创新动力、产业集聚动力与产业链分工动力的共同推动下，空港城市已经经历了四代的演变，越来越成熟化。目前，国内外的空港城市建设已经取得了很多经验，但是空港城市在我国的发展起步较晚，国内的北京、郑州、广州等城市于近年来才先后制定了促进本地空港经济发展的规划及相关政策。总体而言，国内空港城市的发展仍相对滞后，空港城市发展仍处于探索和初期发展阶段，还存在着诸多问题。

一　没有形成完整的理念支撑

空港城市的发展是依托于高效的现代综合交通网络、先进的产业体系、便利的通关管理体系等多个要素整合基础上的。它与传统的海港、公路城市相比较而言，是更为高效化的一种城市模式，需要整合的城市要素更为繁多和复杂，涉及城市管理机构、临空产业发展、机场管理、航空公司、各个通关管理机关及交通组织等多个环节，也是人们对城市发展变革的一个新认识，因此虽然在国内外多个枢纽机场周边形成了一定的产业发展区，但还没有形成系统的发展理念和理论，对空港城市的定位和作用及发展路径还没有形成完整的理论支撑。

二　高端产业发展不足

空港城市所依托的产业应该是符合新产业特征的高端产业。目前我国的产业级别还较低，与航空货运相关的通信、医药、纺织和食品等新兴产业份额较小。临空经济中具有带动作用的电子、医药等高新技术企业投资规模尚小，高附加值产品较少，无法有力支撑航空货运市场增长。

三　规划布局不完善

空港城市的规划布局要符合对外集聚和辐射、对内高度集约和组织的要求。目前国内大多数机场周边主要是由自发形成的一些产业构成，布局较为混乱，一些不符合临空经济发展的产业难以迁出，机场的规划不断调整，影响到空港城市的统一规划和布局发展。

四　城市服务功能不强

空港城市是一个新型的、完整的城市体系，目前更多的机场周边单纯重视与机场相关联的产业发展，特别是加工企业的发展，而忽略了城市功能的构建，例如公共服务体系、高效基础设施、城市管理等方面的发展，影响空港区域形成完整统一的新型城市格局，使其难以形成进一步的发展潜力。

第四节　空港城市的发展趋势

未来一个时期，企业和人员对速度的要求越来越高，更倾向于向最能提供便利化服务的地区集中。在欧洲，包括微软等一批国际化企业部门向国际枢纽机场周边集中；在国内，手机制造商、笔记本电脑制造商、会展、大型游乐企业不断向大型机场周边集聚，这一趋势越来越明显，机场周边正不断由单纯的经济区向国际空港大都会发展。同时，国际和国内航空运输将继续保持一个长期的稳定增长，空中航线正把更多的城市通过点对点的方式快捷地联系起来，更多的生产生活活动将通过空中航线展开，空港城市将成为这一趋势下最为活跃的地区，成为一个地区对外交往的门户和便利化程度最高的区域。空港城市总的发展趋势将是越来越向一个区域国际化程度最高的核心城区发展，首要特征就是国际化，成为全球经济的重要枢纽节点和参与全

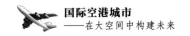

球分工的重要融合器，将聚集大流量的客流、货流、资金流、信息流，衍生产业高度发达，高端服务、研发创意和休闲经济成为临空产业的主要环节。在国内，中国（上海）自由贸易试验区将浦东机场包含进来，也指明了国内空港城市发展的重要方向和趋势，就是要营造与国际规则接轨的运营环境，构建一个区域对外开放和交往的重要战略平台。

第三章
国内外空港城市的典型案例及借鉴

第一节　荷兰阿姆斯特丹——空港城市的典范

史基浦机场（SCHIPHOL），位于荷兰首都阿姆斯特丹城西南部，于1916年建成，随着2003年航空城的建成，现在的史基浦机场已经不单单是一个机场，确切地说，它是一个聚集了客流、物流、展览、观光以及娱乐的"航空都会"，成为荷兰通往欧洲的门户和连接世界的跳板。

一　发展优势

（一）机场得天独厚的地理位置

史基浦机场位于一个多种交通模式并存的集合处，兼有航空交通、公路交通和水路交通。它处于欧洲西北部主要十字路口，在500公里范围内有世界上最成功的港口、国际铁路线、主要公路以及人口数达1.6亿的工业区。史基浦机场位于阿姆斯特丹西南方15公里处，是世界上距离市中心第二近的大型国际机场。同时，邻近全球最大的港口之一鹿特丹，与其相距60公里且有高速公路相连，开车半小时即可抵达；距离主要城市鹿特丹、海牙、乌特勒支均不超过60公里。该交通枢纽在国内占有相当重要的位置，事实上，法国30%的货运和德国50%的货运都经过荷兰。

（二）良好的航线资源，巨大的客货运量

史基浦机场优越的地理位置使其成为相当重要的北欧空中门户、北欧的

航空网络中心，拥有丰富的航线资源。2009 年，阿姆斯特丹史基浦国际机场搭载了 4350 万名乘客，并运送了 131 万吨货物，起降架次达到 40 万架次，提供通往全世界 251 个目的地的直飞航线，其中包括 146 条欧洲航线和 105 条洲际航线。

（三）软硬件设施先进

史基浦机场拥有五条跑道，机场第五条跑道于 2003 年开始营运，此跑道总长度 3800 米，是史基辅机场最长的跑道，在尖峰时间可处理 120 架飞机起降，而与机场第五跑道相连接的 A5 道路则是连接鹿特丹、海牙至阿姆斯特丹的重要通道。机场采取单一航站楼设计，所有的到达和出发大厅、史基浦广场和火车站都在同一屋顶下。2 个进出口处相距很近，南进出口处客流能力为 1800 万人次/年，而东进出口 1994 年正式营运，其客流能力为 900 万人次/年。机场作为物流中转基地，提供超过 13 万平方米的货物仓库，此外，还拥有一系列其他服务设施，包括机场旅客服务：设有外币兑换处、货币兑换机器、餐厅、免税商店、寄存行李、旅游经纪公司、饭店预定中心和祷告房间等；机场商业服务：商业中心、传真、个人计算机、电话等，两个最多可以接纳 50 个或者 80 个团体的会议室、84 个互联网连接点、无线网感应点、单人办公室等。此外，机场还开设了荷兰国家博物馆分馆，展出荷兰画坛巨匠的作品，这些新设施让人惊叹。为促使旅客在机场消费，以及为给旅客提供全方位服务，机场除建设了大量购物、餐饮、书报、影像、娱乐、健身等设施以外，还设身处地为旅客着想，建造了旅客休息的酒店、宾馆，供旅客办公、洽谈业务的商务中心及会议室，供候机旅客消遣的高尔夫球练习馆、网球馆和赌场，同时修建了可容纳两万辆汽车的停车场，在机场大楼附近还修建了世界贸易中心、豪华宾馆、大型展馆等设施。史基浦国际机场已成为一个多功能、多产业的区域商业中心。

（四）发达的机场外围交通

史基浦机场建有发达的卡车运输网络。该机场与高速公路相连，到市中心开车仅需 15 分钟。机场广场下面是地铁车站，乘地铁可直达连接欧洲铁路网的阿姆斯特丹中心火车站，在这里每隔 10 多分钟就有一列从荷兰连接欧洲各国的国际列车进出。该机场的客流汇集和疏散能力在全世界的国际空港中属一流水平，对乘飞机往来世界各地的旅客极为方便。这也是众多企业把它们的欧洲分销中心定于荷兰的原因。

二 产业布局

史基浦机场是一个重要的物流枢纽，许多欧洲公司，无论是本土企业还是跨国企业，都把它们的欧洲总部、营销部门、训练中心、零件中心（后备）、共享服务及研发中心等设在这里。史基浦南部、东南部已发展成专业货物处理业、仓储业及配销业区；而在史基浦中心和东部等地发展史基浦运筹园区及商业园区。

第一，史基浦运筹园区（Schiphol Logistics Park）。由史基浦地区发展公司（Schiphol Area Development Company）、KLM 以及史基浦地产公司（Schiphol Real Estate，100% 史基浦集团拥有）联合开发，约 70 公顷，规划建设的目的是吸引大规模物流企业进驻。

第二，史基浦 Oost 是史基浦第二大商业圈。进驻公司包括 KLM、空运管理局、移民移入局、Eagle Global Logistics 等。因该园区为史基浦的发源地，历史悠久且部分建筑老旧，史基浦地产公司拟订再发展计划（1998～2015 年），包括兴建小型展示馆、建设服务相关设备（旅馆、商店、承揽设备）、新办公室、道路网路以及停车设备等。

第三，Lijnden 机场商业园。位于机场西北方，占地 35 公顷，是个依托空港发展相关业务的高质量商业园。自 2001 年投入使用后，先后吸引了如诺基亚、IATA、菲亚特汽车公司等大型公司入驻。

第四，Riekerpolder 国际贸易园。坐落在 A4 高速公路附近，距史基浦机场和市中心都只有不到 10 分钟的车程。IBM 公司荷兰总部就设在这里，该公司为综合发展中心，其选址再次说明该地区的各种明显优势。该贸易园同时也促进形成产业聚集，加速临空经济发展。

第五，紧邻机场的周边地区。建设 5 平方公里的物流园区，积极引进大型汽车制造企业、电子通信企业、航空企业、生物制药企业、IT 企业进驻物流园区，同时预留 3 平方公里的土地作为未来发展用地。

史基浦机场充分利用和发挥其各方面优势，已形成多个具有多功能特色

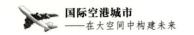

的园区，正日益成为高质量商业园区的发展中心。这里对于国际商界来说极富神奇魅力，吸引了众多国际大公司前来投资，将成为更广泛经济活动的吸引子（Attractors）和增长极——城市中心旁边的"机场城市"。

三 经验启示

阿姆斯特丹史基浦国际机场曾先后 30 余次在国际评比中获奖，1994 年、1995 年两年连续被评为欧洲最佳机场。其可借鉴的经验主要有以下几方面。

第一，重视并充分发挥机场优势。阿姆斯特丹史基浦机场一直被认为是这一民族经济增长的主要推动力，国家政策特别扶持机场和荷兰皇家航空公司的发展，以使史基浦机场成为全球航空运输的枢纽，进而最大限度地增加该机场的客货流量。依靠这种方式，荷兰网络的连通性得以维持和加强，并在高科技企业的带动下实现经济向现代产业结构的过渡。

第二，长远超前全方位的规划思想。史基浦国际机场的规划设计思想超前，放之 20 年、30 年都不见得落后。首先表现在它的战略定位，荷兰政府加强史基浦机场建设的目的是使之成为欧洲范围内的重要机场，而不仅是一个地区性的机场，这是一个长期的战略目标。在这样一个长远战略定位下，该机场的各规划层次总体上升，不仅表现在规模上，而且表现在先进技术方面，如电子导向网络、自动传送系统、综合配套设施等，并为将来要采用的更先进的技术留出余地。这也就是充分考虑运转效率问题。此外，史基浦国际航空枢纽港的设计与建设思想的另一个特色是多维性，它不是平面地、单一地只从空运的角度去思考，而是全方位、多角度地从海、陆、空多个侧面思考。它把空港的建设与海运、陆运网络建设有机地联系起来。机场靠近出海运河，连着高速公路，机场广场下面是地铁车站，乘地铁可直达连接欧洲铁路网的阿姆斯特丹中心火车站。

第三，不断完善，保证优势地位。史基浦机场本身不仅提供超过 13 万平方米的货物仓库，而且直接参与提高运输效率和速度的工作。例如，该机场开发了自己的空运货物自动化系统——Cargonaut，统一了各空运公司的电脑。这种创新的方法和深入细致的工作，使该机场被 *Cargonews Asia*（《亚洲货运新闻刊物》）的读者选为"亚洲以外的最佳货运机场"。史基浦国际机场在充分完善机场基本保障功能的前提下，通过不断完善机场配套功能和商业服务功能，保证其在今天和将来竞争中的优势地位，其正在实施的"主机场策略计划"将确保该机场在未来许多年保持为欧洲最优秀的机场之一。

第二节 日本关西——空城一体的航空枢纽

一 发展现状

关西国际机场位于日本大阪湾东南泉州海面 5 公里，是一座填海建成的 24 小时运行的海上机场，于 1994 年建成，临空城面积为 318.4 公顷，其中物流区的面积近 25 公顷，包括国际航空货物运输服务机构、物资与保税仓库，支持海、陆、空物流的 24 小时货物装卸基地和临空国际物流中心，该物流中心是日本西部规模最大的处理国际航空物资的地方。自开港以来，客货量不断增长，作为大阪关西地区的新的空中大门，关西国际机场发挥着重大的作用，成为代表日本航空运输的国际枢纽机场。关西国际机场是海上机场，受用地制约，机场所在岛不能承担所有的机场功能；地区还存在一些环境问题。为此，日本在关西机场对岸建设了临空城（Rinku Town），通过联络桥与机场相连接，既支持、完善机场功能，又有助于改善地区环境。临空城与机场形成一体，引导周围地区的开发，一方面有助于创造富有活力的临空城市圈，另一方面，结合区域性交通、信息网络，形成大阪湾环状城市、南北主轴、第二国土轴。

二 产业布局

（一）商业业务区

商业业务区，是临空城的中心地区，它决定了城市的形象和魅力，因而是临空城整体建设的先导区，通过高水准的创新和规划，可以形成具有良好功能的街区。

建设临空城的大规模先导核心设施，需完善商业、办公、文化娱乐、国际交流、旅馆等基本功能，以及医疗、情报、生活等服务性功能。为确保土地高度利用、设计好步行空间和停车场人性化及实现舒适的城市环境，大部分商业办公区在设置人造地基的同时，有效利用空港联系道路、铁路高架下空间，设置临空城入口塔楼、国际交流基金"关西国际中心"、太平洋城市商务促进中心、FAZ（促进外国投资区）、临空"芭芭拉"（作为临空城城市建设的先驱，尽量提供"购物、娱乐、休闲"的服务）、世界之街（以亚洲、太平洋地区的世界服装、生活百货为主，辅以零售商的实验性商店等，实行前所未有的直销、直送，在世界之街，可享受来自世界各地的食品）、临空公园、临空绿色开敞空间、约1.7万平方米的"大型活动广场"和"住宅公园"，并设置可容纳3500辆汽车的公共停车场，在停车场与国际机场之间运行专线车。

（二）公园绿地区

利用临空城滨水这一优势，形成利用"海滨景观"的绿地和标志性绿地等；考虑与大海的亲水性，设置人工小溪，创造以水为主题的舒适的城市环境。

（三）物资流通区

该地区为支持和充实关西国际机场航空货物的吞吐功能，除了具备航空货物处理设施以外，还利用海、陆、空交通枢纽这一有利的地理条件，成为拥有制造、加工功能的流通仓库，并与港口设施形成一体的综合性多功能流通中心。

设置了进出口共同仓库（配送中心、流通仓库）、航空货物的制造设施、加工设施、国内船用码头、旅客客运大厅、海上货物处理设施等主要设施。

（四）空港相关产业区

根据临空城的开发概念，促进具备与国际交流基地符合的形态、环境、功能的制造业的发展。

该产业区将加强轿车配套产业及与其相关的临空型高科技产业的发展。航空食品工厂等在机场是不可缺少的，以空港相关产业为中心支持机场功能的同时，加强相关的研究开发与销售。

（五）住宅区

作为居住在机场附近职工的住宅用地，需确保充分的开敞空间和丰富的绿地，形成具有良好居住环境的高水准居住空间，同时考虑居民的生活方式，设计多样化的住宅，如单身者住宅、空港相关职工宿舍、面向家庭的住宅、社区中心等。

（六）工业区

为改善地区的生活环境和生产环境，在强化产业、产品的高附加值，更新产业结构和促进工厂搬迁的同时，打破制造业的条条框框，使拥有研修、教育功能和企业宣传功能的项目也能入区。

三　经验启示

第一，人文化的基本方针。面向 21 世纪，为最大限度地利用机场带来的优势，以形成富有活力和舒适的城市，关西机场制定了几点基本方针。一是建设富有魅力的设施，使城市富有人情味和活力；二是充分利用丰富的水和绿化，创造优美的城市景观；三是考虑老年人、残疾人的需求，为所有人提供安全、舒适、方便的服务；四是考虑城市发展的设施布置和空间的有效利用。因此，对于临空城的企业来说，不仅将临空城作为产业活动的中心，而且应为建设与"交流和高舒适度"这一开发概念相符合的临空城发挥作用。

第二，整体规划超前。在 24 小时机场对岸，拥有面积 318.4 公顷的"临空城"，土地利用规划按 9 类划分。各个区由"临空大道"为主的干线道路、绿地网络相连接，通过发挥各种功能的优势，进行有机结合。作为亚洲－太平洋地区的国际商务基地和支撑 24 小时机场的城市，努力协调和发展人与产业、工作和休息的关系。

第三，基础设施完善。"临空城"在着眼于人的未来、"支撑 21 世纪城市的基础设施"这一基本概念下，体现空港支援城市的功能，以及作为窗口城市的景观，促进这些功能与地区相结合，进行系统化的城市基础设施建设，包括共同沟系统、地区集中供热（冷）系统（除了具有安全和清洁的特点以外，还将使能源得到有效利用）、污水处理系统、能源工厂、情报综合大楼、医疗设施和各道路规划等。

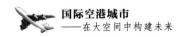
第三节　韩国仁川——快速崛起的东北亚航运枢纽

一　发展现状

仁川国际机场位于连接欧洲和东亚的西伯利亚横跨航线上，在连接东北亚、东南亚和北美地区的北太平洋航线的最前方。目前机场总共有三条跑道，客运量吞吐量达到4000万人次，货运量达到400万吨。从仁川国际机场起飞，1000公里范围内，可以飞经43个城市。仁川国际机场交通便利，对周边地区的辐射力强，BESETO（北京—首尔—东京）线和INTIDE（仁川—天津—大连）线交会于此地。2001年，共有46家航空公司在仁川国际机场经营连接世界上38个国家的190个城市的航线，航线网络已相当发达，目前仁川国际机场已成为东亚地区航空网络的中心。

仁川国际机场与韩国货物流量最多的首尔都市圈的关口港——仁川港，在地理位置上紧密相邻。仁川港位于朝鲜半岛靠近中国的一侧，作为对华交易的枢纽港，它是韩国与远东地区，特别是与中国进行交易量最多的港口。至2007年底，其对华交易量在整个集装箱吞吐量中所占的比率达到65.88%，并以37.56%的年均增幅不断上升。仁川国际机场背后的第一、第二京仁高速公路，西海岸高速公路，首尔循环高速公路，京仁铁路，仁川国际机场专用铁路等与首都圈背后市场直接连接的通畅的内陆运输网，使得该地区可以提供综合的货物运送服务。仁川港口地区的海陆空交通运输网络功能非常健全，为仁川发展成为具有国际竞争力的东北亚航空运输枢纽、物流中心，并最终成为国际经济交换中心提供了强有力的支撑。

二　发展优势：空港物流

由于韩国经济的发展，国家经济对航空货运的依赖程度增加，原有的金蒲机场的货运设施不足以满足航空业发展的需要。2001 年汉城仁川国际机场的通航、仁川国际机场物流园区的建立，使机场参与到航空物流价值链中，并使航空物流价值链得以延长。仁川国际机场货机位有 24 个，货站有 3 个，分别为大韩航空、韩亚航空和机场对外服务货站，改善了原来金蒲机场只有一个混合使用的货站的局面。

仁川国际机场物流园区作为飞机和地上运输体系间的间接设施，其作用是保证经过仁川国际机场的所有货物顺利运输、保管和处理，以及适应逐日增加的航空货物需要，对进出口货物和中转货物进行管理、通关、保管等。

第一，货运站区域共由 3 个货运站构成，各航空公司拥有独立的货运站，为其提供特殊化服务。

第二，货运站分为进口货物区域、中转货物区域、出口货物区域，实现卸载货物保管等合理化处理，提高效率。货物楼区域还设有复合型运输企业专用的航空货物仓库（约 3500 坪），可以迅速地处理货物，并对货物装卸保管。

第三，货运站实行 24 小时运营机制，根据需要，可以进行阶段性的设施扩张。

第四，为了具备迅速处理货物的能力，货运站在很多地方都配有电脑，构筑了可以随时对货物信息、运输信息、报关信息等进行处理的信息传达系统。同时在货运站邻近处设立了复合型关税自由区域（1 期约 30 万坪），努力把此区域发展为国际物流中心。

三 仁川自由经济区的发展战略

（一）自由经济区总体定位

2003 年 8 月仁川市被政府指定为自由经济区，以吸引国外投资和促进跨国商业发展。仁川自由经济区由松岛、永宗和青萝三个地区组成，规划开发面积为 2 万公顷，计划投资 125 亿美元。这个自由经济区将在 2020 年前分两期开发，将松岛地区建成国际商务和高新技术中心，把仁川国际机场所在的永宗地区开发为航空和国际物流中心，将青萝地区开辟为国际金融和旅

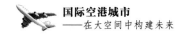

游中心（见表 3－1）。政府预测，到 2020 年将创造 484 万个新就业岗位，国内生产总值年增长达到 1 个百分点。面貌一新的仁川自由经济区将成为韩国向东北亚中心起飞的平台。

表 3－1 仁川自由经济区各片区主要功能

地域		内容
仁川	永宗	航空物流、观光、余暇娱乐园 腹地工业园被指定为关税自由区（保税区） 龙游、舞衣岛被指定为国际余暇娱乐园
	松岛	创造国际业务、知识基础产业的中心地区 招商、筹建跨国企业的亚洲地区总部基地 建设尖端生物产业园
	青萝	招商筹建大型花卉园、娱乐及体育设施 对金融相关的国际业务基地 高尔夫球场、主题公园等

（二）自由经济区发展策略

为了能迅速处理自由经济区的相关政策业务，各自由经济区设置专门的行政机构，即"自由经济区域厅"。对外国人投资自由经济区给予优惠政策：在租税方面，在 OECD 规定的范围内对外资企业给予最大限度的放宽政策；对自由经济区的大规模外国人投资，按照现行的外国人投资法律给予支持鼓励；另外，对中规模的投资按照济州国际自由都市的水准来支援；同时，对扩大现行的高技术事业和产业支援服务行业种类、知识产业及文化教育产业也同样适用（见表 3－2）。

表 3－2 仁川自由经济区发展优惠政策

区分	外国人投资地区	自由经济区
支援水准	所得税、法人税：7 年免税，3 年减50%； 关税、特所税、附加税：3 年中进口生产资料免税； 取得税、登录税、财产税、综合土地税：5 年免税，3 年减 50%	所得税、法人税：3 年免税，2 年减50%； 对 2 年中研究开发用物品及生产资料进口关税免税； 取得税、登录税、财产税、综合土地税：3 年免税，2 年减 50%

续表

区分	外国人投资地区	自由经济区
高科技企业及产业支援服务业	不分投资规模,按照外国人投资地区水准给予同样水准的支援	
制造业	5000万美元以上; 外国投资比率50%以上; 雇用规模1000人以上	1000万美元以上; 雇佣规模100人以上; 诱发公害的产业除外
物流业	复合货运站、共同收发配送园、港湾设施运用及关税自由地区登录事业:3000万美元以上	复合货运站、共同收发配送园、港湾设施运用业及关税自由地区登录事业:1000万美元以上
旅游业	观光宾馆业、水上观光宾馆业、国际会议设施:2000万美元以上综合疗养业、综合游乐园设施:3000万美元以上	观光宾馆业、水上观光宾馆业、国际会议设施、综合疗养业、综合游乐园设施、韩国传统宾馆业、专门疗养业:1000万美元以上
知识产业(IT、BT等)	高科技事业(64种行业)、产业支援服务行业(111种行业)	
数码、教育事业	包含高科技企业及产业支援服务行业	

（三）永宗自由贸易区发展计划

为了增加机场的货运服务功能，满足货主的需求，韩国在机场建立了99万平方米的自由贸易区，即永宗自由贸易区，在其建设的第二期，自由贸易区可以扩展到200万平方米。自由贸易区给予货主额外的优惠，以吸引有实力的物流公司和企业进驻。自由贸易区的最大优势在于可以充分接近机场货站，这正是货主选择进驻自由贸易区的主要因素，进驻客户在自由贸易区中既可以充分利用接近机场设施的便利，又可以从事加工、贴标签、物流、展示、维修等业务。

（四）松岛自由贸易区发展计划

松岛地区的定位和发展目标是成为国际商务和知识密集型产业集聚的新城。松岛位于仁川南端滨水地区，全部是填海而成，开发规模为18.89平方公里，到2020年，松岛将发展成为国际商务的据点城市、科技产业的中心城市和尖端文化城市，将被打造成未来型城市的最佳典范。按照这一发展目标，松岛规划了知识产业园区（2.7平方公里）、尖端生物科技园

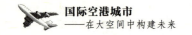

（0.33平方公里）和国际商务中心（5.7平方公里）等园区。重点引进IT、BT及R&D相关项目，引进跨国公司的地区总部、国际组织的地区总部，着重发展会展业和贸易业。由于与仁川国际机场在空间距离上十分接近，未来将有仁川跨海大桥在两者之间进行连接，因此，松岛新城也被称为"翼之城"。

在松岛第二、第四工业区内将形成具有世界最高水平的知识密集型产业聚集地——松岛知识产业园区。这是由韩国政府支持、仁川广域市全力以赴推动的核心项目。园区规划面积为2.7平方公里，主要由科技谷、数码娱乐科学园和科技园三个部分组成。其中，科技谷作为产业空间和生活空间相互协调的尖端产业聚集地，配备有电子信息仪器、机电、新材料、软件科技及制造行业所需的工业生产设施和研发机构，提供了适合从事IT研究开发工作的最佳环境。数码娱乐科学园区将提供世界先进水平的管理服务，支持有关数码娱乐的IT、制造、服务、R&D等业务。科学园是由仁川大学、仁荷大学、韩国生产技术研究院、仁川研究中心、仁川广域市等部门和单位在韩国产业部的支持下成立的，其目标是建设成为支持电子信息仪器、软件、生物、新材料、机电一体化等技术的研发机构及生产工厂的高新技术产业示范园区，目前已有数十家企业的研发机构入驻该园区。

第四节　美国孟菲斯——美国的门户

一　发展现状

孟菲斯机场于1929年在美国孟菲斯市建立，1969年该机场更名为孟菲斯国际机场（国际简称MEM）。该机场距离孟菲斯市中心14公里，目前共有4条跑道和A、B、C三个航站区及多个货物中心。虽然机场规模在美国并不在前十名之列，但自1992年起，孟菲斯国际机场一直是全球第一大货运吞吐量空港，同时也被称为"美国的门户"。

国际机场所在的孟菲斯市位于田纳西州西南隅、密西西比河东岸，只是美国中部的一个中等城市，人口数不足百万，也不是美国重要的经济中心，地区经济也难以支撑一个大型机场的发展。但就空运区位而言，孟菲斯国际机场恰好处于美国国内航线网络的中心以及著名的俄亥俄快递中枢带上。孟菲斯国际机场东西兼顾、南北适中，两小时以内的航程几乎覆盖了全美所有大中城市。同时，孟菲斯又是美国中南部地区的水陆交通枢纽，以其为中心的高速公路、铁路网四通八达，4个小时的车程可到达美国中南部的大多数城市。

二　对地区经济的影响

（一）对机场货运能力的提升

FedEx以孟菲斯国际机场为中心枢纽，向世界200多个国家提供快速、准时、可靠的门到门第三方物流服务，而航空货运是FedEx发展物流业的基石。FedEx拥有615架货机的庞大机队，其枢纽航线网络通达世界的325个机场。同时，在世界各地设置了4.3万个快件中心，有雇员14万人。FedEx平均每天发送300万个快件，并保证在48小时之内送达。除FedEX之外，还有UPS等著名快递公司在孟菲斯国际机场运营，正是由于FedEx、UPS等世界级的航空货运公司的大规模高效运作，才逐步造就了孟菲斯国际机场的货运大枢纽。

（二）对地区产值及就业的影响

孟菲斯国际机场的货物和旅客流量给孟菲斯带来了巨大的经济效应。根据2004年的统计，该机场为孟菲斯创造了16.6万个工作岗位（占该地区所有工作岗位的27%）和207亿美元的直接经济产值。其中，孟菲斯国际机场货运吞吐量为该地区带来了195亿美元的经济产值和15.5872万个就业岗位（共56亿美元收入）；旅客流量为该地区带来了12亿美元的经济产值和9487个就业岗位（共3.4亿美元收入）。2004年，孟菲斯机场为孟菲斯运送了119.7912万名游客，这些游客在孟菲斯共花费4亿美元，创造了7.79亿美元的经济产出和1.1万个就业机会。2005年，孟菲斯地区的GDP约为465亿美元，超过了美国12个州的GDP，也比世界上123个国家的GDP高。孟菲斯所拥有的31个大型产业项目使得该地区在全美3000个县（郡）中经济实力名列第10位。

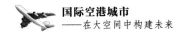

（三） 对相关产业发展的影响

在孟菲斯国际机场的最大使用者联邦快递及其所提供的"次日达"服务的影响下，孟菲斯的国际物流、健康保健和医疗设备行业非常发达，而且越来越多的公司都乐意选择在孟菲斯落户。这其中就包括了全世界最大的笔记本电脑维修站，全美最大的药品测试实验室以及全球最大的家用音响设备运输中心。

1. 国际物流业

优良的区位优势、熟练的物流产业工人以及综合交通运输的枢纽地位，使孟菲斯市赢得了"美国转运中心"的称号。在孟菲斯，城市的核心竞争力正是交通运输业以及物流产业。作为联邦快递世界转运中心所在地，拥有UPS、DHL、USPS等航空快递公司以及超过400家卡车货运公司，孟菲斯能提供最高效的物流服务。统计显示，在孟菲斯，从事物流行业的产业工人比重远远高出美国其他地区。

2. 生物科学

孟菲斯与全世界便捷的联系通道使之成为医疗设备、药品、心脏病器材等制造行业落户的最佳选择地点，同时，孟菲斯市还拥有一大批高等院校以及医学健康研究机构，不但能为世界提供出色的医学服务以及医学研究，还能提供一大批熟练的医疗技术人员以及世界知名的科学家。优良的区位条件、出色的物流能力，加之在医疗技术方面的突出的优势，使得孟菲斯在医疗健康业、生命科学等方面长期保持较高的发展水平。统计显示，1999年以来，孟菲斯在生物医药设备领域的从业人员增长了50%，是美国全国平均水平的5倍，而平均每七人中，就有一人从事生物科学产业。孟菲斯市GDP的30%都来自生物科学产业，当今全世界最顶尖的四大制药公司，都在孟菲斯建有分支机构。

3. 制造业

近年来，孟菲斯市约有一半的新增就业机会来自制造业。制造业的主要产品覆盖了从医疗器材到发动机，从空调器到太阳能帆板，从基于地区发展的航空物流到医疗卫生产业的诸多领域。相关制造业在孟菲斯有十分广阔的发展前景，统计显示，孟菲斯约有6000人从事与骨科设备相关的产品制造。

第五节 北京临空经济区

一 发展现状

北京临空经济区从 1993 年规划至今，经过 20 多年的发展，是北京乃至全国发展临空经济的起源地，包括北京首都机场周边 146 平方公里的规划范围。建设用地为 76 平方公里，已经纳入《北京市城市总体规划（2004 ~ 2020）》的范围内，已开发 60% 的建设用地，还有约 40% 的用地没有开发建设。2012 年，营业收入达 1500 亿元人民币，形成就业群体 27 万人，常住人口约 25 万人。

北京临空经济区坚持突出主导产业，招大引强的思路。目前，在空港城地区，大约有 3700 家入区企业，包括经营的、注册的，与航空业有直接关系的约有 400 家，行业聚集度较高。同时，国际上与航空业有关的机构和组织也开始向这个地区聚集发展。临空经济区作为北京国际交往的中心作用逐渐体现出来。主导产业还有会展业，在这个地区也得到了大力的发展。北京地区与航空有关的企业中，有 2/3 注册在临空经济区。临空经济的规模 20 年来急剧发展，主导产业比较突出，每年增速都为 15% ~ 20%，甚至是 25% 左右，这里已经形成了 1500 亿元的产销收入，占全区的 50%、全市的 2.5%。临空经济区作为北京以航空为特色的交流功能得到了具体体现，还有城市功能、国际会议功能、国际交往功能等也得到了发展。

二 发展历程

北京临空经济区的发展可以划分成两个阶段，这两个阶段代表了临空经济从低到高的发展历程和机场功能从简单到复杂的过程。

（一）第一阶段，1993 ~ 2002 年

在国家改革开放环境不是非常明晰的情况下，顺义县政府就提出，要依

托机场、服务机场，大力发展空港口岸经济。在首都机场西侧规划了两个功能性园区，一是 12.8 平方公里的中央别墅区，主要是为了满足北京大使馆地区、东三环一带的国际企业高管居住配套要求。事实证明，这个园区在今后几年的临空经济发展中起到了巨大的支撑作用，对整个地区的环境提升也起到了至关重要的作用。二是空港工业区，主要发展外向型出口加工业和航空服务业两个产业。随着机场的发展，更多的空间发展外向型出口加工，如航油、航材、监管库等。在 20 世纪 90 年代中期，重点引进电子信息业，如索尼、松下、爱立信等企业。

（二）第二阶段，从 2002 年至今

随着改革开放环境的巨大变化，发展临空经济的指导思想，特别是和机场的关系得到进一步的明确和提升，北京临空经济区提出了空港国际化、全区空港化、发展融合化的指导思想。空港国际化代表建立国际化机场的目标，全区空港化就是全区的规划、工作计划，都要围绕空港调整发展的思路，发展融合化是指要实现促进首都机场和地方经济发展的不断融合。

该阶段以空港物流基地向大通关基地、综合保税区转型升级的历程为标志。首先在首都机场的北侧规划了空港物流基地，也就是开发区的形式，把航空物流以专业园区的形式进行规划。其次随着国际贸易需求的增加，相关的政策和功能需要进一步进行升级，于是依托空港基地靠近机场这个优势，建设大通关基地，由此缩短了国际贸易企业在通关上的时间。最后随着临空经济规模的扩大和发展的深入，大通关基地进而又升级为综合保税区。

第一，首都机场大通关基地。首都机场大通关基地位于首都机场 2 号跑道北端延长线上，与停机坪直接相邻，能够实现航空货运与物流功能区的无缝连接，提高通关效率。基地共设有航空货运站、快件中心、进出口货物海关监管区、保税物流中心和综合办公配套五大功能区。通过有效协调海关、商检、机场、航空公司、银行、税务、外汇、物流货代公司等口岸管理部门、服务机构和企业各方面，统一规划和优化流程，使口岸物流、单证流、资金流、信息流高速顺畅运转，减少审批程序和办事环节，大幅度提高口岸通关效率，从而帮助入驻企业真正做到一站式通关，货物快进快出，实现大通关的快捷高效理念。

第二，天竺综合保税区。2008年7月23日，北京天竺综合保税区经国务院批准成立。通过对保税区、出口加工区、保税物流中心进行功能整合，政策叠加，具有"三区合一"的独特优势，是中国开放程度最高、最接近于自由贸易区的一类海关特殊监管区域。北京天竺综合保税区是首都完善世界城市功能必不可少的重要战略性基础设施，是北京发展外向型经济至关重要的崭新窗口，是服务京津冀、辐射东北亚的重要功能平台，是融入世界经济的前沿阵地。

三 空间规划

按照北京临空经济区空间规划，目前已经形成8~9个功能板块。北侧主要以航空物流、综合保税、商贸为主，南侧主要以航空商务、金融板块为主，西侧主要以科技加工、配套居住、高端住宅、一般加工制造为主，最西侧还预留了国际商务板块，按照比较理想的设计，几个功能板块基本都已经布局到位。目前已经形成航空服务业、综合保税业、会议展览、科技金融和现代加工制造五大主导产业，这五大主导产业构成千亿元产能。

四 开发模式

北京临空经济区是由若干个开发区组成，以园区模式为开发，如空港物流基地、天竺中央别墅区等都是以园区模式开发的。同时，这些开发区都在区一级政府领导下统一管理、统一规划，但又属于分散经营、分期规划的模式。

在整个开发过程中，土地开发、拆迁按照成片开发模式推广。征地按照北京市政府的规定一次最少征500多亩，一次性把村庄的土地征完。涉及农民的拆迁转非安置也都是一次完成，中间不隔开，不存在转一半留一半的情况，基本做到了成片征地、统一开发、集中安置、农民一次性转非安置。这种模式避免了很多因为政策、规划调整遗留下的问题。

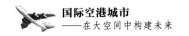
第六节　上海临空经济区

上海拥有浦东、虹桥两座大型国际机场，是中国第一个拥有两座机场的城市。上海临空经济区包含虹桥机场临空经济区和浦东机场临空经济区。

一　虹桥机场临空经济区

虹桥国际机场历史悠久，为满足 2010 年上海世博会的峰值运量需求，增强对长三角地区的辐射能力，虹桥机场于 2010 年完成了扩建工程。目前建成 2 条近距离平行跑道，东、西互为卫星厅的两座航站楼。规划终端目标为年旅客吞吐量达到 3000 万人次、货运吞吐量达到 100 万吨。虹桥机场的飞行区将按照 4E 标准建设，可保障各种大型飞机起降。

自 1993 年以来，虹桥机场带动周边地带迅速发展，形成了独特的"航空现象"，与其毗邻的虹桥开发区在短时间内聚集起人气、商脉，并成为上海最早的海外人士集聚区。2003 年，虹桥机场荷载超过原设计容量，客流量突破千万人，虹桥地带开始具备发展临空经济的条件，而长宁依托虹桥机场的空港优势，发展虹桥临空经济园区有着得天独厚的优势。首先，临空园区毗邻世界最大的虹桥综合交通枢纽，集中了城际铁路、高速铁路、磁悬浮、航空及地下轨道交通等现代化交通方式，成为客流、物流、资金流、信息流的集聚地。其次，临空园区所处的东虹桥地区，已成为上海建设国际贸易中心的主体功能承载区，成为上海发展现代服务业黄金走廊的西部核心，成为连接整个泛长三角地区、长江流域地区的一个最具活力和辐射力的国际化商贸总部集聚区。最后，临空园区依托长宁区良好的交通、生态、居住和人文环境以及丰富的涉外资源，与中山公园商圈、虹桥涉外贸易中心共同构成长宁区的三大经济组团。因此，临空园区是大虹桥国际商贸功能的延伸和辐射。

（一）战略地位

上海大都市圈分为 3 个圈层，核心圈层为上海外环线以内的中心城区；

第二圈层包括中心城区边上的青浦、嘉定、松江、浦东、宝山、临港新城、金山等；第三圈层则包括苏州、无锡、嘉兴辖区在内的主要城镇。上海大都市圈整体产业布局呈现出比较明显的双"U"形的空间发展结构。外围"U"形结构主要以重化工业为主，包括上海东部沿海重化工业发展带与北部的沿江发展带以及南部的杭州湾沿岸的发展带，空间上也表现为非连续性。内部"U"形廊道主要以虹桥枢纽地区为核心，通过与长三角沪宁、沪杭两条主要发展廊道的对接，形成"无锡—苏州—昆山—安亭—虹桥—张江—嘉善—嘉兴"的"U"形结构关系，产业类型则主要以电子、汽车、生物制药等新兴制造业与高新产业为主，空间形态上相对连续，廊道明显。

（二）产业功能定位

依据前面的分析，可以将虹桥枢纽定位为区域性的商务地区（Regional Business District，RBD），重点发展现代服务业、生产性服务业和临空类高端制造业。

现代服务业包括商务、航空服务、物流、会展、大型商业贸易中心、文化娱乐休闲等；生产性服务业是要占据价值链高端，发展面向长三角、辐射亚太的服务产业，打造地区总部、运营中心、亚太的采购结算中心；临空类高端制造业重点发展光电子、消费电子、航空航天设备制造等产业。

（三）产业空间布局

针对大虹桥地区区域服务缺失和空间结构松散这一现状，对该地区进行整合，使城市整体的功能关系和空间结构由东西向的发展脉络逐步转换成南北向的结构关系，实现与沪宁、沪杭两条主要发展廊道的对接，并最终形成3个主要的节点。

一是北部节点（沪宁发展廊道）。整合安亭、嘉定以及江桥地区，在原来产业基础上强化其制造业的职能，并形成沪宁发展廊道上重要的城镇点，规模以100平方公里为宜。

二是南部节点（沪宁发展廊道）。依托松江、辛庄、闵行经济开发区打造地区先进制造业的集群环境。整体发展规模可适当进行拓展，规模约为100平方公里。

三是虹桥枢纽地区。该地区是大虹桥地区发展动力的核心，结合虹桥经济开发区涉外商务、宾馆酒店以及地区采购等方面的职能基础，通过拓展枢纽地区在商务办公、会议展示、休闲商业等方面的职能，打造面向区域的商务办公环境，为南北两翼产业职能的进一步拓展和完善提供功能上的支撑。同时，西部地区形成生态休闲文化廊道，积极利用佘山、淀山湖等自然生态资源环境基础，在青浦地区培养低密度的生态型园区，形成上海西部地区重要的生态屏障。

二　浦东机场临空经济区

（一）发展现状

上海浦东国际机场与北京首都国际机场、香港国际机场并称中国三大国际航空港。上海浦东国际机场位于上海浦东长江入海口南岸的滨海地带，距虹桥机场约 52 公里。

浦东机场日均起降航班达 800 架次左右，航班量已占到整个上海机场的六成左右。通航浦东机场的中外航空公司已达 60 家左右，航线覆盖 90 多个国际城市、60 多个国内城市。2010 年浦东机场旅客吞吐量达到 4057 万人次，比上年猛增 27.1%，稳居全国第三大航空港，与广州白云机场的 4097万人次仅有 40 万人的差距；其中货邮吞吐量更是达到 323 万吨，稳居全国第一位，比上年增长 26.9%。

（二）产业选择

1. 重点突出发展有区位优势的第三产业

第一，现代物流业是空港地区产业发展的重中之重。可以预计，上海机场货运的强劲增长势头将会带来空港地区对物流服务需求的快速增长。而根据发达国家物流产业的发展趋势来看，第三方物流起着越来越主导的地位。因此，临空地区应大力发展第三方物流，并且应选择国际一流的第三方物流商入驻，因为对整个产业链具有控制能力的物流商对区域物流产业发展能起决定性的作用。

第二，发展航空食品加工和供应中心。随着机场客运量的增长，旅客就餐的食品和饮料也将快速增长，而航空食品本身也是投资回报率较高的行业，且劳动力吸纳能力大。空港地区航空食品业的发展不仅要立足于为上海机场服务，还要逐步扩大市场服务范围，争取成为国内外航空公司提供机内配餐服务的大型航空食品加工和供应中心。

第三，发展航空维修业。航空维修业是一个利润很高的行业，而上海机场具有有利的潜在优势。首先，依托国内航空业的快速发展，相应的维修业务也将快速增长。其次，由于上海居于东亚地区中心位置，距区内主要大都市如首尔、香港、东京、曼谷、新加坡等地的飞行时间为 1.5 ~ 4.5 小时，航程适中，以这些城市为基地的航空公司的飞机到上海机场进行维修是比较经济的。最后，还可以大力开拓亚太地区以外的国际市场，因为国际上的主要航空公司虽然有自己的维修中心，但仍有一定比例的业务是外包的。而且，发展高等级的航空维修业本身还能加强上海机场作为枢纽机场的竞争力。

第四，发展休闲度假业。虽然空港地区目前的休闲度假产业规模还不大，但是随着上海居民人均生活水平的不断提高，对休闲度假的消费将会稳步增加；同时，上海地处亚、欧、美洲航空大三角的一极，位于远东的中心位置，通过航空能在日本及东南亚各地间一日往返，完全可以吸收这些海外的各种商客、游客。目前，上海空港地区休闲度假业可以在机场周围已有的华夏经济旅游区、野生动物园、热带海宫等休闲景点的基础上，发展以游乐、运动、休闲等为主题的公园，并且服务的消费者除了国外和上海本地居民之外，还可以吸引国内来沪出差及旅游人士。

第五，除此之外，空港地区还可以根据自身优势发展其他一些服务业，如批发、会展、咨询等其他服务业。例如，上海还没有上规模的以进口电子元件为主的批发市场，如果在临空地区建立以进口电子元件为主的批发市场，不仅能够凭借机场的优势，获得相关资源和节约成本，同时还能凭借上海在技术、信息、咨询等方面的优势而形成一个辐射全国的批发基地。

2. 把握国际产业转移趋势发展附加值高的第二产业

根据国外的经验，毗邻空港第二产业的产品一般具有体积小、运量少、附加值大、单位产品承担运费的能力较强等优势，特别适合航空运输。同时，根据国际产业转移的大趋势，一些发达国家的高技术产业随着生命周期的成熟，将逐步向其他国家转移。空港地区可以根据自身的优势来选择其中一些具有潜力的产业。例如，根据上海海关的相关统计数据，"机械及零件""电气机械以及零件、附件等"是上海进口的最主要大类商品，两者合计超过所有品种的1/3，这表明上海及周边地区对这些产品的需求巨大，同时也可为空港地区产业选择带来空间。从进口替代的趋势来看，这些产业今后最有可能进入上海及其周边地区；而电子元件作为时间较为敏感的产业，在空港地区发展具有一定的比较优势。

（三）上海综合保税区

上海综合保税区管委会管辖范围包括洋山保税港区、外高桥保税区（含外高桥保税物流园区）、浦东机场综合保税区以及外高桥港区、浦东国际机场空港、洋山港区等"三港三区"，是上海建设国际航运中心的核心功能区。

2011年，上海综合保税区提出了探索自由贸易园区新模式的改革目标，其中提升国际金融、贸易、航运、投资等经济活动的便利程度是工作的重中之重，启动四大服务平台是综合保税区向自由贸易区转型的一种尝试。国际贸易技术服务中心、有色金属类大宗商品集散平台、融资租赁特别功能区、空运货物服务中心四大集贸易、航运、金融功能为一身的服务平台在上海综合保税区同时启动。

四大服务平台中设在外高桥保税区的国际贸易技术服务中心，今后将在开放服务贸易、放宽外汇管理、优化财税体制等领域先行先试，进一步延伸和完善加工贸易产业链，积极开展"两头在外"的高端产品维修、检测、研发等服务贸易增值业务，争取全球维修、检测中心在外高桥集聚。

2013年8月22日，中国（上海）自由贸易试验区经国务院正式批准设立，试验区总面积为28.78平方公里，范围涵盖上海市外高桥保税区、外高桥保税物流园区、洋山保税港区和上海浦东机场综合保税区4个海关特殊监管区域，将实施"一线逐步彻底放开、二线安全高效管住、区内货物自由流动"的创新监管服务模式。

第四章
空港经济区对区域发展的影响机制分析

快速发展的现实实践需要从理论上解释空港经济区成为地区经济增长的"发动机"的机理是什么？这个问题之所以重要，在于充分了解这一机理，才能准确制定相应的政策，进而充分发挥空港经济区对区域经济增长的潜力。

第一节　已有研究综述

现有的相关研究可以归纳为以下几个方面。第一，空港经济区通过辐射效应带动区域经济的发展，主要体现在以下两点：一是辐射区经济的宽度，即辐射区经济产业门类，空港高效、快速、便捷的特点，会促进与此关联的产业出现并形成规模；二是辐射区经济的深度，即区域经济加入空港的因素后，能促进原有产业的优化和升级换代，推进"双转移"①。第二，机场成为提供就业、购物、娱乐、商务会议的场所，对社区的回报是国际联系、税收基础、游客数量、建筑就业、高收入的白领就业、零售和商务、地方物资的购买量等方面的全面增长，以及当地消费的增长。第三，不仅时间性要求强的货物加工和分销设施被吸引到机场，而且机场也成为企业总部、区域分部、专业服务部门集中的场地。它对地方经济的影响包括机场本身、机场直

---

① 朱前鸿：《国际空港经济的演进历程及对我国的启示》，《学术研究》2008年第10期。

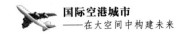

接相关经济活动、机场周边地区对其他经济领域的线型和放射型波纹效应等几个层次①。航空运输具有明显的区域经济属性，通过扩大外部需求为区域经济的发展带来巨大的效益②。

归纳起来，这些研究的理论基础和视角可以归结为两类。一类是增长极理论，即在区域内投资建立（或嵌入）推动型的产业之后，会通过乘数效应带动区域内其他产业的发展，从而促使周围其他区域经济增长。另一类是输出基础理论，即拥有机场这个特殊资源禀赋的空港城市在扩大区域外部需求、与更多区域进行比较优势的分工合作上更具有优势。空港经济区的形成与发展，为空港城市创造了大量的区域外部需求，并为满足这些需求提供了条件，有利于空港城市和区域大力发展外向型经济，扩大与其他区域的贸易往来。这些文献，对于理解航空港经济区对区域经济的作用提供了很好的借鉴，不过，这些研究基本上都是从产业层面或宏观层面出发，对于从微观层面，即从生产要素禀赋角度去分析的很少，而这恰恰是理解该问题的关键环节之一。

第二节　空港经济区对区域经济社会影响的微观机制分析

本书采用新结构经济学③的分析框架，从微观层面入手，对空港经济区对区域经济发展作用的机理进行初步的讨论。

新结构经济学认为，一个经济体的禀赋特征是给定的，但会随着时间变化。这种禀赋特征最重要的是资本劳动比。基础设施是影响资本劳动比的重要因素，也会影响每个企业的交易成本和投资的边际收益。因此，设立和发展空港经济区，实际上是一个经济体加速改变自己禀赋特征的过程，通过提升资本劳动比，来提高企业边际收益。

一般来说，改变经济体的禀赋特征有利于实现产业升级。处于不同发展

---

① 王旭：《空港都市区：美国城市化的新模式》，《浙江学刊》2005 年第 5 期。
② 曹允春、沈丹阳：《航空物流通业产业化形成机理研究》，《商业研究》2010 年第 1 期。
③ 林毅夫：《新结构经济学》，北京大学出版社，2012。

阶段的经济体，经济结构与禀赋特征往往是相适应的。处于发展初期的经济体，其要素禀赋结构一般表现为劳动力相对丰富的特征，因而生产也多集中于劳动密集型产业。对比较发达的经济体来说，它们相对丰裕的要素是资本，在资本密集型产业中具有比较优势，由于这些产业有规模经济的特征，因此基础设施也必须与全国性乃至全球性的市场活动相适应。在经济发展中，要不断引入新的、更好的技术，不断地从现有产业向资本密集度更高的产业扩展，从而实现产业多样化和产业结构高级化。在产业升级的过程中，既要升级其要素禀赋结构，也要求基础设施做出相应变化。若基础设施无法同时改善，各个产业的升级过程都将面临 X - 低效率问题。进行航空港经济区的建设，可以提升资本的富裕度，这与工业化所需要的市场交易相适应，通过引入新的生产技术，或是在全球产业转移的大背景下，接收资本密集型产业的转移，实现经济结构变迁和人均收入持续增加。我国许多地区和城市的投资向航空业倾斜，经济增长率迅速提高也证实了这一点。

新结构经济学认为，在进行产业升级的同时，还要遵循比较优势原则，才能实现经济的持续增长。因为，随着时间的推移，经济体将不断积累实物资本和人力资本，不断提升要素禀赋结构和产业结构，在资本和技术更为密集的产品中越来越有竞争力。同时，外部环境也在不断变化：企业所采用的技术越来越复杂，资本需求增加，生产和市场规模也有了变化。远距离市场交易越来越多，这需要教育、金融、法律和硬件基础设施方面同时做出相应改进。显然，单个企业无法有效地内部化所有这些变革成本，而多个企业之间为了应对这种挑战进行的自发协调往往也不可能实现。这就需要政府积极改善基础设施或是协调各方的行动。在空港经济区的建设过程中，需要因地制宜，根据本地的比较优势，对经济体的发展方向和主导产业进行合理定位。若违背了这一原则，空港的建设不但不能起到经济增长的发动机作用，反而可能成为负担。

由此，可以总结出航空港对区域经济发展作用的机理是：通过航空港的建设，提升经济体的禀赋特征→航空偏好型企业的交易成本降低、边际收益提升→吸引关联性企业入驻，实现产业集聚和产业升级→地区经济实现跨越式发展。

第三节 空港经济区对区域经济增长的影响

一 影响机制：原生效应与次生效应

人与物在地理空间上的交互作用，一般受限于发生交互的成本与完成交互的预期收益。近年来，民用航空发展迅猛，经济增长与科技进步使得航空运输的真实成本下降，人们出行和贸易都更多地选择航空运输。尽管存在能源、安全、环境等潜在问题，但并未改变航空运输吞吐量的上升轨迹。当前，在全球范围内有价值6.4万亿美元的物品通过航空运输，占世界贸易总额的35%，还有近30亿人次通过航空运输进行商务活动或旅游休闲活动。

航空运输的广泛普及对城市经济增长最直接的影响就是原生效应和次生效应。原生效应是对城市经济增长的短期效应，即纯粹的凯恩斯效应。航空运输量的提升促进对空港及其周边区域基础设施的扩大投资和建设，例如跑道、航站楼、机库、高速公路等，因此而引致的就业和收入提升将通过乘数效应放大其对城市经济增长的影响。而次生效应则是空港运营对城市经济的影响，空港运营需要专业性的服务人员，进行航空运输服务以及地面服务等，这对于地方政府在促进城市就业、收入和税收增长等方面均具有重要的意义。

随着知识经济时代的来临以及全球化进程的深入，市场竞争更加激烈，区域功能专业化的提升和在全球范围快速交互的需求，强化了对航空运输的依赖，商务航空出行的比例越来越高。现代知识密集型企业，尤其是生产性服务业和先进制造业，具有广阔的市场空间范围，同时能为固定客户群提供专业化服务和产品的细分市场，而专业化服务需要超越距离的限制进行面对面的交流，只要专业化导致的生产率提升的收益大于运输所导致的额外成本，那么商务旅行的增长趋势就将持续。同时，在全球商业和供应链管理的巨大变革和基于时间指向性竞争的驱使下，航空运输对于产品在全国或全球产业链的供给和分配中的作用也同等重要。

通过航空运输的产品一般有三个特征：其一，具有较高的价值重量比率，属于高附加值产品；其二，具有高度的易腐蚀性；其三，具有较强的时间指向性。例如，微电子元件、药物、航空组件以及医疗设备等其他高价值重量比的产品占据了国际航空运输的80%。因此，航空运输对于城市经济增长的衍生效应和永久效应显得愈发重要。衍生效应是指具备大型枢纽空港或良好航空服务的地区，特别是航空枢纽城市，由于其处于中心辐射型航空网络的交会点，连接度和网络通达性都很高，具有优越的航运条件，将影响个人、企业以及商业的区位布局决策，例如临空型企业，包括企业总部、生产性服务企业和知识技术密集型企业等。而永久效应则意味着枢纽空港的建立以及航空运输的发展将彻底改变城市的整体经济结构和经济增长方式，例如韩国的仁川和美国的孟菲斯。

总之，航空运输的发展不仅为城市带来直接的经济效益，而且由于航空运输主要是服务于高附加值产品和高端人才的跨国、跨区域流动，促进了城市间高端要素的集聚，有助于隐性知识溢出，既促进了新知识的创造，又加快了知识在不同群体之间的传播，因此，航空运输对于城市经济发展的隐性溢出效应更不可忽视。

二 具体影响

西方研究空港经济的一个普遍观点认为，空港城市是经济发展的重要动力，空港城市不仅能够促进本地经济的发展，也能成为一个区域经济发展的基础，具有新经济特点的现代城市需要空港城市。同时，空港城市本身对于区域发展的空间格局的影响也越来越显著，空港相关的产业可以为大都市区产业提供集散、出入境和信息等服务，促进它们的增值和升级，空港城市可以利用自身与世界重要经济区的直接联系，为区域发展参与国际分工提供平台支撑。

从20世纪80年代起，世界上的大型现代化机场，如爱尔兰香农机场、美国达拉斯沃斯堡国际机场、韩国仁川国际机场等，都相继突破了传统的机场单一发展模式，呈现出多功能、多层次、综合开发模式转变的趋势。空港城市作为人员、资金、货物、信息的集散点，在推动区域经济和社会生活的

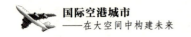
发展中发挥着越来越重要的作用，具体表现在以下五个方面。

（一）加快地区城市化

航空运输、交通区位、基础设施和各种服务设施的便利性，增强了现代化大型机场所在郊区对各种产业和人口的吸引力，大规模的开发建设伴随着机场的运营接踵而来。随着空港近邻区产业规模和人口规模的扩大，以及生产和服务产业专一化程度的提高，城市的职能趋于综合性，对中心城的依赖性下降，新的航空城市的雏形凸显出来。机场建设征地范围内的农村劳动力可以通过多种途径向第二、第三产业转移，这将大大促进地区城市化水平的提高。

（二）提升区域发展环境

第一，空港经济区基础设施的跨越式发展极大地改善了区域投资环境。机场配套的市政设施以及道路交通设施将提高机场周边地区的基础设施水平，成为地区发展的有利条件。反过来，都市区和整个机场腹地经济的不断发展，区域经济外向性的加大，也将增强空港的枢纽地位，从而使得空港所依托的都市在区域城市体系中的整体地位得到不断提高。地区发展环境的改善和都市地位的提高极大地改善了区域投资环境，进而吸引了更多的投资。

第二，人流、物流、信息流的集聚与扩散有利于营造区域创新环境。大型国际机场的建设使得机场周边地区的外向度不断提高，由此衍生出来的文化上、经济上和功能上的多元化特征越来越明显。这些多元化的信息流、物流、人流的不断增长，将冲击地区传统观念意识，增强市场观念和竞争意识，从而大大提高人们参与地方经济建设的机会和热情，加速地方经济发展。

（三）带动经济的增长和周边土地的增值

根据空港地区发展的经验，空港对地区社会经济的影响具体体现在四个方面：拉动国家及区域经济的发展；创造税收；带动周边土地升值；推动旅游业、商务服务、高新产业的发展。空港地区的发展通过集聚优势形成产业聚集和核心区的发展，一定程度上通过扩散效应带动地区经济的增长，而发展的溢出效应增加了对周边地区的土地需求，进而带动周边土地升值。

（四）增加就业

一般来说，机场地区的就业人数与机场的吞吐量呈正相关的关系。根据国际经验，国际枢纽机场每万人次客运吞吐量带动的就业岗位数约为 10 个；机场 6 公里范围内的就业增长速度是其他郊区增长速度的 2～5 倍。

（五）促进产业升级

空港对地区产业发展的促进作用具体体现在：吸引区域高新产业集群的发展；带动区域商务办公和总部经济的发展；吸引航空制造业在机场周边聚集；加速物流中心的形成；为区域会展业发展提供有力保障；促进了航空服务密集型产业的发展；提升区域传统产业和特色产业。

第四节　空港对区域空间的重构

一　重构效应

城市是一个极其复杂的系统，城市空间结构是各要素在空间上的位置以及通过有形空间通道与无形经济联系交织而成的，不同类型、不同层次空间单元的镶嵌结构。城市的经济空间，包括生产建设空间（工业区）、生产服务空间（商务区/BC、物流区）和生活服务空间（商业区、旅游区）。城市的经济空间并不是固化的，而是有其内在的演化机制，同时也会受到外在因素的冲击。

著名城市历史学家芒福德指出，城市空间形态的改变，需要一个适当的时机给予触发，通常都是当一种新的交通运输方式出现或普及的时候。而如今，随着航空运输的出现和普及，"空港远离城市，城市跟随空港，空港成为城市"的城市经济空间重构过程正在悄然发生。

空港作为"第五波"（Kasada，1991）重塑城市经济空间结构的力量，其内在机理与早期的海港、内河港、铁路和公路并无大的差异。一方面，根据 Cooley（1894）关于交通港口对城市空间形态影响的研究，最基本的城市空间形态是单中心模式，即市中心被紧紧地拴在主要运输枢纽附近，这个运输枢纽通常是城市的门户，如铁路火车站或港口。大型交通基础设施及其多种运输方式联运的需求会导致人口就业和居住的地理集聚。首先，商品在空间流转过程中的机械间断或物理阻隔需要用建筑物来存储，需要人力对商品进行看管，因此物流产业也会聚集在这些交通基础设施周围，进而提供零售业、餐饮业和其他服务业的市场空间。其次是商业间断，即所有权的变更，会在机械间断的所在地同时发生，历史经验也告诉我们，交通枢纽同时也是贸易中心，而贸易需要金融、法律以及其他生产性服务业的支撑，从而对此类专业性人才产生极强的向心力。最后，交通枢纽借助其地理区位优势，为那些旅行者提供了中转服务，引致了相关需求。例如，芝加哥作为重要的交通枢纽，是人流、物流、信息流的集散地，并最终逐渐发展为贸易、金融以及酒店业中心。另一方面，Castells（1996）重新定义了经济发展的地理区位，经济的增长空间由传统的"地方空间"向基于网络的"流空间"转变。在一个越来越全球化的世界，那些人流、物流、信息流、资金流、技术流的集聚地才是真正的中心，而中心辐射型的航空网络帮助我们定义了这个中心——大型枢纽空港，空港逐渐成为"流中心"，不断增长的航空运输吞吐量将推动空港从交通枢纽向城市经济运行与增长枢纽转变，革命性地重塑城市经济空间形态，并赋予空港更多区域发展的战略内涵。

由于空港基础设施建设需要大量的土地资源，同时考虑到早期飞机发动机的噪声问题以及航空运输并不是当时的主要运输方式，因此，早期空港一般都建立在远离市中心的城市边缘地带。而如今，航空运输已经成为商务和休闲度假的主要出行方式，空港也不应仍处于城市的外围。随着城市郊区化的出现，城市边缘的居民和就业正在增长，Appold（Appold，2013）根据美国城市空港的研究，认为未来城市就业将向空港周边区域集聚，这些就业岗位不仅包含与航空运输有关的旅游、物流业等，还有许多其他岗位，它们的数量大致相当于城市中央商务区 CBD 就业量的一半，且增长速度是 CBD 的 2 倍以上。曾经如孤岛般的空港已经融入城市，值得注意的是，城市经济活动开始向外围空间蔓延的同时也正在向空港的腹地集聚，特别是一些高新技术产业以及多样化的现代服务业，如华盛顿的杜勒斯机场、波士顿的洛根机场以及希思罗机场附近的 M4 走廊。当然在空港重塑城市经济空间结构的过程中，政府通过调整行政区划、整合利用空间资源等进行统一规划建设，对扩大都市产业承载空间、优化区域产业分工也起着至关重要的作用。

当空港周边区域集聚了不同类型的功能区后就会形成具有独立城市功能的城市片区——空港城，并在缪尔达尔－赫希曼空间里自我强化，形成区域磁力中心，同时也对城市中心区构成反磁力作用，这将有利于分散主城人口、吸收新移民，缓解中心区由于土地资源有限而带来的发展压力和城市病问题，也有利于主城的功能扩散与郊区的城镇化过程的结合，缓解城市郊区化所引起的职住分离和城郊通勤压力。因此，空港对城市经济空间的重构结果将是空港城成为城市的新中心，并被认为是空港重塑城市经济形态的终极模式，促使城市空间向双核乃至多中心结构演变。

二 重构地位

空港城市促进区域空间布局不断优化，国内外先进航空港腹地的发展已经深刻地影响了区域发展的形态结构。根据已有的发展经验，空港城市在区域空间结构中的地位主要体现在以下三方面。

（一）成为区域协调发展的整合空间

现代枢纽机场周边通常配有四通八达的高速公路网络，是一种典型的区域性基础设施。这就要求机场的配置和选址应从区域的全局出发，避免重复建设和资源浪费。在美国，随着二战后郊区化的迅猛发展，相邻都市区在地域空间上逐步拉进，之间的社会经济联系也越来越紧密，客观上要求一些重大区域性设施的布局、建设、管理都要有区域统筹的观念。而大型枢纽机场的建设对区域的所有成员而言，都将带来可观的收益，不失为促进区域协调发展的一种重要手段。

（二）成为大都市提升区域整体竞争力的战略空间

随着区域经济竞争格局走向以大都市区或城市群带动的方式，城市需要与周边的区域联合起来协调发展，以增强自身的竞争力。世界上的许多大城市往往在新一轮的都市区规划和机场扩建中，将建设国际枢纽港和建设国际城市结合起来，从更大的区域范围考虑机场的选址，并依托国际枢纽港，建设国际商务中心、贸易中心、会展中心、科研中心和高新技术产业中心，作

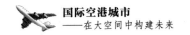

为提升区域整体竞争力的战略空间。

（三）成为新经济时期区域发展的热点空间

随着城市的郊区化和城市外围快速环线系统的完善，城市郊区的某些边缘组团获得了巨大的发展动力，在发展速度上远远超过城市中心区，成为能与城市中心区相抗衡的新兴功能区，美国学界称这种功能日趋综合的郊区为"边缘城市"。它们的共同特点是通过交通走廊与机场有着便捷的交通联系。当前，许多国际性枢纽机场的周边近邻地区，均分布着一些工业园、科学城、物流园、会展中心等，成为新经济时期区域发展的热点空间。

第五节　空港主导型城市经济的可持续问题

尽管理论上认为空港城将成为一种重要的城市化经济和新的城市增长极，但是航空运输过分依赖碳氢化合物，因此，仍然留存的一个问题是：航空运输是可持续的吗？或者说空港城会不会仅仅只是一个概念或是一个房地产标签，它未来究竟会不会成为我们的一种生活方式呢？可持续性不同于生态效率，前者意味着预防和限制增长，而后者则是衡量经济行为对环境的冲击（如更少的噪声、更少的二氧化碳排放、更高的能源利用率等）。然而，环境与经济增长的调和似乎是不可能完成的任务，为此，英国运输部2003年的白皮书认为应该高效利用现有空港的吞吐能力，杜绝无谓的空港规模竞赛。从整个城市范围来看，临空经济区乃至空港城的规划建设本身就是在培育未来的增长空间，也可以作为一种"可持续"的发展方式，如能对空港周边土地资源做科学、合理的长期规划，那么邻避主义也并非不可避免。

因此，必须指出的是，城市经济空间重构通常是与城市经济转型相伴随的，因为城市经济空间的重构是城市经济发展与旧有空间结构矛盾运动的结果。如果脱离了对城市经济发展阶段的评估，空谈空港城的建设，结果很可能形成地产泡沫或是又一个粗放式的产业园区，空港主导的城市发展将有表无实，不可持续。因此，最重要的问题是把握城市的定位：在城市等级体系中处于何种地位，在城市的产业承接或转型过程中，城市的主导输出产业是什么，是否与航空运输有直接或间接的关联，或者说临空型产业占整个城市产业的比重如何。交通运输方式的转变与城市产业结构的演变和升级互为因果，城市中新的主导产业和部门增长极将聚集于新的运输部门所在地——空港，并且在集聚效应和共生效应下自我强化形成新的增长空间——空港城。可见，对城市的准确定位与培植高端产业比盲目打造空港和空港城更为重要。

第五章
国际空港城市发展与建设的核心理念

由以上四章的分析可知，空港城市是与周边区域联动发展的，通过网络式空中航线建立起与国际市场直接交往的通道，集聚和辐射各类国际市场资源，参与国际市场分工。空港城市与海港、内河港、铁路港和公路港共同构成向外的开放大通道。与其他方式不同的是，在全球化经济加快构建和速度经济快速发展的背景下，空港城市的作用和地位得到了快速提升。对于内陆地区来说，空港城市的作用可以得到更充分的发挥，具有更加明显的适用性。内陆地区不沿边、不靠海，主要有公路、铁路和航空三种交通模式。公路运输和铁路运输在时效性要求低、距离1000公里左右的国内区域之间的往来方面具有优势，而航空运输不受地域限制，在时间、效率、便捷等方面更有优势，也更加符合当今世界经济的发展趋势。

对于大西安建设国际化大都市来说，如何提升国际化程度是重要核心，也是多年来的难点之一。国务院于2009年颁布的《关中-天水经济区发展规划》确定了建设西安咸阳国际化大都市的目标，国家提出的建设丝绸之路经济带更是要求陕西省加快对外开放的广度和深度。大西安属于最内陆地区，与国际交往较少，不利于更广泛地参与国际竞争。而美国的孟菲斯，其区位与大西安极其相似，通过积极发展国际航空货运，成为美国最大的国际货运中心和美国的门户。因此，发展空港门户，构建以空港城市为核心的，联动公路、铁路一体化发展的综合交通枢纽，是大西安和陕西省转变经济发展方式、打造产业升级、扩大对外开放和交流的有利选择。

2014年5月国家民航局支持设立西咸新区空港新城为西安国家航空城

试验区，这是国内首个以发展国际空港城市为主要目标的新型航空都市。与传统开发新区主要承载城市个别功能不同，西安国家航空城实验区将建成一座国际化、人文化、生态化、智慧化的"第四代国际空港城市"。它急需一套新的发展模式来指导实践发展，通过不断的学习探索实践，逐渐积累了经验，形成了新的空港城市发展模式。

第一节　战略定位

按照空港新城建设西安国家航空城实验区的战略目标，为空港新城设定四大战略定位。

丝绸之路经济带对外开放的国际门户。围绕建设丝绸之路经济带开发开放高地的总要求，加快建设西安咸阳门户枢纽机场，优化航线网络布局，做大做强基地航空公司，构建辐射西北、连接全国、通达世界的航空综合运输体系，打造中国中心门户机场。通过统筹推进空港、保税区、公路港、铁路港建设，陆空衔接、多式联运，打造航空 - 铁路 - 公路无缝衔接中转的现代综合交通枢纽。

国际内陆型空港城市示范区。坚持国际化、人文化、生态化、智慧化发展理念，加强产城融合，合理设计功能分区，完善基础设施，加强生态环境建设，形成集生产、观光、办公、商贸、居住于一体，功能齐全、全国领先的新型航空城市。

临空现代服务业引领区。充分发挥航空运输对技术、资金、人才、产业的强大聚集效应，围绕三星电子、应用材料、美光半导体等世界 500 强企业，大力发展航空服务、航空物流产业，重点建设面向中西亚和欧洲的内陆型自由贸易园区，带动科技研发、商贸物流、金融会展、文化旅游等优势产业发展，形成服务功能完善、产业布局合理、企业高效聚集的临空服务产业体系。

现代航空高端制造科研聚集区。依托现有航空产业园区，加强资源整合，加速要素集聚，培育形成整机制造、航空材料、航空电子、航空维修、

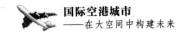
空检、零部件支援等产业链，建设世界一流的航空高端制造业聚集区。加强与波音、空客、普惠、赛峰等大企业的协作，提升参与国际分工的层次，培育壮大与航空关联的高端制造业集群。

第二节　城市功能

城市定位决定了城市功能，同时城市功能也会强化城市定位。在城市定位明确以后，关键问题就是基于这种定位，如何来构建其功能。要把空港新城建设成为第四代国际空港城市，就要进一步发掘、完善、丰富其城市功能，并且要让各种功能相协调、相匹配。空港新城的主要城市功能如下。

一　门户功能

门户功能是空港新城城市功能的核心，主要体现在依托陕西省一类对外开放口岸、空运通道及互联网终端实体设施，通过发达的网络连接性成为西部地区与世界连接的节点，汇集各种资源流，成为内陆地区参与全球经济体系活动的门户。门户功能的能级主要体现在能够汇集资源流以及形成网络联结能力，空港新城将重点完善空港门户功能，并不断向资信（资金与信息）门户功能升级。

二　开放功能

开放功能是空港新城长期重点发展的城市功能，就是努力营造符合国际惯例和规则的国际化营商环境，构建适应国际化交往的办事规则和政策体系，按照建设内陆自由贸易园区的目标来努力提高城市的开放水平，在各项通关政策、投资政策、金融政策、管理措施等方面争取形成内陆地区最为便利的营商环境，从而促进内陆地区与国际的高效往来。

三　促进产业优化升级功能

重点完善空港新城的产业服务和引导功能，使空港新城成为西部地区临空产业聚集、集约发展的重要载体。以产业为纽带，以配套促聚集，打造优秀的产业平台，形成不同规模的临空产业集群，增强西部地区的临空产业竞争力，进而带动陕西省产业结构调整，培育和发展知识产业。

四 带动新型城市化发展功能

按照陕西省和西咸新区提出的建设田园城市的安排，重点构建能够服务于田园城市建设和发展的城市功能体系，主要表现在建立大开大合的城市格局，改变过去摊大饼的城市发展模式，通过空港城市各个功能板块的联动发展，形成以田园为依托、主要功能区为核心的新型田园城市发展框架，使人们享受到"城在田中、田在城中"的回归自然的城市生活。让人、车、路和交通系统融为一体，为出行者和交通监管部门提供实时交通信息，有效缓解交通拥堵，快速响应突发状况，为城市大动脉的良性运转提供科学的决策依据。

第三节 发展目标：第四代国际空港城市

西咸新区空港新城不同于一般的开发区，只有以全球化的视野来制定和规划发展目标和路径，建立起符合空港城市发展趋势和规律的功能体系和服务体系，才能为空港新城的科学、持续和快速发展提供支持。空港新城通过走访先进空港区域，与业内专家研讨，请专业机构设计，形成了总体和具体发展目标，对指导实践工作起到了至关重要的作用。

一 总体发展目标

遵循国际规律，突出国际化、人文化、生态化、智慧化的发展理念，快速推进第四代国际空港城市发展。突出机场、口岸、开发新区的融合发展，快速搭建空港城市与国内外重要经济区的空中通道，形成西部最核心的对外开放门户，加快空港城市产城一体化发展，实现现代城市综合服务功能的迅速增强，引领高端产业发展的能力迅速提高。构建发展环境与国际全面接轨

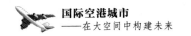

的国际航空大都市，进一步完善开放型运作方式和经济体系，加强与国内外知名经济区的密切分工合作，将其建设成为西部地区开发开放的前沿基地和全国产业链与国际产业链对接的战略制高点，引领西部产业发展模式全面升级，并形成参与国际市场竞争的新优势。

二 具体发展指标

到 2020 年，西安国家航空城实验区基础设施和公共服务体系基本完善，临空经济产业体系初步形成，开放门户地位基本确立，城市框架基本形成。航空旅客和货邮吞吐量分别达到 5300 万人次和 45 万吨左右，航空制造业实现产值 1500 亿元，建成具有全球影响力的航空产业集群，使陕西省实现航空大省向航空强省的跨越。

到 2025 年，发展环境与国际全面接轨的航空城全面建成，开放型运作方式和经济体系进一步完善，与国内外知名经济区形成密切的分工合作关系，以航空城为中心，连通国内外 160 多个城市、280 条航线的网络。航空旅客和货邮吞吐量分别达到 6700 万人次和 70 万吨左右，航空制造业实现产值 3000 亿元，与临空相关联的高端研发制造、文化、旅游等产业年均增长 20% 以上。

第四节 "四化"的城市发展理念

在短短三年的发展实践中，空港新城逐步形成了"国际化、人文化、生态化、智慧化"的四化发展理念，并以"四化"发展理念指导发展实践。

一 国际化——发展的方向

国际化是空港城市发展的内在要求。城市国际化的含义包括：城市经济与社会发展的活力对国际生产要素产生吸引力，其资源配置很大程度上是在世界范围内进行的；城市的经济结构与产业组织发展水平能够满足参与国际竞争分工的要求，企业行为、产品质量符合国际规则和国际标准；城市的基础设施、公共设施及其功能可为各类组织、人员提供良好的服务和安全保障；城市的管理体制和服务与国际接轨，政府能为国际要素的流动提供稳定、透明、公平的制度环境和政策保障；科技教育发达，文化及建筑特色鲜明，能为国际交往和旅游提供充分的支持；城市的开放度、居住环境和居民的文明素质不断提升，能为市民和国际人员提供多样性的文化环境。

空港新城国际化定位的主要目标是打造符合国际经济运行的城市门户，紧密结合机场发展，强化和提高各种功能的建设标准，构建强大的核心功能，带动和辐射西部区域，并通过点对点的方式连接世界重要城市和地区，实现世界范围内的资源配置，使空港新城真正成为西部内陆地区联通世界的门户。

二 人文化——发展的精神

人文化，就是经济社会发展强调人的价值和人的发展需要，从人的本质需求出发，这是城市发展的基本精神。在人类当代社会发展特别是大城市的扩展建设中，对经济增长和物质财富的过分追求，往往导致人的异化和人本价值目标的缺失。人文化发展理念，旨在通过繁荣社会文化、丰富精神生活、延续古都文脉、构筑都市文明、营造和谐社会、构建人本政府，实现城市的发展和人的全面自由发展。人文化的实质是坚持以人为本，在城市的管理、建设和发展中，充分体现尊重人、关心人、解放人、发展人、依靠人的原则，使城市功能人性化、城市生活文明化。

空港新城在城市建设中要对历史文化资源与文脉进行梳理、规划，既要注重历史和传统，也要善于根据市场经济进行保护性、经营性开发，两者紧密相连，唇齿相依。因为前者是城市文化的根，是一个城市的个性和品位所在。失去了它，也就失去了城市的文化之根。后者是城市应对现代挑战的关键所在，它可使文化资本真正为城市的经济发展做出贡献。此外，城市建设注重人文关怀，将人性、自然、情调、生活艺术、田园文化等元素引入城市空间，为城市居民营造诗意生活。

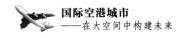

三 生态化——发展的回归

生态城市旨在建设一种理想的栖境，将技术和自然充分融合，使人的创造力和生产力得到最大限度的发挥，环境质量和居民的身心健康也因而得到最大限度的保护。换句话说，生态城市就是指按生态学原理建立起来的一个社会、经济、自然协调发展，物质、能量、信息高效利用，生态良性循环的人类聚居地，即高效、和谐的人类栖境。

空港新城的生态化发展观念，就是要实现城市功能区的集约发展和田园风光的完美融合，用现代城市规划理念建设优美小镇，用现代技术促进产业向高端化发展，实现人与人、人与自然的和谐共生。

首先，空港新城的生态化建设以可持续发展为目的，通过密集化的土地利用方式、集中化的生活方式实现城市的高效运营。强调集中与遏制、公交与步行，缓解城市交通压力，解决社会分异带来的负面影响。

其次，在建设过程中注意生态基础设施对城市扩张和土地开发利用不可触犯的刚性限制，通过将不同规模的生态廊道层次化、网格化，形成层次结构生态网格，为城市的持续生态发展提供具有基础性资源和服务的支持。

最后，空港新城以塑造生态城市为目标，通过多元拼合，将地方文化记忆、未来城市和乡村生活的科学幻想融合在当代城市乡村景观的塑造中，实现城市历史的延续性，实现城市景观和乡村"田园小镇"景观的对立与融合。

四 智慧化——发展的未来

智慧城市是以"发展更科学，管理更高效，生活更美好"为目标，以信息技术和通信技术为支撑，通过透明、充分的信息获取，广泛、安全的信息传递，有效、科学的信息处理，提高城市运行和管理效率，改善城市公共服务水平，形成低碳城市生态圈，构建新形态城市。

空港新城通过广泛采用物联网、云计算、人工智能、数据挖掘、知识管理等技术，构建国际水平的信息基础设施体系、边界高效的信息感知和智能应用体系、创新活跃的新一代信息产业技术体系，提高城市规划、建设、管理、服务的智能化水平，使城市运转更高效、更便捷、更低碳，让人们的生活更美好。

第五节　发展路径

一　建设以航空港为主导的复合型内陆港体系，形成全方位开放的国际门户

对于内陆地区开放发展而言，如何加快构建对外开放的通道，形成与外部快速直接的联系是重要的方向选择。作为西咸新区空港新城加快建设西安国家航空城实验区的重要内容，加快建设国际航空枢纽和内陆重要的国际贸易中心是当前和今后的发展重心。

（一）强化国际航空枢纽建设

建设强大的空中网络是加快国际化发展的重要内容，也是陕西省加快参与全球化发展的重要手段。近年来，韩国三星、美国美光等一批以航空物流为基础条件的大企业的进驻，要求加快形成功能完备、集散有力的航空枢纽，具体措施如下。

第一，强化航线网络建设。实施枢纽战略，力争把西安咸阳国际机场建设成为西部最核心的航空枢纽，进一步做强做大成熟中转航线市场，增加国内中转航线数量，加密重点航线。巩固、新增和培育国际直飞航线市场，加强和优化国际－国内中转的衔接性，形成高效的国际－国内中转航线网络。近年来，西安咸阳国际机场通往世界的直飞航线越来越多，开通了飞往东京、温哥华、伦敦、洛杉矶、首尔、吉隆坡、古屋、曼谷、维丁、新加坡、巴黎、普吉岛、釜山等城市的航线，并将开通直飞莫斯科、赫尔辛基和中亚国家的航线。

第二，做大做强基地航空公司。基地航空公司是衡量一个航空枢纽能级的重要指标，也是空港城市发展的重要条件，提供完善的客货运基础设施和

服务环境，鼓励国内外有实力的航空公司、航空物流运营商在西安咸阳国际机场设立基地，增加运力，提高航班密度，打造空中快线和航班波。力争到2025年，主要基地航空公司市场份额达到70%以上。

第三，提高机场运行效率。就是要加快提升西安咸阳国际机场的运行效率。重点是优化航班时刻资源配置，引导航空公司充分利用高峰时刻以外的资源，提高资源利用率。优化地面保障工作流程和完善信息系统，提升航班保障能力和中转服务效率。不断推出个性化的服务产品，中转时间、旅客满意度等主要服务质量指标达到全国前列，形成国内领先的服务保障体系。

（二）加快建设全国重要的内陆国际航运中心

一个区域只有形成对外开放的核心门户，才能更有效地集聚物流、资金、信息等要素，与外界形成有效的沟通和联系。空港新城按照空港城市的发展要求，重点打造内陆地区的国际航运中心。

第一，建设内陆型国际航运中心。以航空港为核心，加快建设航空城公路港和信息港，强化与西安国际港务区、西安铁路北客站的功能联系，将空港、保税区、公路港、铁路港和西部经济腹地紧密连接在一起。西安咸阳国际机场的发展重点是进一步发挥国际航空枢纽港的优势，重点运输高附加值产品和加强文化交流功能。西安国际港务区的发展重点是加强连通欧亚大陆桥的地面运输，重点运输中低附加值的大宗货物。空港新城公路港的发展重点是加快建设卡车转运中心，与航空货运形成互动，加强与经济腹地的物流联系。空港新城信息港的发展重点是加强与重要经济区的信息联系，形成重要的网络支撑，拓展开放合作的深度和广度。实施四者联动发展，形成货物及时、顺畅中转的综合性立体港，形成关中－天水经济区对外开放的核心竞争力，进一步引领大西北开放型经济发展。到2025年，基本建成综合航运服务功能健全、市场环境优越、资源高度集聚、现代物流服务高效，具有全球空运资源配置能力的内陆型国际航运中心。

第二，提升空港新城集疏运体系建设。加快西安铁路北客站至空港的轨道交通建设，2016年之后，从西安市区乘坐地铁，经北客站到机场，将实现全程"零换乘"，出行速度大大提升。加快形成航空运输网、高速公路网、城市轨道交通网和高速铁路网在空港的高效衔接，形成以空港为中心，覆盖关中－天水经济区的地面1小时服务范围，并进一步延伸辐射腹地。

第三，打造国际领先的综合空运服务体系。空运的作用不仅仅是实现空港新城范围内的产业聚集，还包括对周边800公里左右范围内的辐射作用。最近几年最引人注目的是沿海向内地的产业转移，其中对当地经济带动作用最强的就是电子信息制造行业，以成都、郑州引进富士康，重庆引进笔记本电脑和西安引进三星闪存生产线为代表，这些产品的物流方式基本上都是空运，这也充分体现了航空枢纽对不沿海、不沿边的内陆地区更具有战略意义。

二　建设全国内陆重要的国际贸易中心，构筑内陆地区全方位开放的前沿平台

对空港城市来说，最重要的城市功能是促进国际贸易发展。国务院批准设立的中国（上海）自由贸易试验区中的一个主要组成部分是上海浦东国际机场综合保税区，也给空港城市的发展指明了方向，就是要抓住服务业国际转移的机遇，建设国际贸易战略框架，加快形成内外贸易一体化发展格局。

（一）加快推进国际贸易中心四大平台建设

要实现空港城市发展国际贸易的功能，就需要积极推进国际贸易功能载体建设，目前，空港新城正在积极推进四个重要中心的建设。

第一，航空城口岸集散中心。以空港口岸集散中心建设为基础，完善陆空铁口岸的高效衔接，形成关中－天水经济区的航空港、公路港、铁路港和信息港的高效集合，推动航空城与公路、铁路等各类贸易枢纽同步发展，形成全国重要的国际、国内主要商品进出口集散中心。

第二，航空城国际化采购交易中心。加强与中亚、西亚等航线到达地区和国家的经贸合作，强化展览设施规模，打造专业会展中心，构建商务洽谈平台，建设各类交易市场，建设关中－天水经济区的核心交易市场、商品展示中心、商品信息交流中心和各类贸易信息发布中心。

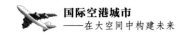

第三，航空城国际贸易服务中心。重点发展国际离岸外包服务，重点拓展离岸服务外包承接和发包业务市场，形成全国服务外包的重要基地。

第四，航空城国际购物中心。打造西部最时尚的购物之都，依托国际航线资源，引入国际知名品牌商品，培育西部地区高端消费市场和品牌，形成全国重要的新型商业业态集聚中心。通过航空城国际贸易中心基本功能的打造，逐步增强航空城对国际贸易链上下相关业务的整合，力争形成对全球产业供应链的管理和控制能力，打造全国重要的国际贸易资源配置、营运和控制中心。

（二）推动贸易中心创新发展

第一，加快培育国际贸易新业态，增强空港新城对外开放水平。依托航空物流发展，在空港新城扩展与国际贸易相关联的现代产业体系，加强引进信息技术、生物医药等以高新技术为主导的先进制造业，大力发展金融、航空物流、信息服务、会展、文化、旅游等现代服务业。充分利用两个市场、两种资源，形成与现代国际贸易接轨的新业态。

第二，建设航空城信息港，形成全国重要的商品信息交流中心。积极以智慧化来支撑实体贸易发展，提升空港新城国际贸易领域的信息化水平。加快空港物联产业城建设，促进电子商务发展，形成国际贸易的信息集成平台，开展跨境贸易电子商务综合改革试点。

第三，突出发展总部经济，进一步集聚国际贸易要素。重点引入与国际贸易相关联的机构总部和运营中心，加快引进国际贸易总部机构、国际贸易组织和机构、大型贸易中介服务机构和大型电子商务公司，强化空港新城的要素集聚能力。

第六章
国际空港城市的总体规划与功能布局

国际空港城市有着独特的功能和作用，是沟通经济腹地与国际市场的重要纽带。因此，在发展布局和实际建设中，要对国际空港城市进行合理布局与规划，把发展理念落在"地上"，将城市的功能最大限度地发挥出来。

西咸新区的核心发展任务是建设创新型城市发展方式试验区。在充分借鉴国内外城市建设成功经验的基础上，立足自身实际，通过优化城市发展空间、提升城市承载能力、健全城乡发展一体化体制机制，将西咸新区建设成为土地集约利用、城市空间布局紧凑、城乡有机融合、人居环境优美的现代化田园城市，为我国城市发展起到引领示范作用。

第一节　国际空港城市空间布局和建设的总体战略

一　我国城市建设中存在的普遍问题

从我国城市发展过程来看，城镇化步伐一直在加快，并处于高速发展的阶段，这成为加快我国现代化建设的一个重要原因。同时，在新的发展环境下，城市建设将是拉动内需、寻找新的经济增长点、促进国家经济社会良好发展的重要支撑力量。

但是，城市建设是一个复杂的系统工程，也是一个漫长的过程。在推进我国城镇化进程中，城市建设面临着巨大的困难与挑战，比如"城市病"

的出现。而我们的城市发展理念也正是在这些实践中不断得到提升与完善，从而更好地推动城市建设与发展。目前我国城市建设中存在的主要问题如下。

第一，城市规划与城市发展不匹配。改革开放30多年来，我国经济社会保持高速发展，城市化进程已进入快速发展阶段，而城市作为承载发展的主要力量，其规划明显滞后于发展现状。城市总体规划一般期限为20年，但往往执行3~5年就会因城市发展方向和规模问题进行修编。其根源就在于对全球经济一体化、快速城市化阶段的城市规模快速扩张缺乏前瞻性研究和准备。没有从参与区域发展角度对城市功能进行合理规划与分工，导致区域城市同质化竞争严重、主城区压力过大、重点功能区发展不足、外围卫星城镇承接有限等问题，从而使规划跟不上发展的步伐。

第二，基础设施建设相对落后。一方面，城市经济的迅猛发展、城市规模的快速扩大以及产业和人口的聚集，对城市基础设施承载能力和供应水平提出了更高要求；另一方面，城市基础设施主要是由政府投资，社会参与程度较低，而政府更多的是注重城市的扩张，在加强基础设施建设方面投入有限，这就导致许多城市的基础设施比较薄弱，出现了很多问题。例如，城市经济越发展，居民出行频率就越高，而城市机动化的发展、小汽车出行的增加、停车设施的不完善，会干扰动态交通，降低可达性，影响城市总体发展，这就对城市公共交通提出了更高要求。但是，公共交通却具有初始投资大、投资回收慢、直接经济效益低等特点，面临着资金严重短缺、融资渠道狭窄、方式简单僵硬等一系列问题，在建设上一直落后于其他产业的发展。

第三，没有突出以人为本的城市发展理念。城市建设的根本是以城市居民为核心，并为他们提供优质的生活服务，但目前大多数城市还没有真正做到这一点。主要表现在以下两方面：一是基本公共服务体系不完善，公共服务设施分布不均，社会管理滞后。比如西安市的优质医疗和教育资源主要集中在主城区和几个重点功能区，没有实现均等化分布；二是具体的社区设计和交往空间缺失，公共空间设计求大求洋，忽略了使用者的心理感受、行为尺度和地域文化，缺少归属感和人文关怀。例如，我国大多数住宅小区一直沿用苏联的建筑理念，出于采光和通风的考虑，一排排朝南的楼房呈并列关系，楼与楼之间由绿化带填充，这种单调的布局和复制式的建筑使得居住区很容易失去"家园"的亲切感。

第四，城市文化的缺失。文化是城市的灵魂，城市是一个自然生长的有机体，其魅力在于文化和精神特色。文化和精神特色是一个城市独有的个性，是一个城市独有的品质和形象载体，是城市身份的确认，是城市的形象和品牌，是城市的特殊符号，是城市的标志。因此，城市文化是城市发展永远绕不开的主题。然而，目前的城市建设中，很多地方纵容了城市发展对城市文化的漠视，丢开城市文化搞规模化、机械化的造城运动，"只注意形象，不重视精神"，千城一面，城市文化精神缺失，最终让建筑失去生命，让城市失去个性。

第五，缺乏精细化的城市管理。在城市的要素集聚后，就要靠精细化的服务与管理来发挥城市的功能和作用，保障城市的良性运转。虽然城市管理与过去相比有了很大的进步，但在一些关键环节上还处于探索之中，比如城乡二元结构、农民工进城等问题的出现，还需要城市的管理者进一步寻找更好的实现途径。

二　空港新城总体规划策略

空港新城是在原有的乡村区域基础上重新规划和建设的新型空港城市，在城市建设上重点突出强化枢纽港功能、发展田园城市和实现公共服务均等化三大方面，并通过合理布局形成科学的城市规划体系，有效规避已有城市建设中存在的普遍问题。基本策略如下。

第一，实施"三规合一"，确保空港新城的长期发展得到充足保障。空港新城于 2011 年 6 月起开始编制城市分区规划、土地利用规划和产业发展规划等一批重要的基础性发展规划。在各类规划编制的过程中，空港新城把这些重要规划编制合一，也就是最大限度地用城市分区规划体现经济发展规划，用土地利用规划保障经济和城市规划的实施，在规划编制时充分与机场、航空公司及入区企业进行对接，并留有足够弹性，确保空港城市长期的发展空间得到有效保障。

第二，强调城市布局科学合理，形成富有特色的城市功能板块。重视城市公共服务、产业集聚、人员生活和生态环境的合理组合与分布，按照"交通支撑、产业聚集、产城一体"的发展思路和"功能整体构造、项目协同建设"的开发理念，以不同的功能组织来布局各个板块，强调在各个功能板块之间以快捷交通形成密切联系，形成资源互补、产业关联、梯度发展的多层次产业集群，确保城市空间发展有序化、城市空间结构合理化，形成有机统一的城市布局，使产业发展和空间发展统筹起来，真正实现产城一体化。

第三，把基础设施建设、生态建设、环境建设置于战略首位，提高城市承载力和可持续发展能力。实施基础设施先行的发展战略，适度超前规划和高标准启动建设城市路网、供水、供电、供气、供热、通信等基础设施项目，更多地布置生态环境项目，通过便捷的道路交通体系、健全的市政公用体系建设，构建功能完善、安全可靠、保障有力的城市基础设施体系，提升空港新城建设发展承载力，使城市发展的硬环境得到充分保障，为进入空港城市的企业和个人提供最优质的城市配套服务。

第四，实现社会服务均等化，保障城乡一体化发展。未来进入空港新城区域内的人员主要有五类：入区单位的工作人员和经济往来的人员；经停的机场乘客；机场与航空公司的工作人员；当地的居民；来空港新城参观游玩的消费者。空港新城按照不同人员的需求，坚持以人为本的理念，结合航空城人口规模、城市组团布局，按照"分级配置，区域共享"的原则，健全空港城市的公共服务功能体系，并在空间上合理化布局，向空港新城全部居民及流动人口提供完善、均衡的高品质公共服务，统筹城乡发展，走出一条新型城市化发展道路。

三　空港新城空间布局和发展策略

空港新城的城市发展是从零起步，但同时也有着极大的后发优势。目前国内主要枢纽机场周边区域的土地资源十分紧张，多属于自然发展而成，布局不尽合理，产业级别较低，土地利用效率不高。而空港新城拥有大面积可开发土地，后发优势十分明显。随着经济发展与机场环境条件的成熟，通过对空港新城进行科学规划、合理布局，从而建立完善的空港新城城市发展体系。

（一）空港城市布局的主要模式

根据机场在空港城市中的不同位置，目前国内外空港城市的空间结构对应形成了圈层式、轴带式和卫星式三种主要模式。

1. 圈层式空间结构

空港城市在各个方向上都以相对均匀的速度向外蔓延，表现为同心圆状。由于不同产业的附加值及其对航空运输的依赖性不同，它们在空间上呈现出由空港核心地区向外围扩展的圈层布局模式。产业布局在空间上可以划分为三个层次：临空经济核心区、临空经济聚集区、临空经济辐射区。当前国外发展成功的空港经济区的布局多采用此结构，如荷兰史基浦机场是目前世界临空经济发展最好的空港。

2. 轴带式空间结构

空港核心区带动交通沿线进行单向轴带式的发展，形成了一种狭窄的伸展轴形态的空间结构。空港城市沿交通干线的单向轴式扩展能有效地解决交通运输问题，使新开发的地区与中心城区保持密切的联系，发挥该地区巨大的潜在经济性。国内外采用此类布局的空港城市较少，它是空港布局模式演变史上早期的布局形式，如美国达拉斯－沃斯堡机场空港。由于受地理、交通等综合条件的影响较大，此类布局不能实现产业的关联、集聚、集群发展。

3. 卫星式空间结构

卫星式空间结构一般在与机场有一定距离的某几个邻近地区发展比较迅速，如机场的几个卫星功能区，包括游乐中心、出口加工区、大学城等。

（二）空港新城空间布局的主要原则

1. 五个统筹原则

在统筹城乡发展、统筹区域发展、统筹经济社会发展、统筹人与自然和谐发展、统筹国内发展与对外开放等方面进行深入研究，在实现统筹协调发展中发挥积极作用。

2. 以人为本原则

坚持以人为本，是在实现资源与环境可持续发展的同时，体现对社会和人的关怀。突出城市规划在宏观调控和综合协调方面所发挥的作用，强化政府的社会管理和公共服务职能，重视与人民生活密切相关的各项社会公共事

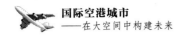
业的发展，构建和谐社会。

3. 可持续发展原则

保持规划结构和空间布局的弹性和灵活性，使空港新城的空间、用地得到充分合理的利用和最大可能的节约，并加强城乡生态环境的保护，促进基础设施的协调发展，继承和发扬优秀的历史文化，促进产业园区和新城综合功能区的物质环境与社会环境持续有序的协调发展，实现城市发展的良性循环。

4. 尊重城市文脉原则

积极保护城市历史文化遗产，提高对文物的保护利用水平，发掘空港新城的文化特色，充分考虑历史文化资源的综合利用，处理好历史文化保护与经济发展、城市建设的关系。

5. 生态低碳原则

认真贯彻建设资源节约型和生态保护型社会的要求，正确处理城市化快速发展与资源环境的矛盾，充分考虑资源与环境的承载能力，全面推进土地、水、能源的节约与合理利用，促进空港新城各项资源的节约集约利用、功能布局紧凑合理等目标的实现。

6. 系统性原则

遵循系统性的规划原则，研究空港新城的产业、物流等功能组团与居住片区的联系，构造"科学合理、整体有序、合理匹配、有机联系、动态相关"的结构体系，形成高效的城市运营效能。同时，根据动态发展需要，不断进行结构调整，区分轻重缓急，增强规划实施的可操作性。

（三）空港新城空间发展策略

建设空港新城就是要强化空港新城中心区域的发展，以中心区域带动新城范围其他地区的发展，增强周边地区与核心区域的联动发展，强化空港新城的带动作用，助推西咸新区区域一体化发展和西安国际化大都市建设。在城市空间拓展与城市建设过程中以创造富有魅力的城市空间为目标，提高城市的内涵与品位，创建良好的空间架构与格局。发展策略主要包括以下几个方面。

第一，片区统筹引导市域空间优化。要适应经济社会发展需要，以分区政策切实保障和落实西咸新区的空间分区建设，严格保护基本生态空间格局，形成功能明确、集聚高效的城乡空间结构，协调好发展与保护的关系。

第二，扩张与整合共进。首先，要推进空港新城核心功能区的建设。空港新城集聚了建设西咸新区空港产业的核心优势资源，西安咸阳国际机场、临空产业园、现代物流产业园等重量级项目都位于空港新城。其次，以西安咸阳国际机场为空港新城的发展动力引擎，将机场的城市建设用地建设临空产业发展的重点地区。在整合南部片区和城市建设的过程中，应该走"内涵式发展"的城市化道路，提高城市的空间质量，使中心城区成为西部产业园区的核心带动点和辐射源。最后，在对临空产业用地扩张发展的同时，要注重与新城综合功能的整合和一体化发展，包括功能布局一体化、基础设施配置一体化和生态建设一体化发展，增强空港新城的辐射力。通过公交优先调整城市布局，以轨道交通为核心，构建舒适、高效的公共交通系统，引导城市建设空间合理集聚，优化城市功能结构。

第三，促进区域协调发展。立足于区域整体性，加强统筹规划，在明确分工的基础上深化协作，将临空产业园的整体优势充分发挥出来。空港新城的城市空间发展要把促进区域协调发展作为重要任务，采取以下对策：一是在更大范围内统筹西咸新区的发展。要把空港新城和其他四个新城作为一个整体考虑，立足区域发展，逐步实现产业布局、基础设施、公共服务等方面的一体化，缩小区域差距。二是引导生产要素在西咸新区内的合理流动。要素跨地区流动将带来要素收益均等化，逐步缩小区域差距。要充分发挥市场在资源配置中的基础性作用，吸引大量优质企业的投资，并由此带动资金、技术和劳动力的流动，促进区域联动协调发展。

第四，注重功能提升。充分发挥核心功能区的集聚、辐射、引领、带动作用。一是在拓展空间、营造环境上下功夫，推进临空产业园区的深度开发和中心商务区的扩容，加强与机场和物流产业园区的前后台联动，改善硬件环境，同时着力构建与国际惯例相适应的法制、税收、信用制度，优化软件环境。二是在集聚与临空产业相关的企业和人才上下功夫，重点发展空港物流、国际贸易、飞机改装维修、现代服务业、高端电子制造业，着力引进具有国际视野和丰富经验的高层次国际临空产业人才。

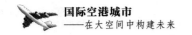

（四） 空港新城总体空间结构与布局

空港新城按照"一核两片双环多组团"的空间结构，以泾河、北辰谷两条大型生态长廊为分隔，形成"功能组团有机聚合、生态廊道穿插渗透"的田园城市总体空间形态，构筑生态化、组团化的空间布局体系。空港新城通过快速启动一批重点功能区的引领项目，已基本形成了特色鲜明的空港城市空间发展体系和框架（见图6-1）。

1. 一核：空港交通服务核心

以机场交通功能为核心，强化以高速公路和轨道交通为主体的地面综合交通体系，打造快捷交通核心枢纽，建立高效的国际化空铁联运核心体系，进而形成我国西部资金、信息、技术和人才等要素的重要流通核心中枢。同时，以西安咸阳国际机场为载体，内部整合机场配套服务、后勤保障、物流等功能用地，结合空港周边地区建设生活中心和服务中心，为区域提供综合性服务，进一步完善和发展空港服务核心的能级，成为第四代国际空港城市。

2. 两片：环空港片区和生态片区

以机场北面的冲沟为分界线，规划范围分为两个片区。南面为环空港片区，主要用于城市开发和产业培育，并辅以绿化廊道渗透，形成良好的生态城市环境；北部为生态片，用于开发建设优美小镇和临空现代农业。

3. 三廊：泾河景观廊道、北辰谷生态廊道、福银高速交通廊道

由生态自然界限泾河、北辰沟和福银高速将空港新城分隔为两大片区，同时成为限制城市增长的边界。生态廊道的穿插使空港新城北片区成为"大开"的北辰生态组团，该组团由机场绿化基地和生态绿廊形成的绿色生态网络以及五大优美小镇组成；南片区成为"大合"的环空港片区，以组团式布局模式对其进行规划，组团之间既相互独立，又相互联系，强调组团内功能的多元复合，共同打造一个互动的整体。

4. 多组团

在环空港片区形成功能互补、紧密联系的多个城市功能组团，包括机场区、国际航空物流枢纽、国际文化区、临空产业区、优美小镇和临空农业区。

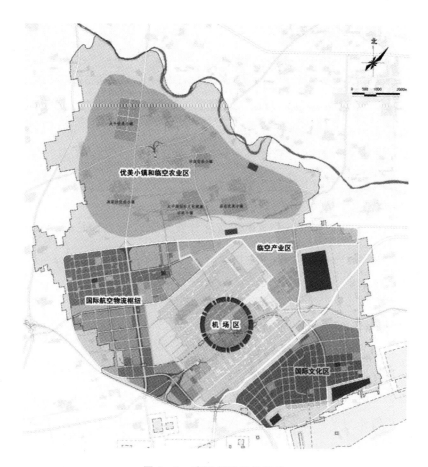

图 6 - 1　空港新城空间结构

四　空港新城城市风貌设计体系

城市风貌和形象是一个城市发展的重要体现，也是人们对一个城市的总体感观和评价，它在很大程度上对一个城市的发展起着关键性作用。随着对更美好生活的追求，人们对城市形象的关注度也越来越高。近年来，媒体上经常发起各类对城市形象评价的活动，比如中国最美的城市、幸福指数最高的城市、污染最严重的城市等。好的评价会使人们对一个城市更加向往，极大增强城市的吸引力和竞争力，同样，不好的评价也会对一个城市产生极大的负面影响。

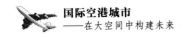

（一） 城市风貌和形象的内容

第一，可以直接看见的形象。包括城市的建筑特点、布局形象、景观形象等，这些构成了对城市最直观的印象。目前一些城市的建筑风格比较单一，容易千篇一律，这也是新城市建设中要重点注意的事项。

第二，传统习俗和社会管理的印象。这就是人们对一个城市的软环境的印象，主要有对文化、管理等方面的感观，这决定着人们对一个城市的真正认同。可以说，不管是什么样的文化和管理方式，越是包容的城市，越能得到极大的认同，比如唐朝时有众多的外国人在西安居住、生活和工作。从城市发展来看，一个城市的文化和管理方式包容性越强，其发展也越好。

第三，经济方面的印象。人们到城市中的重要目的是进行工作和经济往来，因此，城市经济是否发达、是否有更多的发展机会，成为体现一个城市是否有吸引力和竞争力的重要方面。

（二） 空港新城城市风貌总体设计目标

空港新城在城市风貌中更希望体现空港的特征，也就是国际化、开放性等要素，同时，要把握整体环境特征，尊重现有自然、生态特色，以农田、河流、山塬作为景观背景基底，对空港新城在空间与环境方面进行城市设计的控制和引导，形成具有田园城市特质、人与自然和谐、宜居、生态的城市景观环境。在空间布局规划上采用"大片开敞"和"大片聚合"的手法，使建设用地分布有疏密之分。在生态涵养地区禁止和限制城市扩张，为自然生态和人文景观的维护留出开敞空间。

（三） 空港新城城市风貌总体设计策略

第一，与西安和咸阳主城区重点体现传统文化的特点相衬托，更加突出空港城市沟通国际市场与经济腹地的联系枢纽作用，以更加现代化、国际化的风貌来体现空港城市的功能。

第二，梳理空港新城区域内现有的自然景观资源，包括三大元素：绿色体系（包括农林用地）、水系（包括泾河及其河床河谷）、历史文物和古迹。从生态、历史、文化和景观的经济绩效等方面入手，分析这些元素的风貌特征，综合考虑各种自然和人文要素，使这些要素能够成为景观风貌设计所能使用的元素。

第三，在城乡整体形象的设计中，注重各个组团之间的交通联系，通过设计交通或绿色轴线、片区边缘、标志性建筑和人文景观，使各个功能组团在风貌上有呼应关系。同时，每个功能组团应根据其自身功能选择合理的建筑样式和风貌要素，使标志性建筑和人文景观特色相融合，形成各具特色的区域风貌。

第四，在景观风貌的规划设计、建筑设计中强调因地制宜的原则，建设和开发土地资源必须以不破坏自然景观等基础环境要素为前提，如工业建筑应避开历史文化遗迹或具有特色景观风貌的河谷地带。毫无地方特色风格的建筑应该谨慎选址。在具有特色景观风貌的地带，运用合适的建筑材料和色彩，使建筑语言融入地区特色人文景观中。

五 空港新城城市文化发展体系

一个城市的文化是当地千百年来积累的历史沉淀，是城市竞争力的关键因素，代表着一个城市的软实力。从历史上看，先进的文化总是能使一个国家和地区快速发展和强大。赵国胡服骑射，改变了赵国的传统文化，迅速使赵国成为强国之一。俄国彼得大帝为了快速富强，加强文化改革，颁布法令，规定人人都不得蓄胡子（虽然他后来对此项法令做了修改），要求宫廷人员必须穿西装，鼓励吸烟和喝咖啡，在很多方面都效仿了西方的风俗和文化，给俄罗斯帝国打下坚实基础。可以说，近代俄国的政治、经济、文化、教育、科技等方面的发展史无不源于彼得大帝时代。因此，文化在潜移默化中塑造城市形象，文化体系建设对于空港新城的发展更具至关重要的作用。

（一）空港新城的核心文化

古西安在盛唐时期是国际知名大都市，盛唐也是中国历史上文化大发展与大繁荣的时期，一个显著的标志是开放和包容程度极高。唐太宗李世民以"兼听则明"、"纳谏如流"的开明态度，制定对外友好交往、兼容并蓄的国策，与吐蕃联姻，遣玄奘到印度取经。巨商大贾和各类人才纷纷聚集于长安，世界各地不同的文化在此交融，丝绸之路远通北非、地中海，各国使节、学者、僧侣、商人纷至沓来，学习先进的唐文化，同时也为唐文化注入了新鲜血液，造就了长安经济文化的极大繁荣。据《唐六典》记载，当时来长安与唐通使的国家、地区多达 300 个，在唐乾陵矗立着 60 余尊外国使臣石雕。东罗马帝国先后 7 次遣使至长安，日本遣唐使到达长安 15 次，阿拉伯帝国曾 36 次派使节到长安。有些外国人不仅在长安城长期居住，而且还供职于唐王朝，人数多达三千，波斯人甚至官至宰相。日本人阿倍仲麻吕先后在长安城生活近 40 年，官至正三品；被称为韩国汉文学开山鼻祖的崔致远 12 岁只身西渡，在长安求学 16 年，最后以大唐正三品荣归故里；日本留学生吉备真备潜心学习唐王朝的典章制度，在长安留学达 17 年。唐长安以其开放、大气、包容征服了全世界，盛况空前，成为世界的政治、经济、文化中心，也是当时世界上最繁华、规模最大、人口首先超百万的国际大都市和东西方文化交流中心。唐玄宗天宝年间，长安人口已达 196 万，是人类历史上第一个人口达到百万的城市。据史籍与考古证实，同时期古罗马人口数不过 10 万，已堪称繁盛。长安城面积达 83.1 平方公里，是古代罗马城面积的 7 倍，是现在西安城墙内面积的 10 倍。城市按中轴对称布局，由外郭城、宫城和皇城组成。唐长安城的城市结构布局充分体现了封建社会巅峰时期的宏大气魄，在中国建筑史、城市史上具有划时代影响。其九宫格局百代不易，影响深远，这也使西安成为了当时世界上最繁华的国际大都市。因此，受西安历史文化积淀熏染，树立开放与包容的空港新城核心文化是空港新城文化体系建设的主要任务。

（二）空港新城文化体系建设的主要内容

空港城市的本质是要成为与世界联系的纽带，因此在城市文化上更应当突出"开放、包容"的核心内容。空港新城的文化体系建设应突出以下几个方面。

1. 开放、包容是核心

一是空港城市是外向型经济发展的平台，本身就要求与世界经济、文化对接，只有建立以"开放、包容"为核心的文化，才能真正将空港与世界对接起来。二是开发新区本身就是新的经济发展中心，集聚来自各地的企业、人员、资本、技术、信息等诸多要素，只有以开放、包容的文化来对待这些要素资源，才能海纳百川，加快发展。

2. 鼓励创新和容忍失败是关键

空港经济是在知识经济背景下发展壮大的，而知识经济对文化的本质要求就是鼓励创新和容忍失败，因此空港城市的文化建设要符合新经济的要求。

3. 从管理到服务是政府文化建设的重心

开发新区都在强调以企业为本的服务文化，空港新城做为新的城市，在管委会文化建设中突出从管理向全面服务的文化理念，不仅对企业服务，而且更加强调政府职能的改革和转变，真正把管委会运营模式打造成为新型服务机构。

（三）道路名称的确定

响亮的城市主干道路名称是城市的品牌标签，能够彰显城市的地位与魅力，是城市历史文化沉淀的积累与缩影。如"长安街"成为北京政治中心地位的浓缩、"南京路"成为上海经济中心地位的浓缩。对空港新城这样一个新的开发区而言，新建的很多快速路、城市主干路、次干路、城市支路等道路都需要一个能够彰显城市文化内涵的名称来彰显空港新城的城市魅力。

1. 命名原则

空港新城先后召开三次道路命名专家咨询会，专家们从历史传统、人文环境、发展前景等方面，通过列举古今中外不同的道路名称案例，为空港新城道路命名提供了明确的思路。归纳起来，道路命名应遵循"整体性、关联性、层次性、文化性"等原则：一是道路命名要美美与共，应把历史、现实和未来统一联系，将科技和人文有机结合，把空港新城放在大西安核心板块和战略门户的位置，彰显历史文化魅力；二是道路命名要结合产业特点和功能区分布，应考虑功能分区，注重整体布局，对每个区域不同功能进行规划，体现空港特色；三是道路应具备"历史、教育、祈福、坐标、交通"五项功能，南北走向的道路称"大道"或"路"，东西走向的道路称"大街"或"街"；四是所选道路名称要无歧义、易读易记。

2. 命名方案

国际航空物流枢纽区（43条）

方位	命名原则	新道路名称
纵向 （自西向东）	以道路所贯穿物联产业为命名主语	万联大道
	以"德"字为命名主语	安德路、明德路、广德路
	以"保税"+"数字"为命名主语，体现保税区板块独特性	保税一路至保税十条
	以唐城坊为命名主语，体现贸易、物流有如唐长安般繁华兴旺	兴道路、兴宁路、辅兴路、安善路、教化路、布政路、丰安路、通济路、教义路、胜业路、隆庆路、群贤路
横向 （自北向南）	以当地镇名作为命名主语，体现历史传承	北杜大街
	以"平"字为命名主语，体现地平、平安、顺畅之意	景何大街、承平大街、长平大街、中平大街、致平大街、建平大街、咸平大街、信平大街、熙平大街、延平大街
	以唐城坊为命名主语，体现贸易、物流有如唐长安般繁华兴旺	长兴大街、丰乐大街、保宁大街、通善大街、永昌大街

优美小镇和临空农业区（3条）

方位	命名原则	新道路名称
横向 （自北向南）	以植物、草药为命名主语，取光和生机之意，体现田园城市	紫檀路
	以"平"字为命名主语，体现地平、平安、顺畅之意	广平路、元平路

临空产业区（23条）

方位	命名原则	新道路名称
纵向 （自西向东）	取意著名历史典故"萧规曹随"	萧何路、曹参路
	以"明"为命名主语，体现半导体"光"的概念	昌明路、宜明路、启明路
	以中国近代航空杰出人物为命名主语，一是体现区域城市产业特色，二是对杰出人物的纪念	志干路、泽勇路、管德路、国定路、基达路、凤山路、谐芬路、一坚路、石屏路、罗阳路、大观路
横向 （自北向南）		冯如大街、舜寿大街、侠农街、孝彭街、文光街、王助街、子翼街

国际文化区（36条）

方位	命名原则	新道路名称
纵向 （自西向东）	以秦、汉、唐城门为命名主语，体现空港门户之意	承光路、永和路、顺义路、章义路、明义路、通义路、崇义路、立政路、昭庆路、崇仁路、崇义路、崇礼路、安化路、安仁路、安远路、开远路
横向 （自北向南）	以当地镇名为命名主语，体现历史传承	底张大街
	以中国佛教祖庭寺庙为命名主语，寓意吉祥	华严大街、广仁大街、香积大街、慈恩大街、草堂大街、净业大街、国清大街、兴教大街
	以秦、汉、唐城门为命名主语，突显文化底蕴	兴庆街、章台街、兴安街、通化街、奉元街、延兴街、兴化街、延政街、延庆街、宜化街、金光街

主干道路（10条）

方位	命名原则	新道路名称
纵向 （自西向东）	以城市特色、地域特色为命名主语	渭城大道、自贸大道、周公大道、田园大道、民航大道、天翼大道、临空大道
横向 （自北向南）		正平大街、宜平大街、沣泾大道（西咸新区命名）

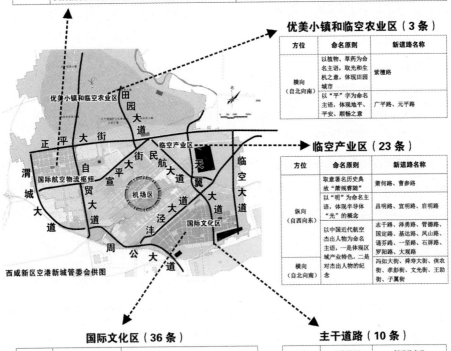

西咸新区空港新城管委会供图

图6-2 西咸新区空港新城主要功能板块及主干道路

第二节 构建产城融合发展的主要功能组团体系

如何真正实现产城一体化发展是当前城市，特别是城市新区面临的重要问题。当前城市发展中出现的许多新问题，是城市产业和功能布局不相匹配、城市产业与城市建设不相匹配造成的，当这些问题发展到一定程度时，就会极大地制约城市的发展。空港新城通过构建一个产业和城市共同促进、相互支撑的体系，形成更科学的产城一体化发展格局。

一 实施经济带动城市的发展战略

（一）战略目标

实现从"经济洼地"到"经济新翼"的转变：近期（到2015年）主要是布局空港产业和城市中心商务区的开发建设，同时积极发展配套生产性服务业；远期（到2020年）是实现第二产业与第三产业同步发展，提高第三产业的比例，特别是提升临空产业园中高新技术行业的比例，实现产业结构和城市布局的优化调整。

（二）战略形式

1. 产业创新战略

更多地依靠科技创新、劳动者素质提高和管理创新驱动发展，充分发挥创新能力对促进发展转型、增强综合实力和国际竞争力的助推作用。一方面，要完善以企业为主体、市场为导向、产学研相结合的技术创新体系，进一步强化企业的创新主体地位，促使企业真正成为研发投入的主体、创新活动的主体和成果应用的主体。另一方面，进行产业结构的引导和主导产业的培育，使主导产业符合高成长性、高生产率与附加值、强关联度的三个基本要求。在进行主导产业培育时，要注重第一产业的"规模化、产业化、现代化"，第二产业的"提升能级，延伸产业链"和第三产业的"传统服务业与生产性服务业并举"。对空港新城来说，近期主要是通过引进临空产业，具体包括与航空有关的制造业、电子商务产业、电信和物流产业，重点发展空港物流、国际商贸、飞机改装维修、高端电子制造业和都市农业，并以工业创新为主，依靠产业链的延伸，引导传统工业产业向高新技术产业的转化，生产服务业与工业同步发展，实现产业结构升级；远期则以产业发展模式创新为主，寻找传统产业发展的新突破点，以循环经济为主要的产业发展模式，将与第二产业、第三产业相关的大型商贸市场和物流产业等作为产业发展的主要动力。

2. 经济国际化战略

近期主要通过引进多方投资来进行临空产业的布局和建设，提升传统产业的市场竞争力，淘汰高污染、高耗能、依赖廉价劳动力的低产出零星工业，同时以引进高新技术产业为主，改善投资环境，扩大招商引资；远期则进一步积极增强市场开放程度，实现经济发展与国际接轨。

3. 低碳经济战略

发展低碳经济是加快经济发展方式转型的要求，也是应对全球气候变化挑战的需要。低碳经济以低能耗、低排放、低污染为基础，核心是技术创新、产业结构创新和发展观的改变。空港新城要把打造低碳城区作为重要任务，以能源结构挑战和节能减排为抓手，创建全国低碳经济示范城市。通过发展低碳产业、循环经济，鼓励节能技术的开发、应用与创新，提高资源的使用效率，减少污染物排放；合理配置产业用地和生活用地，减少私人机动交通出行量，构建绿色交通体系；倡导健康、节约的生活方式和消费模式，全面推进低碳城市建设。要进一步加大能源结构调整力度，扩大低碳能源的应用，积极发展风能、太阳能和生物质能，鼓励天然气等清洁能源的使用，减少化石能源使用比例。要坚持不懈地推进节能减排，切实加强工业、交通、建筑、居民生活等重点领域的节能管理，积极推进节能科技进步，严格落实环评制度和污染物总量控制制度，把污染降低到最低程度。

二　发展五大功能组团，促进产城一体化发展

在经济带动城市发展战略的指导下，空港新城坚持产业与城市融合发展，以产业促进城市发展，以城市带动产业集聚，全力打造机场区国际航空物流、国际文化区、临空产业区、优美小镇和临空农业区五大功能组团体系。

（一）机场区

机场区以自身的优势为出发点，结合区域发展条件，依托现有的空港枢纽，重点发展以机场核心区为载体的临空产业，大力发展机场综合配套、后勤保障、飞机维修、物流等功能，并进一步提升、强化和完善该组团的空港枢纽的核心职能。

（二）国际航空物流枢纽

1. 发展定位

建设立足西部、服务全国、辐射欧亚的航空物流转运基地，西部地区综合交通枢纽，现代物流设施和信息技术汇集区，物流服务与产业融合示范区。空港新城区内的西安咸阳国际机场位于中国几何中心和两大货运区中间，在地理位置上与美国联邦快递全球货运枢纽所在地孟菲斯国际机场类似，有着得天独厚的货运中转优势。目前，西安咸阳国际机场的货邮吞吐量尚有较大提升空间，机场周边的物流仓储设施和服务有待升级，高标准发展空港区域的物流已成为带动全省乃至西北地区的货运总量和进出口贸易增量的核心。

2. 发展思路

摆脱传统的将物流园区仅作为产业配套的发展思路，采用"物流 + 商贸、仓储 + 结算、进口 + 展销"的新型物流园区发展模式，以物流产业带动人流、货流、资金流、信息流的聚集，推动高新技术、航空运输、国际贸易等产业的快速聚集和发展。

3. 总体布局

国际航空物流枢纽位于西安咸阳国际机场西侧及西北侧，总规划面积约20平方公里，分为 A、B、C、D 四个片区（见图 6 - 3）。

A 区为物流仓储园区，位于机场北侧，紧邻机场规划第四、第五条跑道，高标准启动和建设空港综合保税区，重点发展集保税仓储、保税加工、离岸展示、航空货运、分销配送、综合配套为一体的综合性物流服务集群。

B 区为国际快件转运区，位于机场西北侧。依托区港联动，实现与机场无缝连接，打造空港"大通关"基地。重点发展航空货运、国际国内快运及邮件转运、航空分销配送、总部办公、商业配套等产业。

C 区为丝路国际贸易区，位于机场西侧。重点发展临空制造、电子信

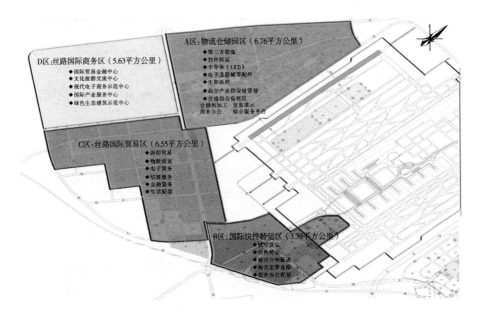

图6-3　国际航空物流枢纽组团总体布局

息、生物医药、新材料、新能源等附加值高、体积小、重量轻、市场灵敏度高、交货期短的临空高新技术产业。

D区为丝路国际商务区，位于机场西北侧。以共建"丝绸之路经济带"为宗旨，以丝绸之路文化为引领，打造丝绸之路经济带文化旅游交流中心、国际产业服务中心和绿色生态示范中心。

国际航空物流枢纽组团中的A区为物流仓储园区，是空港新城最早启动的核心功能组团，也是落实省政府支持西咸新区发展若干意见的具体举措。目前，该组团的多个项目，包括事务服务中心、国际仓库等一批重点项目即将投入运营。通过与海关、商检、口岸等部门的密切对接，该组团内的集保税物流、保税仓储、电子商务、国际商贸、流通性简单加工及增值服务功能为一体的连接我国东中西部的空港保税物流中心经海关总署实地考察，已列入2014年海关总署第二批重点保税物流中心审批名单。

该园区作为关中-天水经济区最为重要的空港型现代服务业基地，将提供国际口岸、保税物流、保税仓储、保税加工等基本功能，以及国际快递、国际中转（国际－国际、国际－国内、国内－国际）、物流增值服务、国际贸易及展示、国际商务等衍生和增值服务功能，并重点引入高新技术、现代物流、电子商务、高端服务业等现代产业。

该园区紧密依托西安咸阳国际机场，结合国家批准的关中－天水经济区和大西安经济圈的对外开放、经济发展和产业升级进程，围绕空港新城"建设第四代国际空港城市"发展目标，形成"外向性产品航空集运中心、区域性航空物流分拨和配送中心、高增值保税生产企业孵化中心、保税展示与国际商贸中心及国际性公司区域总部中心"五大主导功能。充分发挥西安咸阳国际机场作为陕西唯一的一类口岸的政策优势，成为服务陕西、辐射西北的对外开放的重要门户和战略高地，为提高陕西区域经济的外向度、促进现代服务业的升级转型发挥更大的作用。图6－4是西咸新区空港新城综合保税区总体规划图；图6－5是西咸新区空港新城保税事务服务中心。

图6－4 西咸空港综合保税区总体规划图

（三）空港国际文化区

国际文化区位于空港新城南部，依托西安北客站至机场轨道交通优势，重点建设西北国际会展中心、西部自由港、空港城市客厅、西咸创意休闲港和国际文化艺术汇五大功能板块，打造世界级国际文化交流平台、现代都市

图 6-5　西咸新区空港新城保税事务服务中心

旅游消费目的地和未来生态智能城市科技应用示范平台。图 6-6 是国际文化区规划图。

图 6-6　国际文化区规划图

1. 发展定位

以"五个一体化"为理念，即功能一体化、交通一体化、服务一体化、空间一体化、环境一体化，建设"一体化机场城市"，打造一座以旅客为市民的城市，以全新的消费空间载体，诠释一种全新的消费方式。构建以人为中心的空港城市生活、生产性消费服务体系，即空港核心服务体系、文化交流及都市旅游功能体系、会展商务功能体系、空港城市服务体系四大服务体系。

2. 主要功能体系

（1）五人核心引擎。

提升型旅客服务、国际时尚消费、会议会展、文化博览、文化体验消费五大核心引擎共同驱动全域功能空间体系构建。图6-7是国际文化区五大核心引擎组团。

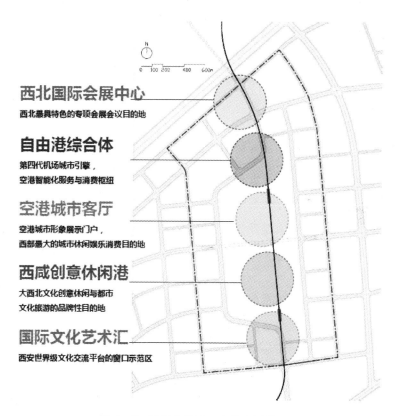

图6-7 国际文化区五大核心引擎组团

（2）四大功能板块。

空港核心服务板块——西部自由港；国际会展商务板块——西北会展之都；都市文化旅游板块——世界文化之窗；城市绿色生活板块——空港未来域。

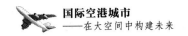
（3）五大核心项目。

云端时代商业中心；西北国际会展中心；空港科技文化创新示范园；空港大世界；国际美术博物馆。

3. 交通组织

从一体化角度来看，构建交通组织是为大型项目发展提供空间、提高参与度，使机场部分候机功能外置要求与机场区快捷联系，有效疏导区域交通。

一方面，做好对外交通优化工作。一是调整主要道路，取消部分路网，在国际文化区中央区域预留充分的地面连续开放街区。二是将崇仁路向南连接旅游大道，向北连接沣泾大道，远期向北下穿延伸至空港大道，与航站楼相连，并建设联系机场的轨道专线。三是慈恩大街局部下穿，与兴教大街、香积大街构成区域东西向交通体系，并提升区内部分路网等级，增强区域可达性。四是大力发展公共交通。为满足城市中心区会展、商业、商务等公共服务设施的大量交通需求，规划数条 BRT 线路连接城市中心区与周边区块；为满足市民一般出行需求而设置多条公交线路；为满足城市中心区内部各功能组团之间的交通联系而设置 PRT 线路。

另一方面，做好慢行交通组织规划。一是处理好车辆到达与集散。在南北两个轻轨站点、空港大世界与空港科技文化创新示范园设置地下公交接驳站点，使其成为城市中心区引入外部人流的主要慢行交通门户（见图 6-8）。二是构建慢行街区单元。根据功能需要，由南至北在会展中心、自由港综合体、城市客厅、创意休闲港和南部城市未来广场打造以慢行交通为主的街区单元。单元内减少地面车辆穿行，鼓励步行交通（见图 6-9）。三是构筑连廊系统。规划构筑城市大型平台连廊系统，与地面主要广场、步行商业街和慢行通道共同连接形成地铁门户和公交门户，并由南至北渗透串接慢行街区（见图 6-10）。

4. 地下空间利用

交通混乱与环境污染是当今城市的两大公害，地下空间的合理利用可以提高城市空间容量，改善城市生态环境。城市轨道交通的大规模建设有序地推进了地下空间资源的开发利用。

结合轨道交通站点，在国际文化区建设集商业、娱乐、地铁换乘等多功

地下停车场

图6-8　国际文化区公交接驳换乘系统

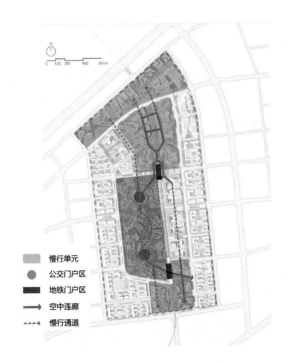

慢行单元
公交门户区
地铁门户区
空中连廊
慢行通道

图6-9　国际文化区慢行交通组织

能为一体的地下综合体，结合广场、绿化、道路构建集商业、文化娱乐、停车于一身的综合性商业服务设施，并逐步向建设地下城发展。通过轨道交通

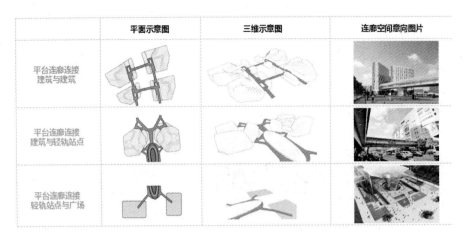

图 6 – 10   国际文化区连廊系统

枢纽的换乘，建造与轨道交通相连的地下车库，把出租车、社会车辆引入地下，改善地面交通环境，方便地铁、出租车和驾车族的换乘。为避免过多车辆的影响，在国际文化区地下停车场较分散地进行分布，同时不影响地下空间内部人群的主要活动（见图 6 – 11）。

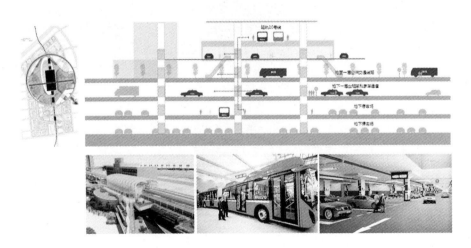

图 6 – 11   轨道交通站点地下空间利用示意

（四）临空产业区

临空产业区紧邻西安咸阳国际机场东侧和北侧，是集中发展与大型枢纽

机场相关联的航空制造业、航空服务业的重要基地，也是陕西省半导体
（LED）产业发展示范基地。目前，基地内东方航空公司飞机维修基地将投
入运营，已有一批骨干项目入区建设，航空产业集群基本框架初步形成。

1. 总体定位

临空产业区充分利用机场空侧优势，以国家首批航空器维修产业集群和
陕西省空港半导体产业基地为发展定位，在机场东侧重点发展航空公司综合
营运基地、航空制造、航空维修、航空培训等产业，建设飞机维修产业集
群、航空科技创新产业基地、国产航空器营运和服务保障中心。在机场北侧
重点建设 LED 应用产品生产基地、创新研发及检验检测中心、展示交易中
心、保税生产区及配套区，聚集高端生产要素，覆盖全产业链，打造"品
牌化、聚集化、规模化"的千亿级 LED 产业基地。图 6 - 12 是临空产业区
规划效果图。

图 6 - 12　临空产业区规划效果图

2. 发展思路

临空产业区的发展分"三步走"。

初期，利用基地良好的区位优势、优越的交通条件以及优惠的发展政
策，集聚陕西省及西安市航空运输、航空制造等相关产业领域内已有的一定
技术优势且具有发展前景的优秀企业，初步形成航空运输、航空制造、航空

维修、航空培训、公务机运输、金融服务和保税服务等产业群雏形。针对半导体（LED）产业基地，在发展初期要把握"以市场引企业，以示范带应用，以生产带研发，以产品带物流"的原则，大力引进 LED 封装生产企业，全力招引飞利浦、欧司朗、科锐等 LED 龙头企业，形成一批在全球具有较强竞争力的 LED 终端产品的规模企业；抓住三星落户陕西的时机，发展保税物流和半导体配套产业。初步建成辐射西部、面向全国、集综合保税物流为一体的 LED 应用示范和产品展示交易的半导体产业聚集区。

中期，在初期的基础上努力拓展完善航空产业链。一方面，通过纵向完善产业链，向产业链上游研发设计环节转移，努力与本地的高等院校和科研院所相结合。另一方面，横向拓展产业链，向产业链各个环节的相关业务拓展，产生相应的集聚效应。如航空维修方面，以现有航空维修业务为基础，不断增强基地在机体维修、发动机维修及部附件维修方面的能力，最终形成功能完善的航空维修基地。半导体（LED）产业基地在发展中期，则遵循产业集聚发展规律，明确空港半导体产业基地在陕西省产业分工体系中的位置，以政策和资金为导向，通过吸引半导体制造和封装企业落户，掌握产业关键核心技术，突破产业关键环节缺失、核心设备配套能力差的制约瓶颈，构建完整的产业链。同时通过搭建综合服务平台，引进半导体龙头企业入驻，集聚一批国内外半导体企业的研发总部和技术中心等，形成西部规模最大的临空半导体产业核心区域。

远期，应在中期的基础上促进航空产业升级，在产业规模不断壮大的过程中，通过内部形成和外部引进两种途径，加强产业链龙头企业的培养，增强基地本身的集聚能力和扩散能力，形成本地化的产业集群网络和区域创新网络，为空港新城后续发展提供有效动力。远期，半导体产业基地要基本实现园区产业结构合理、物流优势明显、半导体产业聚集效应凸显的目标。按照"扶优扶强扶大"原则，引导企业以技术、资金等资源互补为前提的整合兼并与重组，提升产业组织合理化水平，促进半导体产业资源优化、高效配置利用。依托空港半导体产业基地强劲的发展势头，形成集文化、商贸、生活配套设施于一体的企业集群，实现产业和城市升级，达到宜居宜业的城市发展目标的同时，实现空港半导体产业基地的品牌效应。

3. 空间布局

（1）机场中心区。

区内主要是机场内现存飞机维修设施，总面积约 0.38 平方公里，分为东方航空西安基地和海南航空西安基地两部分，用于满足目前驻机场航空公司飞机维修需求，重点发展航空公司综合营运基地。

（2）维修制造片区。

重点发展飞机部附件维修、飞机发动机维修、飞机机务人员及飞行员培训、机场特种设备维修、空管设备维修等飞机维修产业项目，以及发展航空零部件制造、配套机械制造、航空工艺设备制造、机场特种设备制造、空管设备制造等航空制造项目。

（3）半导体基地片区。

空港新城半导体基地是陕西省半导体产业发展示范基地，重点以市场为导向，发挥临空优势，以应用示范作用带动半导体产业链形成，建立在国内有影响力的半导体产业基地，并以此为先导，带动形成和发展高端临空制造业，特别是电子信息产业的发展和壮大。目前该组团已有多家半导体龙头企业入驻，一批功能性项目正在加紧建设中，半导体产业链正在加快形成。

（4）核心服务片区。

重点发展配套贸易服务、金融服务、商务服务、航空培训、行政管理、技术管理、机组酒店、倒班公寓、民航会展、文化娱乐等商务、管理、生活的配套功能。

（5）航空公司营运片区。

重点发展航空公司综合营运基地，建设综合维修机库、公务机 FBO、航材支援、航空货站、运行控制、综合管理、配套生活功能为一体的航空公司综合营运基地。

（五）优美小镇和临空农业区

该区是集中体现空港新城田园特色的重点区域，规划面积约 54 平方公里。规划区域地势由南向北呈阶梯形增高，由一、二级河流冲积阶地过渡到一、二级黄土台塬，塬面平坦，地势开阔，局部有沟壑。区域以发展农业为主，土质肥沃，宜于机耕，发展条件良好，适宜多种农作物的种植培育和现代农业产业的发展。区域内保留着自然的农村田野风光,气候条件优越,地形地貌多样,土地资源丰富,尚未受到城市建设开发的破坏,为田园特色概念的打造、产业的培育和后续发展、产业链的搭建提供了良好的环境基础,具有建设优美田园城市的天然条件。目前空港新城正在加快区域内基础设施、国际文化健康示范区等项目建设,着力形成田园与城市和谐发展的新格局。

1. 发展定位

该区位于新城北部,重点建设国际文化健康示范小镇和临空农业园。国际文化健康示范小镇依托新城北部优美的田野风光,以现代田园城市理念为核心,围绕太平湖 EOD 生态商务休闲总部区、画家村、临空俱乐部、国际学校、运动公园、汽车露营地、特色餐饮、品牌酒店等重大项目,打造国际化滨湖生态风情片区,诠释新型的文化健康度假模式。临空农业园重点发展航空食品制造,建立集绿色种植、生产研发、物流配送等于一体的航空食品运作体系,建设成为陕西省生态农业核心区、全国重要的临空高科技农业示范区。

2. 发展思路

第一,加快高端总部经济集聚区、花卉基地、国际农产品物流交易中心、画家村和旅游休闲度假区等项目建设和北部综合交通枢纽的建设,依托空港优势与国内外知名城市开展合作,形成空港新城特色突出的优势产业,打造对外开放的新名片和重要的辐射源。

第二,强调人的自然属性,加快农业和服务业的融合。针对农业在整个区域内的经济作用,在融合农业与城市景观的同时,强调农业与文化、教育、科普和休闲服务功能的融合,发展新兴产业,使人们享受到田园城市的优质生产和生活环境。

第三,以森林和农业基地作为北部都市的景观本底,在其中发展和建设高度集约化的城市组团,打造"大开大合"的城市框架。通过带、网、块等几何布局,将都市田园景观的建设与农业的生产功能、文化功能及休闲、观光、科普教育等第三产业的服务功能有机结合。

第四,把智慧化作为实现国际化、人文化和生态化的重要手段。积极引进和采用最新的物联网、云计算等新兴技术，推进一批重点领域的信息化和平台建设工作，使空港新城成为智慧之城。

3. 空间格局

充分利用西安咸阳国际机场和西咸北环线、白贸大道的外向辐射带动作用，依托北部区域良好的农业基础和广阔的发展腹地，构造"大开大合"的空间发展模式。以森林、农产品基地、湖泊、河流作为景观本底，在其中布局优美小镇和重点项目，形成"城在景中、城景交融"的发展格局，重点打造"两带、三区、多点"的空间布局。其中，"两带"即北辰谷生态产业走廊带和泾河生态走廊带。"三区"即国际农产品物流商贸枢纽区、现代农业科技示范区、高端农业产业区。"多点"即优美小镇和特色主题农庄。

4. 主要建设内容

依托北辰谷与泾河自然风貌，打造北部区域两大特色景观带，通过景观营造和重大项目启动引领北部区域发展，促进总部经济、文化创意、旅游休闲、养生养老及现代服务等产业的集聚与发展。

（1）北辰谷生态产业走廊带。

把北辰谷区域的建设作为北部田园城市建设的重点，沿北辰谷自西向东约20平方公里的条形区域内，集中建设城市森林，积极营造湖泊、草滩等自然景观，并在其中布局三个以文化创意、生态商务办公、健康养生为主题的特色小镇，形成以森林和湖泊为景观本底、优美小镇点缀的生态功能区。积极发展总部经济、休闲旅游、文化创意及现代服务等产业，打造健康与生态相融合、商务与休闲相融合、田园与城市相融合的自然健康生活体验地和商务休闲目的地以及现代田园城市示范区。

第一，重点推进西咸空港国际文化健康示范区建设。西咸空港国际文化健康示范区是规划面积6.5平方公里的北辰太平湖生态区的核心部分，规划面积为1.5平方公里，是北部区域集中发展的先导示范区域（见图6-13）。区域以"健康生活、生态办公、创意人生"为理念，以满足高端人士个性化需要为目标，以生态价值为基础，以文化、健康、商务办公、现代农业为核心功能，打造EOD生态商务区、禅修中心、医学美容体检中心、生态养

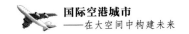

生中心、体育公园、现代农庄、国际学校、特色酒店和特色餐饮等多业态分布格局，建立新一代复合型生态公共空间模式，打造一流生态旅游示范区。主要任务有两点。

图 6－13　西咸空港国际文化健康示范区规划效果

一是加快实施示范区基础设施建设和景观营造。加强北辰生态片区范围内道路交通体系的构造，包括自贸大道（延伸段）、元平路、田园大道、新增规划路等道路建设，形成与主干道路快速连接、内外畅达的路网结构。按照城市标准随道路进行水、电、气、热力、电信等市政基础设施配备，使区域具备便利的城市功能。同时依托北辰生态片区的地形、地貌和环境，以郊野生态环境为基调，以崖壁沟谷景观为亮点，以生态景观湿地为廊道，打造集旅游休闲、健康养生、滨水配套设施为一体的生态旅游示范区。加大太平湖生态湿地带的景观营造，沿湖栽种荷花、芦苇、睡莲等生态水生植物，湖岸及周围选择大口径的枫树、国槐、桂花、银杏等观赏树木，打造环湖四季景观长廊。在各功能区中，根据特点和功能，打造分区景观节点，彰显区域特色，一起构成"景观优美、功能完善、风貌独特、意境深远"的城市森林景观，注重景观效果的季节交替和长远发展。

二是加快推进示范区功能构建和重点项目建设。一方面，围绕生态湿地景观带，充分挖掘滨水生态价值，采取分阶段开发、分周期滚动式发展策略，注重引擎性项目的设计，力求在每一阶段的开发中有一个突破性引擎，从而激活和引爆板块价值，形成"以点带面，逐步辐射"的空间格局，带动区域的可持续发展。另一方面，以郊野田园风光为依托，以生态湿地水景为纽带，形成"一带"贯"五区"的总体格局。"一带"是指以沟谷为中心的湿地景观带，"五区"分别是指游客配套服务区、生态办公与居住区、生态养生区、农家旅游区和酒店度假区。游客配套服务区主要为游客提供购物、餐饮、休憩、展示、问询等服务；生态办公与居住区通过充分利用毗邻机场、临空交通便利的优势，进行生态商务办公，形成圈层效应，打造专属财富阶层的交流平台及高端人士的西北行辕和企业总部；生态养生区将提供量身定制的个性化健康养生方案，满足各界人士保健养生需要，计划引入禅修文化，建设禅修中心、国医会所、体检中心、高档 VIP 私家诊所、养生公寓等，进行一体化健康养生服务；农家旅游区主要通过对现有村庄的改造提升，营造特色风情小镇，同时开发现代农业示范项目，提供现代绿色生态农产品，营造乡村休闲感受，满足现代人士回归原生态的需要；酒店度假区以有机生态建筑为理念，结合黄土崖壁规划特色生态庭院，周边配合生态型景观运动会所和运动公园，营造游人度假休闲的绝佳之地。

第二，积极构造北辰谷生态公园。在北辰谷范围内，广泛种植林木，建设渭北区域面积最大、风景优美宜人的城市公园。以多样生态系统为基础、多彩景观环境为背景、多元休憩方式为依托，积极营造已有湿地环境，扩大生态水域面积和深度，在谷地两侧建设绿色景观廊道，构成以树、花、水、石、坡、谷为元素的自然景观，粗犷洒脱与精致细腻相结合的纯美自然环境，打造空港"中央公园"。在公园内部进行分区建设，围绕西咸空港国际文化健康示范区，在其周围布局生态办公景观区、配套设施服务区、生态农业休闲区等，各片区布局特色项目，形成景观核心。生态办公景观区布局 ROD 总部基地（美国硅谷式休闲办公），采用更加休闲和人性化的办公模式，塑造全新的总部基地，吸引各大航空公司、临空产业和配套产业总部入驻。配套设施服务区主要以别墅、国际学校和高级住所为主导功能。别墅可选择景观较好的地方设置别墅院落，以提高片区整体环境；国际学校通过搭建高端文化教育平台，形成创意产业集群和教育产业集群，吸引各界名流、财富阶层、社会精英等高端群体，满足客群的多元文化需求。生态农业休闲区发展集农业观光、田园体验、健康运动于一体的休闲度假产品，包括农业观光、采摘、耕种体验及高尔夫训练、攀岩、露营、骑射等休闲娱乐，满足都市人群和中转旅客观光体验农耕文化和休闲娱乐度假双重需求。

第三，推动形成空港文化创意休闲度假小镇集群。以文化创意、旅游休闲、商贸娱乐等为主体，构建"文化创意小镇""会展休闲小镇""健康养老小镇""国际旅游影视演艺小镇"。

一是建设文化创意小镇。规划面积约 0.4 平方公里，紧邻自贸大道西侧，距离正平大街 1.3 公里。加快"画家村"项目落地，依托"画家村"项目实现文化艺术要素的集聚与交流，大力发展文化创意产业。重点发展美术、雕塑、文艺作品设计、工业设计、影视传媒、影视策划、广告设计、服装设计等视觉艺术与工艺设计相关产业，形成创意产业集群，打造文化创意特色小镇。紧抓空港新城临空优势，打造国际文化交流基地，重点发展以绘画展览、拍卖为主的国际文化交流项目。

二是打造会展休闲小镇。规划面积 0.32 平方公里，距正平大街直线距离仅 1.3 公里，环境优雅，适宜国际商务会展及专题会议中心的打造。重点发挥度假休闲功能，吸引要求环境舒适和自然风光宜人的商务型会议、文化交流型会议、专业学术型会议、论坛型会议、研讨型会议及公司会议的组织开展。突出郊区度假型会展中心特色，打造空港国际会展中心。

三是发展健康养老小镇。规划面积约 0.72 平方公里，距离正平大街直线距离约 2 公里，面朝北辰谷森林公园，环境优雅，适宜医药养生、度假疗养及养老地产等的发展。打造空港中医药产业园，发展中医药养生保健，结合中医药和会展业，联合小镇东部的西咸新区秦汉新城第四军医大学医教研综合园区等优秀现代医疗资源，发展疗养、养生、科研、度假及相关产业。同时为适应中国社会老龄化不断加快的步伐，积极培育养老服务业，完善配套设施与功能，开发养老地产。

四是构建国际旅游影视演艺小镇。在北辰谷北部，规划面积约 0.5 平方公里，建设国际旅游影视演艺小镇。植入秀场概念，重点发展影视传媒、影视策划、特色演艺、影视基地等产业。建设国内新一代专业功能聚合型国家级影视基地，形成设备类型齐全、专业领域健全、服务项目完整的系统化专业技术服务体系。整合北辰谷及周边自然生态景观，植入体验娱乐旅游设施，提供完善的商业服务及购物服务，形成以生态观光、旅游休闲、娱乐购物等功能为一体的商贸休闲综合体。通过优美的自然环境、便捷的交通体系、浓郁的文化艺术氛围、多样的户外休闲娱乐、特色商务会展、健康养生项目及居住餐饮等配套设施的完美组合，聚集人气、烘托气氛，将北辰谷核心区域建设成为整个北部区域发展的引爆点。

（2）泾河生态景观走廊带。

启动空港新城泾河河段整治工程，修建堤防工程，疏浚整治河道，在保障河道行洪和城市安全的前提下，利用河滩现状修建滩地公园、湿地公园，美化、亮化两岸堤岸，将泾河治理与城市景观建设结合起来，打造空港新城的生态景观骨架。沿辖区内泾河沿线开展河道治理和景观建设，根据河道和河滩地的不同宽度，沿泾河南岸营造宽度为 100～200 米的景观林带。按照泾河南部台塬的自然地貌特征，沿途规划亲水垂钓、湿地体验、滨河运动等景点，沿景观体验带打造四季景观长廊和滨水生态运动公园。

远期将利用泾河河谷高差和秀美的自然景观，发展涵盖影视拍摄、后期制作、动漫制作、专业技术服务、展示与传播、版权交易、教育培训、制片公司集聚、影视旅游等影视产业的链条和集群，引入知名影视企业投资建设特色主题影视产业园，打造空港泾河影视城拍摄基地。

（3）实施一批重点现代都市农业项目。

空港田园城市是田园与城市的互动，在发展好城市产业的同时，重点启动和实施一批重点都市农业项目，促进农业向高端化和产业化方向发展。

第一，发展模式。一是龙头企业引领。引入一批经营水平高、经济效益高、辐射带动能力强的龙头企业予以重点扶持。依托农产品加工、物流等各类农业园区，选建一批农业产业化示范基地，推进龙头企业集群发展，提升产品研发能力、精深加工技术水平和装备能力。鼓励龙头企业采取参股、合作等方式，与农户建立紧密型利益联结关系，推动现代农业产业化发展。二是合作社组织带动。广泛开展示范社建设活动，规范化管理，标准化生产，品牌化经营。支持专业合作社与批发市场、大型连锁超市以及学校、酒店、大企业等直接对接，建立稳定的产销关系。三是种养大户示范。在依法自愿有偿和加强服务的基础上，完善土地承包经营权流转市场，引导土地承包经营权

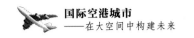

向生产和经营能手集中，大力培育和发展种养大户、家庭农场，规模化生产。

第二，现代农业科技示范区。包括农科展示基地、研发培训基地、花卉苗木基地、精品果蔬采摘基地和农耕体验基地。规划面积约8平方公里，以高端农业、生态农业、临空农业、智慧农业为重点，注重科技、信息在农业方面的应用，引领区域农业高端化、规模化、效益化、智慧化发展，打造国家级现代农业产业示范区。

农科展示基地。规划面积约0.6平方公里，对外展示现代农业高科技、新创意、奇异品种等特色内容，包括高端农业、新奇品种、创意农业三座现代化温室，温室之间以农业广场或林荫长廊连接。建设大型农业观赏展示厅与交易厅，配建农业研发及科技推广工作室、实验室，交流室等。

研发培训基地。规划面积约0.4平方公里，主要用于农业新品种的研发，新技术的引进、推广及应用，农业技工的培训等，建设研发培训大楼、苗木培育室、研发实验室等。

花卉苗木基地。规划面积约5.5平方公里，其中花田4平方公里，苗圃及树田1.5平方公里。以培育城市园林绿化苗木、鲜切花生产为主，兼顾经济林木、盆景花卉，打造全国一流、富有关中特色的高科技现代苗木花卉繁育产业园和具有很强观光休闲和示范功能的"城市花圃"。花卉以适宜本地种植、附加值高、市场竞争力强、运输方便的新奇特品种为发展重点，建设万亩高标准鲜花大棚，以100亩为单元，集中分片种植不同品种，在做好鲜花生产的同时，营造花田似海、变幻如梦的震撼景象，成为空港新城的"空中名片"。苗木则抢抓西安、咸阳等都市扩展及西咸新区各新城城市建设的景观营造需求，以城市景观苗木、景观大树、荒山荒坡绿化造林苗木为重点，发展经济效益较好的景观树木及成熟大树的培育，建设都市森林。

精品果蔬采摘基地。规划面积约0.5平方公里，建设具有景观性、自然性、独特性、文化性、功能性、参与性特色的精品果蔬观光采摘园，以"新、奇、鲜"的高端绿色水果和蔬菜的种植、采摘和品尝、销售等为主要发展方向。创造亲民、简洁、质朴、美观、实用的园林景观，为市民和游客提供一个闲暇时接近自然、融入自然、体验自然、享受恬静田园、普及花果知识的集观光采摘和全民性生态休闲体验园为一体的示范基地。

农耕体验基地。规划面积约 1 平方公里，主要开发农耕体验项目，出租认耕蔬菜、水果、花卉苗木等园地，建设日光温室及自然农场，包含市民自留地、都市小型农场、开心农场、中小学生菜地等，让都市人群体验农村生活，传播传统农耕文化。

第三，现代农业生产区东临自贸大道，南接北辰谷，北至泾河，西达空港新城西边界，规划面积约 12.5 平方公里。引入大型龙头企业，主要发展品牌食品的生产加工及高端有机蔬菜、绿色农产品的生产。包括五大区域：现代农产品加工基地、经济鲜果生产基地、标准化蔬菜种植基地、优质粮食高产基地、标准化养殖基地，并在其中四个种养基地中分别划出区域发展有机农业种养殖。

现代农产品加工基地。规划面积约 0.5 平方公里，主要用于品牌食品等的加工。通过引进大型农业企业和配套上下游农业加工型企业，孵化一批中小科技型企业，主要建设农产品加工特色园区。打造现代化临空型农产品加工集中区、全国农产品加工业示范基地。

经济鲜果生产基地。规划面积约 3 平方公里，以当地特色水果杏、枣为主，配套发展葡萄、鲜桃、草莓等品种。通过提高栽培技术和管理水平来提升水果的品质和产量，提高鲜果的保鲜加工和储运水平，打造一批集旅游观光、采摘、休闲科普于一体的果园示范区。

标准化蔬菜种植基地。规划面积约 3 平方公里，建设无公害蔬菜基地，规划建造大拱棚 2500 亩、日光温室 2000 亩，满足空港新城无公害蔬菜需求，并向省内外提供无公害蔬菜的销售。

优质粮食高产基地。规划面积约 5 平方公里，依托区域优越的自然地理条件，大力推广良种繁殖，充分调动农民生产积极性，发展优质粮食种植业，尤其是实现小麦与玉米标准化栽培示范技术。大力推广播种时间、播种数量、配方施肥、节水灌溉、收割等标准化管理技术，以实现优质粮食高产基地和区域粮食生产示范基地为双重目标。

标准化养殖基地。规划面积约 1 平方公里，主要以引进、繁育、示范、推广良种养殖品种为重点，建设无公害奶牛、生猪、奶山羊、蛋鸡养殖基地，大力推行规模化、无公害、标准化养殖。加强动物防疫、畜产品质量安

全监督检测，强化疫病防治和饲料、兽药使用的监督管理工作，建立并完善动物质量安全保障体系。实现畜牧业向集生态化、规模化、基地化、企业化为一体的方向转化。

第四，实施村庄美化工程，形成一批特色主题休闲农庄。加快现有村庄的改造和美化，保护村庄的文脉，按照精致农业、创意农业、时尚农业、体验农业的标准来打造自身亮点，积极构造出一批以花园、树园、果园、菜园、田园、民俗园为主题的高品质特色旅游农庄。坚持科学规划农庄建设，合理控制建设强度，部分农庄可利用原有村庄进行改造与整合。注重方便居住人群生产生活的同时，凸显农庄功能和特色。加强生活休闲服务配套设施建设，积极发展假日农业、休闲农业，为市民、游客等提供纯净自然的高端生态休闲居住环境及配套设施，将其打造成为西咸都市人群回归自然、体验田园、放松休闲的热门去处。

第三节　建设高标准的城市基础设施体系

基础设施先行战略是建设空港城市的重心所在，关系到城市硬环境的较快建立。空港新城所处区域多为村庄和农田，除西安咸阳国际机场场区范围内具有满足场区配套的城市基础设施外，其余100多平方公里区域内基本上没有城市基础设施配套。同时，空港新城与西安、咸阳主城区之间的空间距离，决定了空港新城不可能像西安周边开发新区（如高新区、经开区、航天基地等靠城市边缘的开发新区）一样，可以利用主城区的城市基础配套。因此，空港新城将基础设施建设作为开发初期的主要战略任务，按照国际化标准组织编制了道路、给水、排水、燃气、电力、通信、热力等基础设施专项规划和实施计划，积极与有关市区和有关企业进行沟通与协商。目前，空港新城水、电、路、气、通信等关键基础设施项目正在加快实施，空港城市的现代化、国际化水平和综合承载能力大幅提升。

一　构建高效便捷的综合交通体系

目前，现代综合交通枢纽对一个区域的经济社会发展起重要的支撑作用。对空港城市而言，只有形成内外畅达的立体综合交通枢纽，才能发挥出空港城市对内对外的集聚和疏散作用。因此，构建高效便捷的综合交通体系是空港城市的核心支撑，也是空港城市建设的重心之一（见图6-14）。

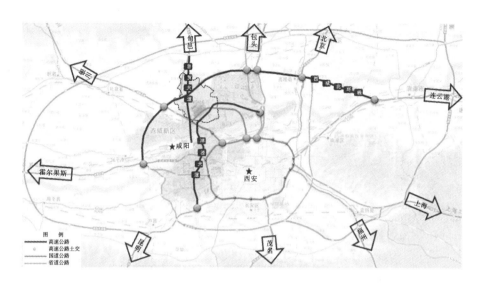

图6-14 空港新城对外综合交通体系

空港新城位于大西安的北部新开发区域，是大西安传统的综合交通枢纽之一，区位优势极为显著，境内拥有全国八大机场之一的西安咸阳国际机场和机场高速、福银高速、西咸北环线等高速公路及正在建设中的北客站至机场的轨道交通，以及自贸大道、周公大道、沣泾大道等城市快速干道，是全省范围内和中西部地区少有的集各种交通方式为一体的综合性功能区域。但是其与现代综合交通枢纽的要求还有一定差距，特别是轨道交通的缺失和空港周边交通组织的不完善。

空港新城重点加快区域内道路体系建设，配合有关部门做好机场建设和轨道交通建设，以机场交通功能为核心，创新综合交通枢纽发展方式，将航空、高速铁路、高速公路、轨道交通等多种交通方式结合在一起，加快机场区域和大西安主城区及周边城市之间高速公路、快速路、轨道交通等多式联运智能交通网络建设，构筑内外畅达、集约高效、结构和谐、融入区域一体化、支撑新城建设和满足产城融合的国际化空铁联运综合交通运输体系，建设我国西部最完善的国际现代综合交通枢纽，实现旅客"零距离换乘"和货物"无缝隙衔接"，进而形成我国重要的资金、信息、技术和人才等要素的流通中枢。空港新城为构建西安国际大都市发展框架，服务于关中－天水经济区经济发展，构建新的战略性发展平台，在对外交通设施、资源、功能服务等方面起到辐射作用。

（一）航空港建设

将西安咸阳国际机场建设成为西北地区的中心和门户机场、全国性枢纽机场，成为贯通欧亚、连通世界"空中丝绸之路"的中转枢纽。规划城际铁路、机场高速、沣泾大道、迎宾大道、多条轨道交通线路及快速公交等在机场汇聚，以交通运输资源的集中布局推动区域交通与城市交通的有效衔接。实现西安咸阳国际机场各种交通方式的无缝衔接和旅客零距离换乘，为国际化大都市门户新城建立完善的多元化立体交通集疏运网络，满足空港枢纽的功能辐射需求。

（二）道路系统建设

为增强空港区域与外界交通的快捷联系，构建以机场为核心，以铁路、高速公路、快速路和轨道交通为骨架的"枢纽型、开放性"对外交通体系，建设与城市布局相协调的道路网络系统。合理组织多方式、一体化、高效整合的运输体系，发挥快速客运系统作用，引导城市发展。在全区贯彻公交优先原则，倡导绿色交通方式，创造舒适的出行环境。

三年来重点启动了105公里以上的路网建设，并配合有关单位做好轨道交通、西咸北环线的建设，目前空港新城对外交通网络已初具规模。

1. 道路规划建设的理念

第一，优化衔接，强化集散。空港新城属于区域终端，外围高速公路呈现围合之势，通过规划提高区域衔接性，优化与区域高速公路、快速路和城市骨架道路的衔接，完善内部交通系统，构建可靠高效率、便捷多通道的对外交通系统和绿色多方式、畅通可达的内部交通系统，凸显空港新城的客货交通集散系统。

第二，适应用地，引导开发。空港新城处于城市边缘，在与外围重要地区及中心城区快速联系的同时，需实现地区内部良好的交通转换和服务地区用地开发功能。在规划中坚持交通与用地协调发展原则，优化交通系统与用地功能、布局形态的协调，体现城市规划意图，完善和优化道路系统和交通节点，引导城市开发，加强土地集约使用，突破铁路、高速公路、机场等对新城的用地分隔。

第三，绿色生态，公交优先。空港新城要优先发展公共交通，加大对公共交通发展的政策扶持，逐步提高公交服务水平，探索多模式、多层次、集约化公交系统，满足不同需求群体公共交通出行要求，以具有现代城市特征的舒适高水平公交系统设置提高公共交通的可达性和吸引力；部分区域路网为慢行交通构建提供承载基础，保障绿色交通方式时空资源，结合社区中心、公交站点、公园绿地、水系河网构建连续和舒适的慢行系统。

第四，加强管理，智能组织。以建设现代化交通信息服务为宗旨，启动智能交通体系建设。在通过道路基础建设和优先发展公共交通提高交通供给的同时，采用各种交通需求管理方法，如通过交通组织优化、分区静态交通管理、提高智能交通技术研究与应用水平、强化交通安全宣传教育等，切实提高科学规划、科学组织和科学管理的水平，保障城市交通有序、安全、畅通。

2. 对外道路交通

依托西安国际化大都市交通区位优势，大力发展空港新城航空、高速公路、铁路等立体化区域交通体系，重点解决与西安、咸阳、榆林、延安等省内主要城市及西咸新区其他组团的联系，构建我国西北地区的重要枢纽门户。

空港新城快速路是连接西咸新区其他新城、西安、咸阳市区等的对外快速交通走廊，是支撑总体发展和空间结构、承担对外交通快速集散的重要道路，主要提供跨区域、长距离的机动车快速交通服务。其中，重点推进的沣泾大道与空港新城的自贸大道、周公大道、天翼大道以及正平大街共同组成空港新城的环线建设，形成了以机场为中心，向外辐射的大环线系统，不仅成为空港新城内最重要的主干路网，也为西咸新区骨架路网的搭建和空港发挥功能向外集散提供了支撑。目前空港新城已完成道路施工超过100公里，与机场高速、福银高速公路共同形成了以三条高速公路和空港主干道路为交通主动脉的对外道路网络。

3. 内部道路交通

内部道路系统建设根据空港新城内部用地规划布局和交通出行需求，满足交通、生活、休闲、景观、快速货运等不同功能的需要，为营造舒适、宜人、和谐的城市空间创造条件。道路系统规划为城市快速路、城市主干路、城市次干路和城市支路四个等级，构建"三横二纵"①的道路主骨架系统，不断完善次干路和支路系统。片区之间通过快速路和主干路相接，增强各功能组团可达性，达到内联外通的目的。实现物流、人流的高效疏集，疏解交通压力，构建可持续发展的、健康完善的道路体系。

规划周公大道和天翼大道实现区内机场两侧组团的联通，同时周公大道南延伸与兰池大道相接，强化区内各片区与秦汉新城的联通。骨架道路与城市一般干路衔接共同组成若干环路系统。

规划 3 条快速路、19 条主干路和 32 条次干路。针对机场内部道路的特殊性，在城市道路中规划与之衔接的干路系统，以满足机场货运的集散。城市道路（包括城市快速路）总长度约为 340 公里以上。正在推进实施的道路分为城市快速路、主干路、次干路、支路共 4 级。城市快速路红线宽度为 100 米，城市主干路规划红线宽度为 32 ~ 80 米，城市次干路规划红线宽度为 36 ~ 40 米，城市支路规划红线宽度为 12 ~ 24 米。

加强空港综合保税区、飞机维修基地、LED 产业基地、城市中心区等重点区域支线路网建设，完善各组团基础配套。加快北客站至机场轨道交通建设。大力发展城市公交，推广新能源汽车。建设个人快速轨道交通 PRT 环线，串联空港服务、商务、公园、商业、文化会展、居住等主要功能板块，在新城核心区提供一种灵活、低碳的新型交通方式。建设智慧交通、智慧物流平台，建立智能交通、物流管理与服务体系。

4. 慢行交通系统建设

为了倡导新的交通和生活观念，空港新城把慢行交通作为城市综合交通系统的重要组成部分，着力构建绿色交通体系。空港新城的慢行交通重点遵

---

① "三横"，即正平大街（主干路）、沣泾大道（主干路）、周公大道（主干路）；"二纵"，即自贸大道（主干路）、天翼大道（主干路）。

循人本化、和谐化、多样化的原则，在道路规划、投资、建设和管理上做到步道、非机动车道和机动车道同步进行，建设形式合理、衔接良好、导向鲜明、连续安全的慢行交通体系，为慢行交通使用者创造安全、便捷和舒适的交通环境。

一方面，结合空港新城滨水绿色开放空间和历史保护文化区等，设置步行系统，在公共活动区创造宜人、连续、安全的步行环境。在公共活动核心区围绕中心广场，结合重要的商业、文化类公共建筑等发展步行交通系统，设置步行区域，塑造充满活力的生活氛围。

另一方面，结合空港新城主要道路、滨水区域景观特色和历史文化遗迹保护区，建设完善、系统、连续的自行车交通系统，布置路侧非机动车专用车道，鼓励合适的非机动车出行。结合交通枢纽、社区中心、商业中心等探索发展公共自行车租赁系统，保证一定规模的自行车存放，提升慢行交通与其他交通方式，特别是与轨道交通的良好衔接，积极引导长距离的自行车出行向公共交通转移。

二 构建供给充足的供水系统

空港新城地处渭河以北，区内无水源，原来的供水系统主要靠深井地下水供给，供水能力低，设施不完善，无法满足空港城市的开发建设需求。所以，加快城市供水事业发展、提高城市供水水平成为空港新城建设的一个基础条件。

空港新城与咸阳市相关单位共同启动了城市供水系统建设。从实际情况出发，空港新城全面考虑经济社会发展和水源条件等因素，坚持供水工程近期发展与远期规划相结合，一次规划，分步实施。同时，以建设节水型社会为目标，不断提高用水效率和城市水环境质量，提高城市供水安全保障程度，充分利用地表水，控制开采地下水，积极推广污水再生利用，切实做到保护、开源节流和污水处理再生利用并重，已基本构建了城市水资源的可持续利用框架。

（一）完善城市供水体系

空港新城的给水系统由各期水源至空港新城的输送管道、空港新城的配水厂和各组团加压站及各组团的配水管网组成。为保障城市生产生活质量，促进城市的持续发展，空港新城制定了如下的供水目标。一是到 2015 年，建成区供水普及率达到 100%，水质合格率达到 100%，水压合格率达到 100%；二是到 2020 年，区域供水普及率达到 100%，水质合格率达到 100%，水压合格率达到 100%。

（二）切实加强水源建设

水源建设是生命线工程，是空港城市长期发展的保障。空港新城的水源建设主要分五步走。一是 2012 年，在机场迎宾大道东线输水专线接出支管，作为空港新城的启动建设用水。二是 2013～2014 年，修建咸阳市"引石过渭"地表水厂内加压泵房和输水管道，将咸阳市"引石过渭"地表水厂净水引至空港新城，并修建空港新城配水厂及各组团加压站，作为空港新城的初期水源。其中，配水厂和加压站土建宜按远期规模一次建成，设备按初期规模配置。三是 2015～2016 年，完成空港新城内太平污水厂、中南污水厂的建设，实现浇洒道路、绿化和景观用水的中水回用。四是 2020 年前，根据陕西省"引汉济渭"工程及其配套水厂的建设，空港新城的供水管网将融入西咸一体化的大管网，实现西安、咸阳、西咸新区的供水联网，保证供水安全。五是 2030 年前，根据陕西省"东庄水库"工程的建设情况，择机建设与其相应的配套地表水厂和输水管道，保证空港新城的持续发展。

（三）加快供水设施建设

根据新城的总体布局，按照经济合理、安全可靠的规划原则，空港新城采用了分区供水格局，即确定好空港新城的供水规模，每个组团建设相对独立的配水管网，且配水管网采用供水干管成网环通。其中，城市建设区新建 2 座水库泵站，优美小镇新建 1 座水库泵站，以提高新城供水安全。同时，空港新城随主要道路的建设同步铺设输水管及配水干管。

（四）提高用水效率

保护并利用好现有水资源，统筹分配城乡用水。通过区域调水、转变经济增长方式、建设农业节水工程和增强城镇居民节水意识，从整体上提高区域水资源承载能力，到 2020 年实现区域水资源供需基本平衡。

一是节约用水。通过产业结构调整，限制用水效益低、耗水高的产业发展；依靠科技进步，进一步挖掘工业节水潜力，提高工业用水重复利用率；调整种植结构，发展节水型农业，基本普及喷灌、滴灌等先进的灌溉技术；加强管理体系建设，提高全社会节水意识，促进节约用水，提高用水效率。

二是雨洪利用。在城市开发建设中，鼓励采取有效措施加大雨水就地截留量，减少不透水材料的地面铺装。严格保证绿地面积，并采取有利于雨水截留的竖向设计，保留或设置有调蓄能力的水面和湿地。对公园绿地、小区绿地以及公共供水系统难以提供消防用水的地段，应设置一定容量的雨水调蓄设施。

三是再生水利用。加大推广再生水利用力度，不断提高污水资源化利用程度，逐步使中水成为城市绿化、河湖生态、道路浇洒、生活杂用、洗车、工业冷却等主要水源，积极稳妥地利用再生水替换部分农业灌溉水源。此外，要建立和完善再生水利用的法规、政策和管理体系，促进和规范再生水利用。

三 加快电网工程建设

配电网是地区电网的重要组成部分，是空港城市社会经济发展最重要的基础设施之一。在空港新城启动建设前，电网建设很不完善，为了给空港新城建设和发展提供充足长期的电力保障，空港新城与咸阳市相关单位协商启动了空港新城电网规划和建设，加快实施区域电网的改造和建设，目前已基本能够向入区企业提供良好的电力保障。

（一）原电网运行中存在的主要问题

空港新城电网存在的主要问题是线路负载率偏高，转供能力不足，特别是在设备出现故障的情况下，无法将负荷完全进行转移，可能会造成供电区域大范围的停电。

一是在高压网方面，变电站出线间隔紧张，底张变10千伏出线间隔共15个，已全部用完；部分线路运行年限较长，肖机线和古机线部分线路运行年限已超过20年。在运行过程中，老化线路易出线故障，不利于电网的安全稳定运行，需根据情况及时改造。

二是在中压网方面，主干导线截面偏小，主要为架空线 120mm^2 和 70mm^2，这会导致线路输送容量受限、负载偏重、线路互联"卡脖子"等问题的出现；线路装接容量过大，10 千伏周陵线和顺陵线现状年装接配变均超过了 12000 千伏安，需要进行分路改造或负荷转移；线路负载率偏高，空港新城 5 回 10 千伏公用线路中有 3 回线路重过载，占到了 60%，亟待进行改造或切改负荷；转供能力不足，空港新城 5 回公用线路均不能通过"N－1"校验。

（二）空港新城电网建设目标与措施

电网建设的主要目标是满足空港新城的经济发展建设要求，确保电网具有较高的供电可靠性，保证区域内各企业的正常运转。

1. 建设目标

一是近期 2015 年，空港新城总负荷预测为 78.10 兆瓦，其中公网负荷为 48.05 兆瓦，负荷密度为 3.00 兆瓦/平方千米，总电量预测为 3.28 亿千瓦时。

二是中间年 2020 年，空港新城总负荷预测为 279.80 兆瓦，其中公网负荷为 209.65 兆瓦，负荷密度为 5.83 兆瓦/平方千米，总电量预测为 11.47 亿千瓦时。

三是饱和年 2030 年，空港新城总负荷预测为 602.84 兆瓦，其中公网负荷为 452.84 兆瓦，负荷密度为 12.58 兆瓦/平方千米，规划用地负荷密度为 3.14 兆瓦/平方千米，总电量预测为 27.13 亿千瓦时。

2. 建设措施

一是结合区内及周边电网现状分析结果，通过建设，使供电质量、可靠性及节能降损等电网运行指标达到先进水平。二是在建设项目的实施中，做到设备先进、网络结构优化，与社会发展和环境保护协调一致，增强抵御自然灾害等突发事件的能力。三是合理加大电力设施建设投入力度，电网建设的规模、容量在满足当前电力负荷需求的基础上，适度超前，提高电网供电保障能力。

四 积极推动燃气工程，供应清洁安全能源

城市燃气是重要的市政基础设施，是现代化城市能源建设的重要组成部分。发展城市燃气事业，尤其是天然气工程，是优化空港新城能源结构、改善生态环境和提高人民生活水平的有效措施，具有可观的社会效益。

在空港新城成立以前，区域内没有实现城市燃气管道化，区内自然村镇液化石油气充装站站点较多，存在着一定的安全隐患。由于液化石油气的供气方式大部分是瓶装供应，城市内大量液化气瓶的运输、设置供气站以及居民的车驮肩扛，不但造成很多环节上的安全隐患，而且给城市的管理带来许多问题。因此，空港新城将加快气化工程，全面满足区内企业与居民的用气需求。

（一）空港新城原各类用户耗能情况

居民用户用气主要以瓶装 LPG 和燃煤为主；商业用户主要以瓶装 LPG、柴油和煤炭为燃料，瓶装 LPG 主要用于餐饮，柴油和煤炭主要采用热水锅炉；工业企业生产用户主要采用工业锅炉，主要燃料为煤。

为此，空港新城积极推动天然气工程，创造较好的能源供应体系，从实际出发，分期建设，做到远近结合，逐步实现新城天然气供应管道化。

（二）气化范围和目标

近期：到 2015 年，为启动实施阶段。重点建设天然气分输站、调压站等项目，紧跟新城道路的建设及时敷设新城天然气中压主管线。天然气供气区域主要为空港新城的部分居民、商业、工业企业生产用户、部分采暖用户及天然气汽车用户，气化率达到 55%。

远期：天然气供气区域扩展到空港新城整个区域，形成覆盖全区的中压输配系统，气化率达到 100%。

（三）引导重点用户采用气化

引导居民用户、商业及公建用户、工业企业用户、采暖空调用户、天然气汽车用户等重点用户采用气化，积极推动新城环境质量。

五　加快通信工程建设，打造智慧空港城市

随着全球信息化时代的发展，运用信息技术、网络技术、数字技术等信息手段来加强城市的功能服务，已成为城市发展的主要方向。对于空港城市来说，建设智慧空港城市更是体现空港城市优势的核心所在。

最早提出"数字地球"概念的是美国前副总统戈尔,他提出要最大限度地利用信息资源,用数字化手段统一处理地球问题。北京在 1999 年举办了首届数字地球国际会议,通过了《数字地球北京宣言》。后来,数字城市、信息城市、信息港等各类概念层出不穷,也成为当前我国城市现代化的重要战略组成部分。

空港新城在成立之始就把城市智慧化发展列入了"四化"的核心发展理念之中,并与有关部门和单位就智慧化城市建设制定了规划并启动建设。

（一）空港新城智慧城市环境概述

智慧城市的创建首先要从城市的体制机制层面提供根本保障,只有完善的管理机制,才能保障智慧城市建设的科学合理性,才能营造和谐的智慧城市的发展环境。智慧城市的发展环境具体包括适当的规范体系和评估体系、良好的信息安全体系以及和谐的智慧城市发展氛围。

智慧城市的建设和发展是一个复杂而漫长的征程,它不仅涉及政府的相关部门,移动、联通、电信及广电等运营商,还涉及国内外大量的硬件设备供应商、应用软件开发商、各种系统集成商以及相关的代维、渠道合作伙伴等。在这个庞杂的生态环境里,各个合作伙伴都有不同的利益诉求,如何统筹、协调管理好相关的合作伙伴,使智慧城市的打造能够有序进行,是必须首先考虑的问题。

（二）空港新城"智慧空港"目标架构

"智慧空港"正在设立统一平台、云计算中心、数据中心等,同时构建通信网、互联网、物联网等基础网络,通过分层建设,达到平台能力及应用的可成长、可扩充,创造面向未来的智慧城市系统框架。

（1）感知层。主要利用物联网,在城市基础设施上设置传感器或监控器,组成感知网,采集城市基础数据,激活现有城市部件和生产生活功能部件。

（2）基础能力层。主要采用云计算技术,设置云资源池等,提供基础支撑能力,为上层服务提供信息共享和互联互通。另外,感知层采集的信息需要通过有线、无线的网络资源池向云平台传送。

（3）平台层。为相关应用提供最小服务颗粒,如支付服务、位置服务、终端服务等。通过标准服务接口，实现服务能力组装。

（4）业务应用层。实现智慧应用及业务展现，包括政务、产业、民生、城市管理等各个领域的业务部署。本层的各个智慧应用子系统一般分别设置于城市的各个行业或部门。

从上述的总体架构要求出发，智慧城市的打造需要设置统一的、强有力的云计算资源池、存储资源池等，为上层应用提供服务。云平台存储着城市运行中方方面面的海量数据，并对数据进行筛选、归类、分析，同时为上层各种智慧应用提供快速、专家式的响应。智慧城市需要以云平台作为统领，相关的智慧应用如智慧政务、智慧物流、智慧交通、智慧航管等可在业务运营层面根据需求的轻重缓急分步分批建设，并设置在云平台之下。通过这样的分层建设，实现平台能力及应用的可成长性和可扩充性。

（三）加强信息化基础设施建设

通信基础设施是保障和提升城市智能化水平、城市经济发展方式、城市管理功能以及改善民生的重要手段。随着信息技术的迅猛发展，城市发展的新模式是网络宽带化、管理智能化、产业高端化和应用普及化。

信息通信网络的发展推进了电信网、广电网与互联网的"三网融合"，促进了工业化与信息化的融合以及物联网与互联网的融合，加快社会经济结构从以物质与能量为重心向以信息与知识为重心转变，使信息资源成为重要的生产要素，智慧产业成为经济增长的重要引擎，电子政务成为公共管理和服务的主流模式，网络化工作生活方式广泛普及，城市信息化与农村信息化协调发展，形成了适应信息化发展的社会经济组织体系，并全面提高了资源利用效率、城市管理水平和市民生活质量。建设"智慧城市"，已成为当今世界城市发展的目标。以信息与知识为核心资源，以新一代信息技术为支撑手段，通过广泛的信息获取和全面感知，快速、安全的信息传输，科学、有效的信息处理，不断创新城市管理模式，提高城市运行效率，改善城市公共服务水平，全面推进信息化与工业化、城市化、市场化和国际化的融合发展，提升城市综合竞争力。

空港新城以"超前规划、适时建设"为原则，以"智慧空港""三网融合"为建设目标，充分考虑基础设施集约化、设备节能减排化以及网络演

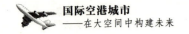
进、智慧城市应用等方面，从基础网络建设入手，以信息通信应用为支撑，实现空港新城信息化的高端发展。

1. 以新技术为指向

重点加强三网融合、无线城市、LTE、云计算、物联网等重点方面的规划和建设，通过资源共享、信息共享、优势互补等方式将网络融合起来，向用户提供统一的业务服务平台，为信息技术的集中应用创造条件。

2. 以服务为根本

综合考虑信息化基础设施如何促进城市服务功能完善、城市综合竞争力提高以及区域可持续发展，关注国际和国内的先进理念、先进技术与先进应用及一些优秀实践，通过科学、合理的规划工作，实现整个新城通信设施的节能低耗，助力打造空港新城优秀的信息化发展环境。

3. 以用户需求为导向

以需求为导向，积极运用新兴网络和信息技术，大力推进城市管理和公共服务信息化，提升城市智能化水平，为打造更高速（宽带）、更广泛、更融合、更安全的网络环境继续发挥好物理基石的作用。

（四）"智慧空港"信息化发展目标

空港新城正在加快完善先进的电信网络基础设施，建设符合空港新城发展功能定位、国内领先、国际先进的电信基础设施。通过三网融合、云计算、移动互联网、物联网等技术应用，构建互联互通的智慧网络，以管委会引导，多方参与，坚持规范应用、整合共享为原则，对公众服务、社会管理、产业运作等活动的各种需求做出智能的响应，形成基于海量信息和智能过滤处理的全新城市建设和管理模式，以更加精细和动态的方式管理生产和生活，从而全面提升城市的综合竞争力和市民生活品质，实现构建"智慧空港"的目标。

1. 建设数字光网城市

加快推动城市光网普及，实现通信管网超前到位，新建小区、楼宇和郊区固定宽带网络全部光纤化，实现"光缆到楼""光纤到户""光纤到桌面"的全光缆网络接入，提供集娱乐、监控及通信等于一体的全面业务范围。

2．建设无线城市

进行 3G、LTE 和 WiFi 网络规划建设，将空港新城建成移动互联的网络城市，实现校园、酒店、机场、商业集中区、公共活动中心等公共区域的热点全覆盖，达到国内领先水平，实现无线接入方便、快捷，使用户能够在任何时间、任何地点访问互联网。

空港新城通信网络将为宽带用户提供 10～1000Mb/s 的下行带宽，为空港新城热点区域个人用户提供"边缘速率不小于 3M、LTE 组网最高能达50M"的下行速率，形成"大带宽、智能化、数字化、综合化"的现代化通信网络。

3．推进三网融合

积极推进三网融合工作，支持融合型业务发展，逐步推进有线广播电视网络向 NGB（即下一代广播电视网）的建设，完成数字电视双向改造。

4．加强集约化建设

合理高效地利用网络资源，避免重复建设，杜绝资源浪费。基站实现统一规划、按需布局、站址共享、节约资源，景观设置环境友好；通信局房实现共址建设、共享配套、节能技术应用的特点。提供可靠的"地下资源支撑"，形成丰富的地下通信管道、光缆网络，做到"地下化、隐蔽化、安全化"，满足 40～50 年的业务需求。

空港新城积极实施通信工程建设，到 2020 年，将形成完善的管道网络，配合合理的主干光缆网络达到光纤全用户覆盖，实现向用户提供 10～1000M的网络能力。空港新城实现 100% 无线网络覆盖，3G/LTE 无线基站达 62个，满足移动用户的随时随地移动通话和高速上网需求，实现移动终端下行速率达到 50Mbps。全面设置安全监控点，保障社会安定。实现公众区域WLAN 网络的覆盖，确保空港新城的重点区域率先实现更移动、更高速、更融合的网络基础设施。

（五）空港新城智慧应用重点领域

1．电子政务

"电子政务"是应用现代信息和通信技术，将管理和服务通过网络技术进行集成，实现政务应用系统的优化与提升，为社会提供优质、规范、透明的监督管理和公共服务。"电子政务"的建设将发挥管委会引领示范作用，按照"服务宗旨"，运用计算机、网络和通信等现代技术手段，实现管委会组织结构和工作流程的优化重组，超越时间、空间和部门分割的限制，建成一个精简、高效、廉洁、公平的政府运作模式，以便全方位地向社会提供优质、规范、透明、符合国际水准的管理和服务。

建立城市应急系统。搭建由政府行业、专项部门、企事业单位组成的应急管理平台，以可视化和语音调度为主要通信手段，以公共安全技术为核心，以信息分析技术为支撑，提供日常管理、应急值守、资源保障、动态决策、综合调度等功能，强调对突发公共事件的事前预防、事发应对、事中处理和善后恢复等全过程管理。

2. 智慧物流

智慧物流是以快速的智能调度、便捷的任务管理、精准的实时定位、方便的条码扫描，配合无线网络定位，为物流企业打造的一套高性价比的物流管理方式。

基于 3G/LTE 无线通信和数字化语音图像处理技术的远程 GPS 车辆监控系统，可将移动目标（如车辆）的位置、速度、车辆状态数据通过 3G/4G 无线网络实时传送至 GPS 平台中心服务器上，存储并发送到用户电脑上，用户可查看车辆实时信息、回放历史数据、处理各类异常警情，使用户足不出户就可对千里之外的被监控目标情况了如指掌。

3. 智慧交通

智慧交通是以交通信息中心为核心，实现公共汽车系统、城市轨道系统、城市高速路监控信息系统、电子收费系统、道路信息管理系统、交通信号系统、汽车电子系统等的综合性协同运作。

4. 智慧家居

集可视对讲、门禁、电器控制等功能于一体，对住宅内的照明、火灾、安防、煤气感应、数码家电等器具进行集中控制，同时可通过因特网用电脑、电话、手机对相关设备进行远程控制。

5. 智慧环境

利用传感器、在线监测仪表、视频监控等技术手段获取一手信息，通过有线或无线通信网络，将数据及时上传到信息中心，综合运用 GIS 系统智能分析数据，从而实现对空气、水、土壤、植被、三废、噪声等环境指标的实时监测、全局调度、事前预警、紧急响应，保障绿色的城市生态。

第七章
国际空港城市开发建设模式

西咸新区空港新城开发模式是在三年的建设发展理念与实践的反复碰撞和磨合之中形成的，对空港新城快速实现超越式发展起到了基础性作用。它突出表现为"功能整体构造"（突破传统开发新区滚动式发展模式，合理安排和同时启动区域内的功能板块）、"项目协同建设"（在确定的不同功能板块上以大项目为引导，快速形成功能板块的特性）和"环境全面优化"（营造吸引国内外各种要素资源进入的创业环境，引来一批国内外知名公司入区投资）三大基本特点。空港新城发展模式是适应当前发展环境和趋势，紧密结合陕西省经济升级的需求和特点，以创新促发展，迅速构建区域功能，快速提升区域影响力和竞争力的发展模式。

第一节　传统滚动开发模式的特点与局限

从国内大多数开发新区走过的轨迹来看，开发新区在启动的初期主要采用滚动开发模式。这种开发模式的特点是先用较少的投入集中在一小片区域进行开发，将主城区的一些基础设施延伸至该区域，并自建一些必要的其他配套设施，所有的项目先集中在这个区域布局，等这个区域发展起来后，再沿着这个区域向外逐步扩张。这种开发模式的优点是能够集中连片发展，建立一片，发展一片；初始投入较少，能够用较少的资金实现滚动发展，可以有效地解决资金来源少的问题；同时，起步的初始阶段也能够较快地树形象、见效益。但是，这种开发模式的选择具有特定的背景条件与局限性。

一　传统滚动开发模式的特点

（一）围绕城市周围选址

从过去国内外开发新区的区位和选址情况来看，主要有以下几个特点：①位于城市边缘地带。这种方式考虑到开发新区能够充分依托原主城区的功能基础，有利于接入水、电、路、气等基础设施，并能以滚动方式向外扩张，如西安的高新区、经济开发区、曲江新区、国际港务区、航天基地等。②布局靠近科技教育集中区，与大学和研究机构相邻，如美国的硅谷、英国的剑桥科学园、中国的武汉东湖和北京中关村等。③布局在城市的原有产业集中区，如工业集中区，把开发新区作为产业调整的途径。这些布局和选址方式可以使开发新区在建设初期接受原城区的辐射，容易与原城区发展连为一片。

（二）启动资金短缺

开发新区的建设资金压力是滚动开发的一个重要特点。由于过去经济实力不强，融资渠道少且不灵活，开发新区在启动资金缺少的情况下，即使进行了整体规划，在操作中也普遍采取滚动开发模式，同时把土地开发作为资金来源的重要基础，并在一段时间后扩区进行新区域的开发。

（三）处于经济加快发展阶段

一般的，开发模式与我国经济发展的阶段高度相关，选择滚动开发模式的开发区处于我国经济加快发展阶段。首先，从国内大环境来看，国内大多数开发新区是在改革开放初期和中期开始建设，当时我国正处于经济大发展的重要阶段，城市快速扩张，开发新区的建设与城市的大规模拓展相关联，房地产行业发展如火如荼，许多开发新区成为城市新中心。其次，从产业发展环境来看，国内大多数开发区高速发展阶段正是国内外产业转移步伐加快阶段，国内外企业加快在全球布局的步伐，各地掀起招商引资热潮。可以说，在过去的发展阶段，开发新区更重视产业的引进，对城市功能特别是公共服务功能和生态功能考虑得很少，甚至整个开发新区所依托的主城区经常处于一种无序开发状态，往往导致开发新区在开发建设几年后进行二次、三次投入和改造，进行企业的搬迁等重复性、浪费性活动，产生了开发区交通状况恶化、功能布局不合理等问题。

二 传统滚动开发模式的局限性

（一）发展存在一定的无序性和盲目性

滚动开发就是尽可能用最少的投入、最低限度的配套设施为尽可能多的项目提供服务。因此，项目布局不分门类、不按类别，统一布局在建好基础配套的那一小片区域，缺乏规划和整体的思考。工厂、商业区、居住地、办公区等错综其间，缺乏相对集中的布局和合理的分布，区内布局杂乱无序，常常会出现繁华的核心商业区附近还有工厂的不协调局面。整个区域就像鱼鳞一样，向外一层层拓展，但每一层都是无序的布局和简单的重复，这种开发模式也是形成"摊大饼"型城市空间结构的一个重要原因。而这种无序的空间分布格局一旦形成，开发区后期发展就会陷入十分被动的境地，再次进行整体规划，由于受到原有格局的限制必然影响实施的效果，最后往往拿出的是一个"次优"的方案，造成资金、土地等资源的严重浪费，留下永久的遗憾。

（二）城市功能之间的匹配度不高

采用滚动开发模式建设的开发区，为了节约开发成本，城市功能构建单一，匹配度较低，发展具有严重缺陷。如北京周边的燕郊、通州等地，被人们称为"睡城"，就是因为它的城市功能比较单一。这类开发区在最初规划时，以产业园、开发区的形式出现，虽然也希望引入产业，实现区域经济实力的壮大，但由于追求"短、平、快"，希望尽快见到效益，基本上只注重发展房地产业，仅仅满足了城市居民过剩的居住需求，而产业功能、休闲功能、商业功能以及医疗教育功能的构建都比较滞后，这导致居民白天都在主城区上班，医疗教育、商业休闲需求也主要在主城区实现。由于各功能匹配度不高，开发区最后形成了白天是"空城"、晚上是"睡城"的局面。而另一类采用滚动开发模式发展的开发区，在开发初期只注重产业功能的构建，居住、商业、医疗教育等配套功能则借助主城区实现，生活性服务配套设施滞后，这导致人们在该区域的就业意愿降低，最终影响了招商引资和产业发展。从长远来看，这种功能之间不匹配发展的情况影响了整个区域的品质和投资价值。

（三）后期迁建改造成本较高

由于滚动开发模式是分区、分批开发，而且最初也没有考虑到某些城市功能，随着区域开发规模的扩大，城市功能就需要进行补救和完善，并且需要重新调整功能布局，既定功能格局会严重影响新的功能布局的调整。所以，就出现了大量的迁建改造，以便满足新的功能调整的需要，这就造成了后期高昂的迁建改造成本。如在开发区发展初期刚建好几年的工厂，后期就不得不拆除，将其改为商业街或者写字楼，造成迁建改造负担的加重。

（四）对主城区的高度依附性

滚动开发模式一个比较大的局限是选址必须靠近主城区。如果远离主城区，就难以借助主城区本身的配套功能来为开发区所用。总结已有发展经验可以看出，采取滚动开发模式的开发区，凡是靠近主城区的，大多数后面的发展都比较成功，容易形成良性循环。凡是远离主城区的，开发建设都比较缓慢，大部分开发失败，变成一片荒地。即使有少部分算得上成功的，又分成两种情况：一种是只注重产业发展，最后变成纯粹的工业园，"白天车水马龙，晚上人去楼空"，缺乏持续发展能力，产业的聚集后继乏力；另一种是只重视眼前利益，不愿意花大力气去完善配套设施、加强招商引资，仅急功近利发展房地产业，这会导致开发区变成"睡城"。这种畸形的发展模式在初期还能够维持，越发展到后面就越遇到瓶颈，即使大力调整，最终也难逃失败厄运。因此，选择滚动开发模式的开发区，成功的关键在于：必须在主城区周围选址，必须依托主城区发展，对主城区依附性较强。

第二节　"功能整体构造、项目协同建设"的总体发展模式

一　总体发展模式的提出

21 世纪初，中国开始驶入发展临空经济的快车道。西安咸阳国际机场

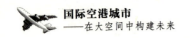
作为重要的交通枢纽,其周边区域的开发也进入各级政府的视野。从 2003 年咸阳市渭城区成立咸阳空港产业园至今已经有十多年的历史。

2003 年,咸阳市渭城区成立了空港产业园,当时的规划只有 10.53 平方公里,主要定位于发展航空运输、航空物流、会展、房地产、高新技术产业,但发展比较缓慢。为了推进建设,政府成立了市、区两级共管的管理委员会,但并没有拿出相对完整的规划方案,基础设施和招商引资工作仍然没有进展。到 2010 年,在陕西省推进西咸一体化的大背景下,泾渭新区成立,咸阳空港产业园交由泾渭新区开发建设,规划面积扩大到 43 平方公里。

2011 年 7 月陕西省成立了空港新城,空港产业园区已经先后换了 5 个管理团队,开发时间将近 10 年,当地政府和群众有"机场内是欧洲、机场外是非洲"的形容。

空港新城管理委员会成立之初,就立志于打破原有建设局面,对全国不同开发新区的开发建设模式进行了深入、系统的研究,认为在新的发展形势下要以新的发展模式为战略指导来快速形成空港城市的品牌和特征,适时提出了"功能整体构造、项目协同建设"的整体开发模式。这种模式的核心是在规划区域内整体安排与布局功能板块和发展重点时,在功能板块上同步安排和启动具有重大带动作用的龙头性项目。同时,开展基础设施先行的配套建设,使新区在最短时间内得到科学有效的开发,形成主要的空港城市服务功能和竞争力,为长期的发展奠定坚实的基础。

二 总体发展模式的优点

(一) 有利于在短期内最大限度地发挥空港城市综合功能

城市综合功能的大小和强弱决定了城市发展、作用发挥的广度和深度,最形象的例子就是汽车的配置决定了汽车的速度、性能。要使空港城市发挥强大的门户作用,而不仅仅停留在通道的作用上,就要通过综合交通建设、保税功能建设、大物流建设、大航空产业建设等方面来构建空港城市的综合服务功能,在较短时间内将空港的强大功能发挥出来。

(二) 有利于加强空港城市整体构建和开发力度

航空枢纽的竞争形势要求必须加强空港城市整体构建和开发力度。航空枢纽的一个特点是辐射范围大，一般可以对半径 800 公里左右的区域发挥集散作用，这就导致在一定范围内只有极少数的空港能够真正成为航空枢纽，并且其枢纽地位较为稳固，能够在很大程度上控制航空市场资源，而其他机场将很难实现超越。西安咸阳国际机场是我国西部地区重要的航空港，要实现建设成为西部地区重要航空枢纽的目标，就要依托空港城市的建设，通过港城整体构建，加强空港城市的开发力度与各种功能的配套建设，从而强化航空枢纽的空间辐射，扩大空港经济的产业框架，实现港城联动，快速提升影响力和竞争力。

（三）有助于打破远离主城区的区位禀赋约束

距离主城区较远、没有城市基础设施依托的开发新区，必须加强整体开发力度，在短期内形成适宜企业生产运营和员工生活的硬环境。由于缺少城市功能，机场、航空公司、边防、海关、物流公司等在西安咸阳国际机场附近工作的员工在西安和咸阳市区生活，每天必须往返于主城区和机场之间，工作区域与生活区域之间的长距离给他们带来了诸多不便。同时，在传统开发新区，水、电、路、气、学校、医院等城市基本服务功能容易接受母城辐射，但由于距离主城区较远，空港新城很难接受辐射，城市基本服务功能都必须重新进行规划和引入。这样的现状要求空港城市必须尽快形成自己的城市功能和基本发展基础，必须选择"功能整体构造、项目协同建设"的总体发展模式才能在短期内快速实现较为健全的城市功能，真正让企业的员工愿意在空港城市生产和生活，避免出现"白天车水马龙，晚上漆黑一片"的情况。

总之，与传统开发新区的发展方式不同，空港新城按照空港城市当前的发展环境和发展的基础条件创造性地提出了"功能整体构造、项目协同建设"的总体开展模式，并实践了这种模式，在短期内形成了自己独特的发展方式，收到了良好的成效，使空港新城的品牌和竞争力得到了明显提升。

三　总体发展模式的内涵

"功能整体构造"是瞄准第四代国际空港城市的标准，把空港新城作为整体来规划城市功能和产业项目。按照空港城市布局的普遍规律，结合西咸新区总体规划要求、空港新城的地形特点，构建以机场为核心、交通干道为依托、组团式布置、功能与产业紧密结合的"圈层扩散式"城市布局，规划了机场核心区、国际航空物流枢纽、临空产业区、国际文化交流区、优美小镇和临空农业区五大板块（见图7-1）。发挥这五大板块覆盖空港新城所应具备的所有功能，并通过合理布局实现相互配套，有效地保证了空港新城的发展在较短时间内产生乘数效应，树立了崭新形象。同时，在产业方面配套发展，选择了具有临空特色的航空维修与制造产业、航空物流业、半导体产业、临空高新技术研发产业、高端服务业（金融、商务、会展）、国际文化交流产业、临空农业七大产业作为主导产业，同时启动招商，同时布局，

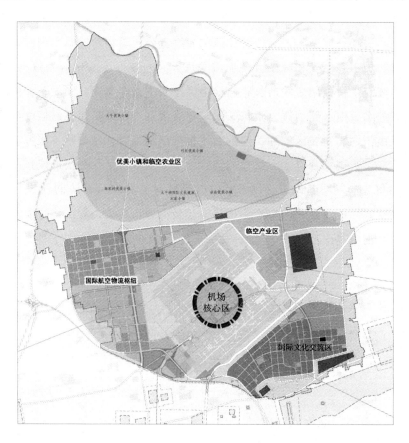

图7-1　空港新城五大功能板块

实现了航空物流产业与航空货源产业相互巩固、门户功能与高端服务业相互加强、高科技产业与临空经济的引领作用相互促进。

"项目协同建设"是确保"功能整体构造"效果实现的基本支撑，以引入大企业、大集团参与开发建设为前提，在各个功能板块同时布局和实施项目，形成在每个板块都有重大项目引领、各板块产业协同推进的发展局面，实现在单位时间、单位面积形成投资热点，带动周边区域的快速开发，在较短时间内弥补机场周边功能缺失的"短板"，为空港新城承接全球产业转移、参与世界产业分工打下坚实的基础。

第三节　总体发展模式的实现途径

"功能整体构造、项目协同建设"总体发展模式的顺利推进要统筹各方面的资源，通过科学的规划、有效的资金保障、大企业的引入和扎实的体制保障等多个方面来共同实现。

一　积极实行"整体规划、组团开发、同步推进、规模发展"模式

按照空港城市功能能够得到最大限度发挥的圈层扩散式布局模式，空港新城在制定分区规划和发展重点时，确定了空港城市的重要功能板块，在2012年出台了《空港保税物流园区建设方案》、《西部飞机维修基地建设方案》、《安居置业建设方案》、《空港新城千亿元 LED 电子产业基地规划》和《空港新城城市中心区规划》"三方案两规划"，作为空港新城的建设和发展重点，使机场核心区板块、国际航空物流枢纽板块、临空产业区板块、国际文化交流区板块、优美小镇和临空农业区板块五大重点功能区同步建设。

随后，空港新城又制定了北部生态区、丝绸之路国际区等重点开发项目的实施方案。为了将这些目标和战略落实到位，引进和启动了一批核心项目，实现了在每个功能区都有重大项目引领。通过这一发展战略的实施，构建了几大重点发展板块，每个板块将达到百亿元甚至千亿元的发展规模，使

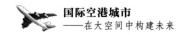

临空经济快速发展壮大。

第一，西咸空港保税物流园区建设。将西咸空港保税物流园区建设成为功能完善、业态齐全，服务陕西省乃至大西北地区、面向世界的国际一流千亿元空港型保税物流园区。

第二，安居置业建设。通过一批重点服务类项目的建设实施，解决区域内居住、办公等基本需求；进一步扩大经营领域，以市场化的方式，整合自身资源和社会资源来投资、建设、经营；通过全新的商业模式和引领示范性项目的建设，加快推进空港新城的城市化进程，打造空港新城核心品牌。

第三，西部飞机维修基地建设。依托西安咸阳国际机场和空港保税区的优势，建设中国西部国际飞机维修中心，打造公务机及民航保税产业创新发展基地。到2016年，基地总投资超过100亿元，工业总产值达到300亿元，建成区面积达到2平方公里。在民用航空维修、改装、拆解领域达到"西部第一，国内一流"水平；在公务机和民航保税产业上先行先试，实现创新跨越；支线航空综合营运力争达到世界先进水平。

第四，千亿元LED电子产业基地建设。通过做大做长产业链，形成西北地区最大和最核心的LED产业集聚区，实现空港新城LED电子产业基地产值突破千亿元，真正将陕西省的空运货运量迅速支撑起来，做大规模，使空港新城真正发挥引领高端产业快速发展的功能和优势。重点依托空港新城保税区和综合交通枢纽的两大优势，引导国内外优势与资源相结合：对外进口优质原材料，出口高端终端产品；对内聚集人才，打造中国西部LED产业发展高地。

第五，国际文化区建设。按照将空港新城建设成为大西安乃至大西北联通世界门户的要求，依托轨道交通的巨大资源优势，积极引入新型业态，合理安排功能布局，营造配套完善、舒适优美的城市环境，把国际文化区打造成为大西安北部区域的核心商务区、国际金融商业中心、国际会议会展中心和国际文化艺术交流中心，使之成为空港新城的城市客厅，集中展示"国际化、人文化、生态化、智慧化"的城市风貌。

通过"三方案两规划"等一批重点区域建设方案的实施和带动，空港新城在短期内实现了四大战略目标：一是实现空港新城最为核心的城市服务功能。特别是综合保税区的作用发挥出来，将使空港新城真正成为外向型经济发展的重要平台，真正成为陕西省经济发展的新增长极和新引擎。二是实现基础和核心产业的集聚和扩张。在空港新城西部区域将聚集 LED、航空、物流、现代服务业等重要产业，形成空港新城最为重要的核心产业，形成富有特色和竞争力的空港型产业体系。三是快速形成城市标杆形象。"三方案两规划"首期覆盖的区域重点在空港自贸大道周边和南部区域，与绿地、商务中心、地铁等项目紧密联系，新的路网计划重点也转向这里，这些重点项目的实施将快速树立空港新城的形象。四是集聚人气。通过这些建设方案的实施，空港城市的基本服务功能和基础设施条件有了明显改善，许多企业和人员纷纷来空港新城落户，城市的吸引力明显提高。

二 实施"三规合一"，强化规划指引，构建较为完善的规划管理体系

新城建设，规划先行。目前，大多数开发新区的经济发展规划、城市分区规划、土地利用规划等各类规划之间还存在一定的冲突，在指导实际建设中往往出现许多矛盾与问题。同时，在开发新区的建设进程中存在很多不可预见的因素。开发新区的发展是长期的，但规划是在一定时期内的，发展的长期性与规划的短期性形成了矛盾，规划一旦制定就对发展起到了约束作用，客观上与开发建设的实际也会经常出现矛盾。要制定长期发展规划，预测今后 10 年、20 年的长期发展与开发实际上是十分困难且准确性较低的。因此，空港新城在编制各类规划时从以下方面进行了突破。

（一）注重规划的弹性，增强规划的可操作性，保障了空港城市中长期发展的需求

综合考虑土地利用、城市发展、产业引进等各方面因素，在整体布局时充分考虑规划的弹性和可调节性，为未来发展和实际情况留出空间，能够有效地处理一些现实发展中出现的问题，而不是简单地提出一个不可修改的发展规划，导致若干年后规划的大调整，这样更有利于空港城市在发展中的宏观调控。

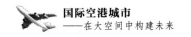
（二）加强新城战略目标与规划体系的协调，实施多规合一

注重把制定的长远目标落实到经济发展、产业发展、城市分区、土地利用等多个规划之中，加强规划之间的统一协调，形成密切配合、有机联系和目标一致的规划体系。具体编制了以下规划体系：①按照《西咸新区总体规划（2010－2020）》，组织编制《西咸新区空港新城分区规划（2011－2020）》，通过西咸新区批复，使之成为指导空港新城建设发展的战略蓝图。②会同省级相关部门制定了《西安国家航空城实验区发展规划（2013－2025）》，制定了《空港新城产业规划》。③组织编制了《空港新城土地利用规划》《西咸新区空港新城控制性详细规划》《西咸新区空港新城城市风貌与特色研究》《西咸新区空港新城国际文化区发展策略研究及修建性城市设计》《北辰谷生态片区概念规划》《西咸新区空港新城国际文化健康示范区修建性详细规划》《西咸新区空港新城丝绸之路国际区修建性详细设计》等重点区域规划设计。④组织编制道路、给水、排水、电力、通信、燃气、供热、公共设施、综合管线、噪声和净空保护等专项规划。⑤首创性地组织编制《建设项目规划设计指引》，指导项目规划设计。累计完成各层次的各类规划30余项，构建起较为完善的空港新城规划体系。

（三）注重城市规划与产业方向和交通体系的有效对接

目前，我国城市普遍遭遇"城市病"困扰，特别是人们的生活、工作与交通出现了很大的矛盾，这其实是城市规划失效造成的。在东京、纽约等国际大都市，尽管交通流量很大，但并没有出现我国很多城市中的交通瓶颈现象。因此，借鉴国际大都市的建设经验，空港新城在制定规划时应充分研究产业发展、人们生活与交通组织之间的联系，注重布局合理的组团板块和用地需求，以发散式的快捷交通组织形式来加强各个功能板块之间的联系，从而保障城市发展到一定规模后可以继续保持高效运转。

三　加强对优势产业的聚集和以知识型产业为主导的新产业培育

临空产业的选择既要按照区域经济的定位，立足于临空经济定位和总体发展格局的功能需求，加强广大腹地优势产业与空港的联系，加快培育知识型产业和项目，加快打造和构建产业链，以形成高效率的临空产业体系；又要考虑临空经济发展的特殊性规律，按照空港城市发展的要求，高起点、高标准地发展与之相匹配的高端临空型产业，凸显临空经济的本质特色，形成具有较强竞争力的临空经济产业集群，带动区域经济发展。空港新城在产业选择上，主要遵循了以下三个原则。

一是立足空港经济特征和发展动态，产业类型多元化原则。基于空港经济有别于其他经济发展模式的特殊性，围绕枢纽机场功能，明确航空运输及其相关产业活动的特征，以及对环境和产业链上相关环节的需求。同时，考虑区域经济的动态发展规律，判断不同发展阶段、不同空间范围内产业功能、市场需求的差异性，结合国内外产业发展新趋势进行动态选择。从而保证空港经济体系中，既有保证枢纽机场正常运营的临空型产业，又有具备商务、研发、服务等功能的非临空型产业；既有现有的腹地优势产业，又有具有发展前景的潜力型产业，并且各类产业在一定的空间范围内合理布局。

二是围绕空港城市门户功能，高端产业为主导的原则。以构建现代产业体系为基本要求，抢占发展机遇，将产业发展目标和动力放在知识创新、创意以及高端商务等功能上。通过树立这一理念，强化空港区域高端服务业的发展优势，培养空港产业的资源整合能力，发挥辐射带动作用。主导产业的确立也有利于引导区域范围内的产业布局、投资和项目选择，保证有限的发展空间能真正得到有价值的开发和建设。

三是紧密联系腹地经济，产业链适度延伸原则。临空经济产业腹地的面积决定了空港门户功能的规模；与腹地产业的互动功能，决定了空港门户功能的级别。临空经济产业链的日趋完善，使得产业发展的各要素之间协调能力不断加强、关联程度不断提高。为此，空港新城在发展临空经济中认真分析腹地优势产业，构建和延伸临空产业链，加强与腹地的产业分工与联动，构建区域范围内的临空产业集群。

四 创新招商方式，积极培育临空重点产业，形成了主业突出的差异化发展格局

空港新城成立之初，便突出以招商为重点的发展思路，成立了招商局，并先后两次进行招商体制的变革创新，按照专业化和板块化进行了分

工，成立了投资促进中心。由五大西咸新区空港新城集团控股公司和园区管理办公室进行区域招商，进一步充实了招商队伍，按照重点发展产业制定了一系列促进招商引资的政策，形成了以投资促进中心和集团公司控股公司为主体的多种形式的招商引资格局。空港新城在招商引资方面主要有以下创新。

（一）完善招商体制，突出重点行业和板块招商

空港新城成立了投资促进中心、负责重点区域建设的园区办公室和集团公司控股公司，形成了以整体安排、专业化和板块化招商共同推进的招商格局，增强了招商工作的针对性。同时，由管委会下设投资服务中心，专门在企业落户时为其提供各方面的协调和服务，为重点企业和项目引入提供了条件。

（二）明确招商目标，加强大项目引进

按照重点发展的产业类型，强化招商策划和市场调研。结合国际、国内产业发展趋势和转移态势，密切关注与航空相关的航空物流、电子商务、半导体及航空制造等重点产业的重点企业和项目，实现了各重点行业均有国内外龙头企业进驻。

在具体招商过程中，空港新城重点的做法如下：①突出产业集群招商。明确临空产业的重点，有针对性地制定产业发展规划和产业发展政策，围绕航空物流、航空制造等产业上下游项目和环节，集中力量打造产业集群，快速形成了一批产业的集聚化发展，使生产链条更加完整。②鼓励入区企业与其他资本进行合作，实现以商招商。支持入区企业开展招商活动，为其提供完善的招商服务，实现了从单一项目招商到产业链招商。③开展多种形式的招商活动，举办了多次有针对性的招商推介会，通过多种形式宣传空港新城的发展优势，有效地提高了空港新城在临空产业发展中的吸引力。

（三）把握核心优势，体现差异化的引资定位

空港新城在产业发展方面的愿景是成为西部临空经济的发展中心。为了实现这一目标，在招商引资过程中，从一开始就树立引入优质企业的理念，不为了一时发展而降低门槛。目前，各个城市、开发区之间已经形成了较为激烈的竞争，在招商过程中存在恶性竞争和相互打压的现象，一味地这样做只能使招商活动具有盲目性。空港新城在宣传和招商中重点吸引与航空相关联的产业链和产业集群，形成了与其他开发新区不同的产业发展方向，彰显了自身的区位、政策、环境、服务等优势，制定了有针对性的招商策划方案，形成了错位发展的格局。

三年来，空港新城引进的项目投资总额达到 678 亿元，到位内资 124 亿元、外资 4100 万美元。目前，在五大产业板块中都布局了行业龙头企业，以龙头项目带动产业链条上下游的发展，使重点产业快速聚集。在航空物流方面，世界知名的新加坡普洛斯集团和新加坡丰树集团将分别在空港建设航空分销配送中心和空港国际物流园区；国内快递行业的龙头企业——圆通快递、申通快递、新地物流都已落户空港新城，将建设西北区域快递转运中心。在临空产业方面，东航西安区域枢纽项目已经投入运营，可以同时容纳 6 架空客 A320 进行 8C 级别的深度维修；以东航项目为龙头，陕西新泰部附件维修、蓝太碳刹车盘维修、康蓓液压机电维修等一大批部附件维修项目已在临空产业区集聚。在国际文化交流产业方面，亚洲最大的艺术馆群——西安国际美术城项目已经开工建设。在临空农业方面，空港新城秦美农庄等项目已签约入区。空港新城的产业集聚效应和品牌效应日益显现。

五　坚持群众路线，实践和谐征迁模式

征地拆迁是每个开发新区启动建设时都要遇到的难题，也是当前国内矛盾最突出的一个环节。面对这块任何开发区都绕不过去的"硬骨头"，空港新城始终坚持走群众路线，开展和谐征迁。迄今为止，空港新城征地拆迁中没有发生一起群体性事件，没有发生一起赴省或进京上访，没有发生一起征迁补偿纠纷，乱搭乱建、抢建加盖的现象基本绝迹，已征收土地 2.16 万亩。空港新城用实际行动阐释了"一切为了群众，一切依靠群众，从群众中来，到群众中去"的群众路线，走出了一条和谐拆迁新路子，赢得了当地群众的认同和支持，也得到了上级领导的高度赞扬。[①] 空港新城在征地拆迁中积

---

① 2013 年 9 月 25 日，陕西省省委书记赵正永在新华社《陕西领导参考》上做出批示："征地拆迁正是当前群众来信来访的重头，空港新城的做法很好，值得推广。"

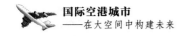

累了许多宝贵经验。

（一）尊重群众意见，科学制定征迁政策

征迁政策要用之于民，首先要产生于群众中间，才能获得群众认同，这就是"从群众中来，到群众中去"。空港新城改变群众被动接受既定政策的"惯例"，主动了解群众诉求，广泛听取群众意见，确保政策贴近民意、深入民心。

第一，政策前期深入村组摸底。工作人员走进田间地头对村庄情况进行摸底调查，坐在炕头上与群众拉家常，做到"情况明，家底清"，并建立档案资料库，为政策制定掌握第一手资料。

第二，政策制定尊重群众意见。邀请区县相关部门、镇（街办）工作人员和群众代表参与征迁政策制定。针对群众提出的各种意见，充分进行调研评估，只要符合大部分群众利益就积极采纳，把"钉子户""问题户"化解在"孕育"阶段。

第三，政策成型邀请专业人士"把关"。邀请当地法院、检察院负责人以其专业视角，逐一列举征迁工作矛盾点，并提出规避人口和宅基地认定纠纷等专业性建议，对相关表述进行修正，使政策行文更加严谨、科学。

第四，反复研讨，确保正确决策。经过与渭城区政府"六上六下"讨论研究并召开联席会议通过，公布了《空港新城村庄拆迁补偿安置实施方案》，使保障群众利益的"基本法"正式诞生。

（二）宣传阵地前移，促使群众理解征迁

群众抵触拆迁，大多源于对未来生活的恐惧。空港新城坚持阵地前移，进村入户宣传"如何进行拆迁赔偿，如何进行回迁安置，如何继续以后的生活"，给群众吃下了"定心丸"，赢得了群众理解。

第一，做好政策法规宣传。工作人员分片进行入户宣传，做到《征迁政策宣传手册》《致村民的一封信》人手1份，并现场解答群众疑问，及时发放标明联系人姓名、电话及监督电话的"拆迁工作便民卡"，方便群众随时随地咨询。

第二，做好项目建设宣传。利用动员会、培训会、群众代表会等机会，宣传项目建设对地方经济社会发展的拉动作用，增强村民信心，编印《空港新城城乡统筹快讯》，介绍产业发展情况和用工情况。

第三，做好回迁安置宣传。坚持安置和拆迁同步进行，在各拆迁指挥部现场举办安置房展示会，向群众展示安置房的整体规划和布局、户型设计以及配套公共设施、交通等情况，加强群众对回迁安置的了解。举行电影下乡活动，组织村民观看有关新农村建设等题材的电影以及空港新城城乡统筹宣传片，坚定了群众顺应拆迁、支持建设的决心。

（三）帮助村民"算账"，引导群众支持征迁

起初，群众对征迁只有一个模糊的概念，"跟风走"是普遍想法。为此，空港新城帮助村民"算好账"，实现合法利益最大化，引导群众以实际行动支持征迁就成了关键。

第一，公开过程，打消疑虑。详细测算并公布了不同家庭的补偿赔付标准，将奖励办法、工作流程、选房顺序等关键事项进行公示，让群众懂政策、会算账、算对账，打消了群众疑虑。

第二，政策引导，遏制加盖。坚持"多盖不受益，不盖不吃亏"，规定被拆迁房屋建筑面积小于人均 60 平方米的，不足部分按 300 元每平方米予以奖励，并给予每人 4 万元奖励。以人均 40 平方米的五口之家为例，该户将得到面积不足部分的奖励 3 万元以及不足人均 60 平方米的奖励 20 万元，在不加盖的情况下就可得到 23 万元，远比加盖划算。通过政策引导，抢建加盖的"顽疾"基本绝迹。

第三，现场兑现奖励承诺。考虑到区域情况及村民的经济能力，在征迁政策中设立了按时丈量、按时交房、按时签订协议等多项奖励措施。丈量奖励每户 5000 元，签订协议奖励每户 2 万元，交房奖励每人 1 万元，这些奖励全部在现场兑现，极大地激发了群众的配合热情和积极性。

（四）注重亲民利民，全面保障群众利益

空港新城站在村民的角度上想问题、办事情，带着感情陪被拆迁群众共同经历这一场历史性的改变，采取多种措施保障被拆迁群众利益。

第一，完善社会保障。推行统一标准的城乡居民养老保险制度，实现城镇居民医保、新型农村合作医疗和城乡居民医疗救助的有效衔接。创新农民

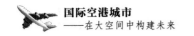
社保基金打包递进支付模式，目前已筹集约 4.3 亿元社保基金。

第二，关心群众生活。给残疾群众赠送轮椅，为留守儿童买食品，聘请专业人员为村庄拍摄影像资料，为村民拍摄全家福；为村民联系桃子销售渠道、过渡房源；对老、弱、病、残、幼等特殊群体给予 1500～3000 元生活补助；给独生子女（未婚）、单职工家庭增加安置面积，尽最大可能使补偿范围和标准向群众倾斜。

第三，努力让利于民。对符合条件的农业人口，再增加人均 10 平方米的商业用房，由村组集体经济组织统一经营、管理，确保其有稳定的收入。同时，尽可能地把不需要资质门槛的工程交由村民承揽，与群众分享发展成果。

第四，解决长远生计。与企业签订入区投资协议时规定，劳动密集型企业必须预留 20%～30% 的就业岗位给本地群众。建立农民就业培训基地，组织群众参加培训。目前已完成 32 期 1400 余人的培训，并安排部分人员就业。

（五）结合实际探索，打造新型征迁模式

处理好各方的切实利益，推心置腹，换位思考。与当地政府建立了"密切协作，合作共赢"的良好关系，形成了具有空港特色的新型征迁模式。

第一，密切联系当地政府。与咸阳市渭城区联合成立拆迁指挥领导小组，下设拆迁指挥部，由区政府、服务中心、国土、镇（办）、村组以及空港新城征迁、执法等部门联合组成。指挥部下设综合组、评估组、动迁组、协议审核组、执法组、信访组、拆除组 7 个小组，在进村入户宣传、登记、丈量、谈判等关键环节，双方形成了工作联动机制。

第二，充分发挥双方优势。发挥街道办在群众工作中"情况熟、底子清、人缘好"的优势，做好宣传和动迁工作。发挥空港新城人员对政策和操作程序熟悉的优势，做好协议签订和款项发放工作。全面推行廉政风险防控制度，着力打造"善战、高效、和谐、廉洁"的征迁工作队伍。双方优势互补、互通信息、协同工作，成为拆迁工作高效开展的基本保障，加快了疑难问题的解决。

向村民讲解政策

一把尺子量到底，一视同仁，不算人情账

征迁人员签订廉政承诺书

群众参观安置房展示中心

免费提供就业培训

与周陵街道办共同举办征迁业务培训班

六 构建以管委会财政投资为引导、企业投资为主体、多种资金支持为必要支撑的多元化、多渠道投融资体系

积极创新和发挥管委会在区域开发建设中的引导作用，制定一系列支持空港城市产业、基础设施发展的投融资政策，吸引各方资金参与空港新城建设和发展，营造了专业、便利的投融资环境。

第一，创造融资先决条件，努力搭建融资平台。成立了集团公司、保投公司、航投公司、土地储备中心等7个独立法人机构，及时解决了承贷主体问题，为控股公司互保、贷款资金受托支付创造条件。协调相关部门，在西咸新区成立了首个土地储备中心，扩展了土储贷款融资渠道。同时，首次实践了空港新城申请、西咸土储承贷、空港土储使用的贷款模式，获得土储贷款授信 11 亿元，到位资金达 7 亿元。

第二，创新融资方式，实现多种融资模式。积极与银行沟通，通过流动 BT 融资、资金贷款、信托贷款、项目贷款等方式，与金融机构建立了密切的合作关系，为管委会在建设初期实现各类发展目标提供了周转资金，管委会基础设施先行和功能性项目优先的战略得到了较好实施。

第三，服务入区企业，成功搭建银企交流平台。积极搭建金融机构与入区企业的广泛沟通渠道，支持入区企业做大做强，加快入区项目建设，成为西咸新区首个搭建银企交流平台的新城。在首届银企交流会中，邀请了陕西省各主流银行 15 家、空港新城入区企业 30 家，搭建了银企互通桥梁，逐步形成了良好的金融氛围。

第四，设立重点领域的投资政策，引导企业围绕重点环节投资。制定了关于加快航空物流、半导体产业、电子商务等重点领域的投资鼓励政策，对关键产业发展项目提供了资金支持办法，引导重点产业向重点板块集聚，加快完善产业链条，实现集群化发展。

第五，着力改善区域金融环境，为金融机构运营创造良好条件。建立管委会与金融机构的联系制度，为金融机构入区提供良好的政策支持和服务支持，加强与金融机构的资源、信息沟通，为金融机构开展业务提供准确的第一手信息。同时，加快建设与金融运营对应的环境和系统，包括引入会计、律师、税务、资产评估等中介机构，努力营造良好的区域金融环境。

七　构建符合市场化发展的管理体系和机制，形成完善的新城服务体系和发展环境

（一）建立了新型的空港城市管理体系

空港城市的管理比一般开发新区程度复杂，不仅要协调好管委会与当地政府之间的关系，还要与各类专业化管理机构形成密切协作的关系，才能创造良好的发展环境。空港新城成立以来，一是与咸阳市政府各部门、渭城区

政府和泾阳县政府达成了合作协议，在开发建设中形成了紧密配合的工作局面。二是与口岸、机场、海关、民航局、商检、边检等专业管理机构建立了良好的关系，在制定发展规划和建设方案时共同就可能遇到的专业性问题进行了沟通，保障了空港综合保税区等一批项目的顺利建设，也为后续管理提供了支撑。

（二）建立了全方位的企业服务体系

把城市软环境建设作为空港新城的核心竞争力，出台了一系列关于服务企业、服务项目建设、服务人员办事的规则和流程，有效地维护了空港新城开发建设的良好服务环境。空港新城管委会关于保障项目建设有十条规定：①禁止超越规定时限办理项目审批事项。严禁故意拖延、刁难、推诿应当受理和服务的项目申报审批。②禁止在项目推进中不作为、渎职造成工作失误，导致项目进展迟缓。③禁止违规干预和插手建设工程招标投标。④禁止向项目单位推荐、指定分包单位以及材料和设备供应商。⑤禁止在工程施工监督、工程交工验收、工程变更和工程招标工作中滥用职权、降低标准、谋取私利。⑥禁止在征迁过程中弄虚作假，加大征收征用数量和补偿金额，侵占、截留、挪用征地补偿费用和其他有关费用。⑦禁止擅自到项目单位检查，责令停产、停业，所有检查一律向重点项目领导小组办公室汇报后方可进行。⑧禁止接受或索要项目单位及工作人员的礼金、有价证券、通信工具、交通工具和高档办公用品等贵重物品。⑨禁止向项目单位及工作人员报销应由个人支付的任何费用。⑩禁止接受项目单位及其工作人员为住房装修、婚丧嫁娶、出国出境、旅游以及为配偶、子女的工作安排等活动所提供的方便。

对违反"十条禁令"的，经查实后，当事人一律先行停职，违反第一条、第二条、第七条的，第一次责成写书面检查并限期改正、通报批评，第二次给予诫勉谈话，当年考核评定为不称职（不合格）并追究部门负责人责任，情节严重的给予当事人辞退处理；违反其余各条的没收或退还全部非法所得，并劝其引咎辞职，情节严重的依法移交司法部门追究刑事责任。管委会设立项目单位投诉信箱和投诉电话，在各项目单位办公场所摆放"投诉监督公示牌"，建立投诉受理处理情况台账，及时处理项目单位投诉。

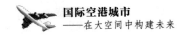
八 构建先进的空港城市创新体系，培养以知识经济为主体的临空产业引导能力

空港城市发展的临空经济体系是知识经济的直接体现，而知识经济是在创新基础上不断演化和发展的，因此，建立创新体系是空港城市发展的重要环节。创新理论是 20 世纪初由经济学家约瑟夫·熊彼特提出的，他认为，创新就是把生产要素和生产条件的新组合引入生产体系，建立一种新的生产函数。随着时代的进步，对创新理论的研究越来越深入，形成了众多的研究门类和分支，涉及管理、人才、政策、法律、知识等众多要素，也越来越强调创新对经济发展的推动作用。因此，一个城市的创新体系主要是创新各类经济、产业要素之间的联系、沟通和运行体系，通过这一体系的运转来加强各类要素之间的协作，从而推动区域内新知识、新技术、新产业的产生、更新、转化和配合，重点是加强创新主体与创新环境之间的联系。

空港新城把建设创新体系作为发展战略的重中之重，努力通过构建开放、动态和富有竞争力的空港知识创新体系来实现空港城市经济的快速发展，其重点是建立以知识创新应用为核心，以企业为主体，管委会加强引导，通过市场机制和力量发挥作用的城市创新体系。

（一）加快培育以企业为核心的创新主体

把企业作为实现创新的核心，通过政策支持、政策引导来鼓励企业加快创新和知识化。积极引入大型科技企业和发展中小型科技企业，鼓励科研机构在空港新城落户并向企业转变，力争培育一批以知识经济为核心的企业创新主体。

（二）加强创新环境建设

重点创建符合知识经济发展的社会环境，在硬环境之外，加快软环境建设。积极培育创新文化。知识经济的发展要靠相应的文化来支撑，特别是发扬敢于冒险、勇于探索、不怕失败等精神，这与关中地区长期以来偏向守旧、小富即安的传统文化有一定冲突，需要管委会通过积极的宣传加以引导。

（三） 发挥市场的决定性作用

市场是引导企业创新和发展的决定性力量，管委会要积极创造一个平等竞争、公开公正的市场竞争环境，通过市场良性竞争来引导企业和生产要素之间的协作。通过市场的淘汰机制，推动好的创新发展壮大，形成优势。

总之，空港新城的开发建设模式是以"功能整体构造、项目协同建设"模式为主要统领，以上述八个方面的具体发展模式为辅助，相互促进、相互作用所构成的系统框架体系，这是空港新城适应新形势、加快建设"国际化、人文化、生态化、智慧化"的第四代国际空港城市的重要思想结晶。其主要特征是顺应空港城市的发展趋势，快速提升空港城市这一外向型经济作为重大发展平台的能级。同时，空港城市开发模式是动态和发展的，目前的模式主要适用于城市开发建设的初期。在空港城市的不断发展中，空港模式将不断向创新开放制度、提升经济运行质量和辐射带动区域经济发展方向转化，使空港新城尽快成为空中丝绸之路建设的重要枢纽和支点。

第八章
构建特色鲜明的国际空港城市产业体系

国际空港城市的产业体系要在航空时代和知识经济大发展的背景下加快发展并不断演变，它具有独特的优势和鲜明的时代特征。本章从整体上初步构建了国际空港城市的产业体系，并分别介绍了空港新城的重点发展产业，包括航空物流业、民航科技产业、半导体产业、新型现代临空服务业和临空现代农业等的发展现状和发展对策。

第一节　国际空港城市的产业体系构成

一　国际空港城市产业体系的基本内容、特点和发展现状

（一）国际空港城市产业体系的基本内容

从空港经济的内涵来看，空港城市产业体系主要包括三方面内容。

1. 以航空运输为主体的航空产业

这类产业直接服务于航空运输，是随枢纽机场的航线网络扩张、航空公司增多而引发航空产业链扩大的产物，主要包括航空维修、航空配餐、航空服务以及航空制造业等航空产业。

这类产业以航空运输为主体，与海上运输、公路运输、铁路运输等其他交通方式相比，航空运输的主要优点在于：第一，运送速度快。现代喷气式运输机一般时速都在 900 英里左右，协和式飞机时速可达 1350

英里。同时，航空线路不受地面条件限制，一般可在两点间直线飞行，航程比地面短得多，而且运程越远，快速的特点就越显著。第二，安全准时。航空运输管理制度比较完善，货物的破损率低，可保证运输质量，如使用空运集装箱则更为安全。同时，飞机航行有一定的班期，可保证货物按时到达。第三，全球易达。航空运输不受地面地理条件限制，可开辟遍布全球的航线网络，使运输更加容易地到达世界各城市。第四，手续简便。航空运输为托运人提供了简便的托运手续，且可以由货运代理人上门取货并代为办理一切运输手续，充分体现了快捷、便利的特点。第五，节省货物储存和利息等费用。航空运输速度快，商品在途时间短，存货可相对减少，资金可迅速收回，从而减少货物储存和利息费用。虽然航空运输存在运量小、运价较高的缺点，但这点缺陷完全可以由其突出的优势所弥补。

2. 以利用航空运输产品为主体的临空型高新技术产业

这类企业的产品一般具有时间成本敏感、附加值高、体积小、生命周期比较短、对市场的敏感程度很高的特点，如电子芯片、生物药品、珠宝、精密仪器等。

3. 以商务人员为主体的信息密集型产业和高端生活性服务业

商务人员的主要特点有准时性要求高、经常进行长途性质的旅行、对信息及知识需求大，机场周边正好可以满足这类人的需求，因此，跨国公司总部以及金融、咨询、法律等信息密集型产业会在机场周边集聚。同时，商务人员对高端消费的需求也使机场周边不断发展出餐饮、文化娱乐、旅游服务等高端生活性服务业。

（二）国际空港城市产业体系的发展现状

国外城市发展空港产业的普遍规律是，将现代化、生态化、信息化相结合，高度重视发展知识型产业，推动空港经济发展阶段高级化。空港产业具有典型的高端资源集聚优势，如园区的集聚、行业的集聚、龙头企业的集聚，以及以此为载体的高技术、信息、人才、资金等资源的集聚。目前国际主要机场周边的产业发展已初步形成临空经济产业群，包括航空产业、汽车工业、传统制造业等制造业，商贸服务、物流产业、金融产业、会展中心、

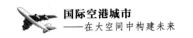

信息服务、印刷传媒等现代服务业，以及科研产业、高科技产业、生物科技产业、航空产业等知识型产业，如表8-1所示。

表8-1 国际主要机场空港周边产业状况

物流	戴高乐机场：物流中心、联邦快递中心 达拉斯沃斯堡机场：地区主要物流枢纽中心 慕尼黑机场：ITC 国际物流配送公司机场商务中心 哥本哈根机场：聚集了物流公司、快递公司，是物质集散中心 仁川机场：物流园区和自由经济区 成田机场：成田国际物流复合基地、成田国际物流联盟 日本中部机场城：配送中心
商贸	不来梅机场：机场城东区，进行分拨销售 中部机场城：口岸交流区（包括贸易、商业、文化、休闲娱乐以及住宿设施等） 戴高乐机场及法兰克福机场：商务中心 尼斯机场及汉堡机场：商业园区
总部经济	维也纳机场：东欧地区总部 戴高乐机场：大型跨国公司的总部 哥本哈根机场：IBM、索尼、UPS 地区总部
金融	苏黎世机场：集聚了银行业 达拉斯沃斯堡机场：集聚了金融保险业，是 12 个地区联邦储备银行所在地 香农机场：保险、银行
会展	成田机场：爱知世博会 慕尼黑机场：机场内部设有会议中心 伯明翰机场：国际展览中心
信息服务	哥本哈根机场、香农机场、不来梅机场：客户服务中心
印刷传媒	香农机场：期刊发行
住宿、餐饮、娱乐	史基浦机场、仁川机场、慕尼黑机场、苏黎世机场：具有餐饮、购物场所
科研机构	哥本哈根机场：NOKIA 研发中心 香农机场：利默里克、垂利、瑟勒斯、波尔、安尼斯等国家科技园 成田机场：筑波科学城 伯明翰际机场：阿斯通（Aston）、沃力克、伯明翰等科学园，罗伯罗技术中心 日本中部机场城：学术研究机构和实验室
高科技产业	不来梅机场：机场城西区 哥本哈根机场：IT 集群和电信业
生物医药	爱尔兰香农机场、仁川机场、达拉斯沃斯堡机场：生物医药集群
航空航天	不来梅机场：空客机翼制造 日本中部机场城：航空制造业的巨头诸如三菱和富士通都集聚在爱知县 仁川机场：飞机组装和零部件生产企业 法兰克福机场：飞机维修工厂

续表

航空产业	仁川机场:机内食品提供 成田机场:机场临空工业园地 日本中部机场:航空辅助产业、航空加工区
汽车工业	日本中部机场:汽车制造业以及相关产业 伯明翰际机场:丰田新工厂 不来梅机场:汽车配件制造
传统制造业	仁川机场:各类工业园区、加工保税区 不来梅机场:食品与饮料生产

二　空港新城产业选择思路与选择路径

(一) 产业选择思路

空港新城产业的选择主要从两个方面考虑:一是考虑空港经济发展的特殊性规律,注重临空型产业的发展,凸显空港的本质特色。二是按照门户功能的定位,立足于空港经济定位和总体发展格局的功能需求,加强广大腹地优势产业与空港的联系,加快培育知识型产业和项目,形成多个具有较强竞争力的空港新城产业集群。其中,门户功能对空港城市产业发展的要求主要有以下两个。

1. 知识型产业占主导地位

在知识经济时代,高新技术产业与知识型服务业共同构成知识产业的主体,具有长积累、高增值、高带动性的产业特征,乘数效应较大,其集聚程度已经逐渐成为城市发展水平的重要标志之一。高新技术产业集合了从事新技术研发、应用和技术服务的企业,是制造业中的知识型产业;知识型服务业是指主要依赖于专门知识和技能、为社会提供以知识为基础的中间产品和服务的产业,其服务过程是知识的生产、传播、使用和增值的过程,是服务业中的知识型产业。

知识型产业占主导地位是空港经济发展阶段不断提升、产业类型不断高端化发展的要求。门户城市发展空港产业,要从高起点引导产业发展,强调其知识创新能力和高端服务能力,严格控制入驻企业门槛,重点引进高新技术产业及其产业链高端的知识型服务企业,打造知识经济产业

高地。

2. 对腹地资源整合与产业提升作用

门户型城市作为整个区域的功能中心，在自身产业结构优化和功能提升的过程中，要能够产生极大的示范效应和溢出效应，向周边乃至更广阔的地域辐射或输出，引发对区域经济的辐射带动作用和产业乘数效应。因此，门户城市空港经济的发展，一方面，要充分依托腹地经济的优势资源和市场需求，拓展空港产业发展范畴，逐渐形成自身的产业优势；另一方面，要将自身的高端产业功能扩散出去，通过向腹地延伸产业链条，形成区域产业分工协作，构建具有竞争力的大产业集群，帮助腹地优势产业向高端化升级、拓展国际市场，带动腹地产业结构的整体优化。

（二）产业选择路径

空港新城根据门户功能对空港产业的发展要求，从培育和构建产业链的角度，围绕空港经济的航空功能、创新功能和服务功能，确定产业发展的重点领域。

1. 门户理念下的空港经济产业选择

根据空港城市产业发展的一般特征分析，结合门户发展理念，可以得出门户城市对空港经济产业发展的总体要求应该是：立足空港所在腹地的资源优势和市场需求，重点发展航空产业、总部经济以及以高新技术产业、研发、商务、会展等为重点的知识型产业，形成强大的航空功能、知识创新功能和高端服务功能，促进门户城市加快实现空港门户功能。一方面，空港经济促使各种优势资源，尤其是高端信息、技术、人才等在其周边集中，并逐渐向腹地形成产业链延伸和梯度扩散，从而使研发、创新、总部经济等高端服务功能留在机场周边地区及其所在城市。另一方面，在空港城市所在的区域与区域外部的联系上，航空运输高效联结全球市场，对于区域内外制造业的结构性改造以及高新技术产业集群发展具有深刻的影响，是全球化趋势下跨国公司和本地公司产业链上不可或缺的要素。门户城市空港产业的发展，必须通过核心产业的培育，带动区域外部配套型产业的形成或高端化改造，发挥对整个区域产业结构的整合与提升作用，使机场与腹地形成密不可分的经济统一体，为客流、物流、资金流和信息流的快速集散和运转提供渠道,强化门户城市的集聚和通道作用。

2. 围绕航空功能的产业选择

空港新城的航空功能是,依托西安咸阳国际机场良好的软硬件条件及复合型枢纽机场的发展定位,促使以空港新城为门户的广大腹地成为国家级航空产业基地,以及面向中西部地区和中亚的国际航空物流中心。在产业选择上,要以空港综合保税区的申报、建设为契机,加速集聚航空制造、航空运输服务等产业,加快发展以保税物流业为主导的航空物流业。

3. 围绕创新功能的产业选择

空港新城的创新功能是,依托西安咸阳国际机场提供高效运输及物流服务的特征,促使以空港新城为门户的广大腹地成为快速崛起的创新和创意基地。大西安产业结构调整进程的加快,产品的高附加值、高时效性特征更加明显,将形成庞大的航空市场需求,并进一步推动高新技术和先进制造业、航空物流业向产业链高端延伸,加速整个腹地范围内产业发展模式的转变和提升。为此,一方面,空港经济的产业选择要紧密联系广大腹地的临空需求,做大做强高新技术产业和先进制造业,形成多个具有竞争力的产业集群;另一方面,应进一步强化自身的创新功能,在研发、创意、教育培训等知识创新和输出方面构筑核心竞争力。

4. 围绕服务功能的产业选择

空港新城的服务功能是,依托西安咸阳国际机场承载国内外高端商务客和游客的特征,促使以空港新城为门户的广大腹地成为国际知识型服务中心、商务交流中心和休闲旅游目的地。

在产业选择上,一方面,在知识经济时代,世界范围内信息流和资金流快速流动,产业的发展离不开金融、商务、会展、信息服务等生产性服务的支持。空港新城应进一步加强空港的总部经济功能和知识型服务业集聚力,提升空港的高端资源汇集和处理能力,带动大西安及陕西省配套性服务产业的发展。另一方面,依托空港与高端客流的汇集,带动机场周边乃至陕西省高端商业、旅游、康体休闲等高端消费功能的开发和培育,形成旅游集散中心。

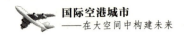
三 空港新城产业发展策略与产业链构建

(一) 空港城市的产业发展策略

1. 加强高端产业研发，打造空港知识经济中心

首先，促进高新技术产业集聚，提高知识管理和创新能力。按照构建现代产业体系的要求，充分发挥重点园区、龙头企业、品牌产品的核心影响力，加强自主创新和产业集聚能力，依托空港经济的门户功能不断拓展国际市场。

其次，加强研发投入以及产、学、研合作，促进技术创新和转化。一是加强高新技术与先进制造业上游研发、创意和设计功能。二是鼓励国内外大公司 R&D 本地化，引导企业、高校、科研机构建立战略联盟，联合创办研究开发机构以及产、学、研基地，共同促进新学科应用、新技术产业化。三是支持企业为相关专业人才提供在岗培训、就业机会，使人才培养与产业需求紧密结合、良性互动。

最后，培育壮大新兴领域，强化研发总部的延伸服务功能。一是及时跟踪国内外高新技术产业发展动态和趋势，大力培育环保、新材料、新能源等高新技术领域。二是积极承接国际产业体系中研发、管理职能的转移，做强高新技术产业总部经济。三是推动原有的研发、制造环节向会展贸易、教育培训、文化、旅游等高附加值环节延伸，形成依托空港、立足全省、面向中西部地区乃至世界的空港知识创新和产业化中心，成为陕西省知识经济示范基地。

2. 促进高端服务功能的开发，形成国际服务品牌

首先，积极发展知识型服务业，初步实现总部经济功能。一是重点发展满足研发、生产和国际商务活动所需的金融、投资、科技服务、信息服务、法律、咨询等知识型服务业，营造良好的产业发展环境。二是鼓励航空公司、跨国公司、国内大型企业设立集团总部和地区总部、研发中心、投资与决策中心、物流中心和营销中心等具有总部功能的机构，培育空港总部集聚区。三是加强与全省相关总部经济功能区的联系，强化总部经济效应，带动高端要素的集聚和流动。

其次，提升国际商务与贸易服务能力，引领高端体验和消费。一是不断强化总部经济功能、商务服务功能、会展贸易功能、体验功能和文化传播功能，形成国际商务和交流中心。二是引入国内外高端零售项目，在空港经济区发展免税购物，带动酒店餐饮、旅游、购物等行业的发展，使其成为中西部地区顶级的商业休闲中心之一。三是逐步完善旅游服务，以空港为核心加强全省旅游区的联系，建设旅游集散中心，提升以大西安为核心的国际旅游目的地地位。

3. 依托重点项目和广大腹地，强化航空物流枢纽地位

一是以空港综合保税区和大西安产业升级为契机，加快发展航空物流，增强保税功能。二是加强对国内外大型物流企业、货运代理商的招商，形成现代物流经营模式。三是拓展航空货运市场，注重物流高端环节的开发，构建综合高效的服务和经营网络，提升对腹地经济的物流服务能力。

（二）空港城市的产业链构建

根据空港经济的定位和功能要求，空港新城严格控制空港经济的产业准入，强调产业的高端功能，加快发展优势产业并培育特色产业，加强腹地范围内的空港产业链整合与延伸。

1. 强化大西安范围内产业的高端功能

通过便捷的交通组织，增强空港与大西安优势产业功能区的联系，依托空港的枢纽地位，促进产业要素的高效运转，巩固并进一步提升优势产业竞争力。同时，根据空港门户功能的升级趋势，培育一批知识型、服务型新兴产业，增强大西安产业的高端功能，通过产业服务能力的提高和辐射范围的拓展，强化空港新城综合性门户城市的地位。

2. 重点推进中西部地区产业链构建

空港新城要打造综合性门户城市，仅依靠自身的产业支撑发展空港经济是远远不够的，必须借助与周边地区的产业结构互补性和关联性，依托全省和中西部地区深厚的制造业基础，扩大服务对象，拓宽服务渠道，提升高端服务功能。

3. 加强向丝绸之路沿线地区的产业链延伸

应开发航空运输市场需求，积极构建以丝绸之路沿线地区为主、面向世

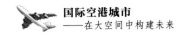

界的跨国产业链，不断优化空港新城经济高端产业功能，增强空港新城联系区域内外经济的纽带功能。

四　空港新城产业体系中的重点发展产业

构建空港新城的产业体系，必须依托重点产业实现突破与发展，空港新城空港经济重点发展的产业及其主要领域、选择依据和产业功能如表8－2所示。

表8－2　空港新城空港经济重点发展产业

重点产业	主要领域	选择依据	产业功能
航空产业	航空运输服务业、航空制造业	国家重点支持航空产业的发展；枢纽机场高效运营的需要；航空制造在吸引投资、技术转移、经济产出等方面的巨大效益	显著增强航空业发展水平，提高空港影响力
航空物流业	加工包装、仓储配送、中转、货代、保税监管、信息管理等	腹地经济对航空运输的市场需求潜力大；大西安打造区域物流中心的发展目标；空港综合保税区提升快递物流功能与国际地位，推动保税物流发展的积极作用	提升大西安物流枢纽地位，提高航空运输服务效率和水平
高端服务业	临空总部经济	国内外航空公司、跨国公司、研发中心等进驻的巨大需求；大西安总部经济发展基础和优势	建立全球管理和信息网络
	知识型服务业	高新技术产业对生产服务业的客观需要；空港门户作用为发展国际商务、会展提供了平台；空港产业发展对高级专业人才的需求	提升商务服务功能，保障创新活力与动力
	消费型服务业	高端商务旅游客流集散带来购物、旅游和休闲发展契机；大西安商贸业发展实力和转型要求	凝聚高端消费，加速国际化进程，增强服务功能
临空型制造业	高新技术产业、先进制造业	知识和技术创新需求和水平高，代表知识经济发展前沿；产品高附加值或高时效性；腹地尤其是大西安优势产业；全省建设现代产业体系的要求；在国际高端市场上高档消费品的需求潜力	形成知识创新和技术扩散中心，带动高新技术产业价值链提升及制造业高端化升级

第一是航空产业，即发展航空运输和地面保障服务的基础性产业。一是客运及地勤服务、航空食品、航空维修、航材供给、航空培训和技术服务等航空运输服务业；二是航空设备和零部件制造等航空制造业。重点突出"高效、高端"特征。

第二是航空物流业，即依托腹地经济对航空运输的需求，以快递物流、保税物流为主要功能，实现高附加值、高时效物品的全球分拨与配送，包括加工包装、仓储配送、中转分拨、货运代理、保税监管、展示和信息管理等领域。重点突出"快速、便捷"特征。

第三是高端服务业，即为门户型枢纽空港及临空型产业发展服务的现代服务业。一是以航空公司总部、研发总部为主的临空总部经济；二是以商务会展、科技服务、教育培训等为主的知识型服务业；三是以现代商业、旅游服务、康体休闲等为主的消费型服务业。重点突出"高端、知识"特征。

第四是临空型制造业，即具有知识和技术创新能力、产品具有高附加值特征或高时效性要求的产业，包括电子信息、生物医药、新材料、新能源、环保等领域的高新技术产业和高端消费品制造业（如高档珠宝、鲜活农产品、花卉）等。重点突出"创新、知识"特征。

三年来，空港新城通过积极引入临空产业重点领域的45家骨干企业，已初步形成了以航空物流、民航科技产业、半导体和新型商贸服务业为主导的四大产业集群，同时正在积极发展国际文化交流、跨境电子商务、临空现代农业等新业态，空港新城现代产业体系框架已基本形成。

第二节　航空物流业

一　陕西航空物流业的发展现状和竞争态势

近十年来，陕西航空物流的发展平均增速为10%以上，与行业增长水平相当，但由于受到基数较小、产品单一、附加值较低的影响，市场发展质量一直没能得到根本改善。在全国航空货邮业务中，西北地区所占份额不到3%，而华东地区占比为53%，华北地区占比为25%，中部和东北地区占比均为4%，西南地区占比为11%，可见，西北地区的航空物流市场最为脆弱。

（一）航空物流货物结构和主要目的地

受地方经济结构影响，陕西省航空货邮业务中以国内货物为主，国际货物运量占比不足 10% 。国内进港货物以电子产品、零配件、服装、海鲜、鲜花等为主，占比达 70% 以上；国内出港货物以机械电子配件、化工药品、肉类制品、活体动物（鸡苗）、农副产品（季节性果蔬）、植物提取物等为主，占比约为 50% ；国际进港货物以机械设备、电子仪器等为主，占比约为 80% ；国际出港货物以工业零部件、半导体产品、药品等为主，占比约为 90% 。

国内进出港货源地及目的地主要集中在北京、上海、广东等经济发达地区，北京、上海、广东三地的货运量约占总吞吐量的 50% 。国际进出港货源地及目的地主要是欧洲和北美洲，其中进港货源地中欧洲和北美洲占到 90% 左右，出港目的地中欧洲和北美洲占 60% 左右，亚洲占 30% 左右。

（二）陕西航空物流业的竞争态势

从发展条件来看，陕西的航空物流业处于较激烈的竞争环境中，具体表现在区位竞争激烈、基础设施与服务条件不完善、航空货运供给不足等方面。

1. 区位竞争激烈，但各有优势

从国内主要航空枢纽看，北京、上海、广州处于沿海和对外开放的主要区域，形成了传统的航空三大枢纽，在一定时期内难以超越。成都、重庆、郑州与西安航空区位靠近，航空腹地范围互相重叠，与陕西省形成了较强的竞争关系。

但陕西省发展航空物流仍具有较好的区位竞争优势，西安咸阳国际机场位于我国内陆中心，1 小时航程可覆盖成都、重庆、武汉、郑州、兰州、西宁、银川等中西部主要城市，2 小时航程可覆盖全国 70% 的领土和 85% 的经济资源，3 小时航程能够覆盖国内所有省会城市和重要的旅游城市。地理位置在全国航线网络中具有得天独厚的优势，同时西安是全国铁路网、高速公路网的重要枢纽。目前必须将这种区位优势尽快转化为枢纽优势和竞争优势。

2. 航空枢纽基础设施和服务条件有待加强

陕西省在航空发展中一直重客轻货，客运设施完善，但货运所需的基础设施和配套服务设施发展缓慢，没有建立起国际与国内相互衔接的大通关体系（见表 8 - 3）。此外，陕西省的航空物流在航线资源、保税设施、通关环境、交通支撑等方面也极不完善。

表 8 - 3　我国主要航空货运枢纽基本情况

指标机场	仓储面积 （平方米）	保障能力 （万吨）	全货运航线 （条）	航空公司 （个）	基地航空公司 （个）
首都机场	23.6	209	30	78	7
双流机场	13	120	18	48	4
江北机场	12	100	14	38	4
咸阳机场	5	50	2	34	5
新郑机场	5.8	60	12	28	1

3. 航空货运供给不足

陕西省航空货运供给不足是制约航空物流发展的关键问题，电子、通信、医药等临空产业规模较小，高附加值产品比例较低，航空运输有效货源供给不足。货邮业务中以国内货物为主，国际货运需求较低，运量占比不足10%。目前省内如美光、华晶电子等企业虽有航空物流需求，但规模较小，对空运的拉动和支撑作用并不显著。陕西省航空货运量每年增量较小，一般在 1 万吨以内，而郑州、重庆、成都等主要依靠 IT 等临空产业拉动航空货运，每年增量可达到 5 万吨左右。

二　空港新城发展航空物流业的对策

空港新城作为西部地区最大的航空物流枢纽，正在加快建设集进出境快件通关、中转、分拨、派送、集结、仓储及信息服务等多种功能于一体，以物联网、大数据、云计算、电子商务、网络金融、跨境贸易等现代技术手段为依托的国际物流服务网络。普洛斯、圆通速递、申通快递等国内外知名物流企业先后落户空港新城，打造西北战略运营中心，产业集聚效应已经显现。随着空港新城各项功能平台的快速搭建，一个高标准、高起点、符合国际一流水准的航空物流枢纽正在加快形成。

（一）加快建设和形成航空物流业产业链

依托腹地经济对航空运输的需求，以快递物流、保税物流为主要功能，加快形成集仓储配送、中转分拨、货运代理、保税监管、展示和信息管理等为一体的产业链，实现高附加值、高时效物品的全球分拨与配送。

一方面，以空港综合保税区建设和机场二期扩建为契机，加快完善航空物流和保税功能。一是加快西安空港综合保税区的申报和建设，积极争取保税政策，提高物流通关效率和服务水平，以此加强针对国内外大型物流企业、货运代理商的招商，形成现代物流经营模式。二是陕西省空港国际快件监管中心已经获得西安海关批复，作为西北地区功能最完备的国际国内快件监管服务平台，要吸引国际快递巨头和国内知名快递公司抢先进驻，在此建立大型区域物流和商务服务中心，扩大国际快件业务规模，打造陕西空港西北快件枢纽地位。三是要立足陕西省一批高新技术与先进制造企业对航空运输的需求，拓展航空货运市场，提升对腹地经济的物流服务能力。

另一方面，要注重物流高端环节的开发，构建综合高效的服务和经营网络。一是推动临空物流产业链由单纯的货物运输或中转功能拓展到物流研发、创意和咨询等高端环节，构建相对完善的现代物流产业链。二是适应全球采购、全球分销的要求，鼓励物流企业整合资源，加强空港信息技术平台和展贸平台的建设，形成覆盖面广、运转高效的服务网络和经营网络，从而建立集现代物流、电子商务、国际贸易、金融服务于一体的全球采购和交易场所。

（二）积极引入航空物流龙头项目

加强招引航空物流国内外龙头企业，加快实施航空物流功能性项目，从而增强空港新城的集散能力。目前国内外多家知名企业已经进入，区域性航空集散中心形成一定规模，航空物流产业集群已初步形成。

由陕西省空港综合保税区投资有限公司投资建设的西咸空港保税物流中心，占地面积0.5平方公里，规划建设"跨境电子商务服务中心、国际商品交易中心、区域性航空物流分拨与配送中心、国际采购中心"等主导功能，建设内容包括物流仓储用房、保税事务服务办理中心、国际商品展示中心、海关仓库、查验场地等。目前，保税事务服务办理中心、多层立体仓库、国际商品保税仓库主体已经封顶，国际商品展示中心等正在建设，保税物流中心申报正在由国家四部委会审，可望在2014年年内获批。空港新城将依托该项目完善发展航空物流的基础环境，建设最具活力的西北航运物流中心。

由亚洲和南美最大的现代工业及物流基础设施综合解决方案服务商——

普洛斯投资管理（中国）有限公司投资建设了普洛斯（西咸）空港国际航空物流园和普洛斯空港航港基地两个项目。其中，普洛斯（西咸）空港国际航空物流园主要建设面积约 8.8 万平方米的 5 栋国际化标准仓库和一栋物业办公楼，重点发展电子商务、医药物流、国内快递等业务。普洛斯空港航港基地项目重点发展"非保为主，一运一管两中心"，即以航空货运、国际国内快递转运中心、航空分销配送中心、海关监管仓库、非保税仓库为主，以总部办公为辅，建设世界一流水准的国际、国内快递中心，国际高标准库房及相关配套设施。通过这两个项目整合空港新城的物流和供应链体系，为零售及商贸交易、电子商务结算、医药分销提供整体解决方案，实现陆空转运分销，使空港新城全面融入世界航空物流网络，提升行业发展水平。

由世界 500 强企业新加坡丰树集团投资的丰树西咸空港新城物流园区项目，将规划建设国际标准的物流仓储及相关配套设施，积极引入国际电商、航空产业、航空物流、国内第三方物流等企业，为电子商务、进出口汽车零备件、医药及医疗器械等行业提供分销配送中心、快运物流平台的建设、运营及管理。项目建成后将极大地提升空港新城航空物流发展环境，为航空物流企业落地、建设及运营提供世界一流标准的配套服务。

由国内知名的高品质物流设施开发商和专业的第三方城市配送服务提供商——新地物流发展有限公司投资建设的新地西咸空港物流园项目，将建设国内领先的物流仓储设施、物流总部办公设施及相关配套设施。建成后将积极导入与新地物流长期合作的 30 余家全球 500 强企业客户的航空物流需求，并为东方航空提供物流配套业务、电子商务物流业务及城市配送业务服务，为空港新城发展壮大国际航空物流业提供重要支撑。

由国内排名第二的速递物流企业——申通快递有限公司投资的申通快递西北地区转运中心项目，主要建设物流车间、配送中心、库房、办公综合楼和辅助设施，发展仓储、配送及特种运输等一系列的专业快递服务。项目达产后，预计日货物流量为 3200 吨，年货物流量为 120 万吨，将成为申通快递西北五省的快件转运中心。该项目的落地对于吸引其他快递龙头聚集，打造区域航空物流枢纽和快件转运基地具有重要的意义。

由国内领先的速递物流企业集团之一——上海圆通速递有限公司投资建

设的圆通速递西北转运中心项目，主要建设办公楼、分拣车间、研发楼及其他设施，实现快递、仓储、电子商务配送、特色服务等一系列专业速递服务。项目建成后，预计日处理件达 60 万件，年货物流量达 1.5 亿票，将成为圆通速递西北五省（陕、甘、青、新、宁）的快件和包裹运转中心，对于强化空港新城区域航空物流枢纽地位具有重要作用。

（三）积极支持西安咸阳国际机场新货运区建设

鼓励和支持西安咸阳国际机场新货运区建设，新货运区总体规划占地2300 亩，分为本期规划、近期规划和远期规划三个阶段。本期规划包括机场货运区、东航货运区、邮政中心区、综合服务区等建设项目。

1. 机场国内货站

设计保障能力为年处理货邮 27 万吨，货站紧邻机场第二跑道，建筑面积 2.5 万平方米，主要作为国内货物操作区域，设陆侧站台 40 个、收货通道 9 个、提货通道 11 个。目前国内货站已经竣工。

2. 国际货站

设计年保障能力达 3 万吨，主要用于国际货物监管和快件分拨。目前国际货站已投产使用。

3. 东航西北公司 1 万平方米库房

2013 年开始建设，与机场建设设施同时投入使用，保障能力达到 15 吨。

4. 邮政速递库区

为扩大西北的业务辐射范围，提高运营效率，邮政 EMS 在机场开工建设了 1.5 万平方米库区，以满足西北地区的邮政业务集散，以及航空公司分拨业务的需要。

第三节　民航科技产业

一　中国民航科技产业发展状况

（一）中国民航产业发展规模

根据《中国民用航空发展第十二个五年规划》，到 2015 年，我国航空运输总周转量达到 990 亿吨公里，旅客运输量达 4.5 亿人，货邮运输量达 900 万吨，年均分别增长 13%、11% 和 10%。运输机场数量达到 230 个以上，运输机队规模达到 2750 架，初步建成布局合理、功能完善、层次分明、安全高效的机场体系，空域不足的瓶颈有所缓解，空管保障能力稳步提高，保障起降架次达到 1040 万架次。

2012 年，我国发布了《国务院关于促进民航业发展的若干意见》，提出到 2020 年，航空运输规模不断扩大，年运输总周转量达到 1700 亿吨公里，年均增长 12.2%，全国人均乘机次数达到 0.5 次。通用航空实现规模化发展，飞行总量达 200 万小时，年均增长 19%，并强调要大力推动航空经济发展。通过民航业科学发展促进产业结构调整升级，带动区域经济发展。鼓励各地区结合自身条件和特点，研究发展航空客货运输、通用航空、航空制造与维修、航空金融、航空旅游、航空物流和依托航空运输的高附加值产品制造业，打造航空经济产业链。

（二）西北地区民航产业发展情况

根据西北民航"十二五"发展规划，"十二五"末期西北地区民航旅客吞吐量达到 6660 万人次，货邮吞吐量达到 40 万吨，基本满足西北四省区经济社会发展对航空运输的需求。到 2015 年末，西北四省区民航运输机场达到 30 个。"十二五"期间，适应西北地区建设西安国际大都市的需要，继续加强西安枢纽建设，将其打造成为中西部地区国际门户枢纽机场。一是大力改善西安机场硬件设施与软环境条件，积极推进西安机场二期扩建，改善西安机场空域紧张状况，争取海关、边检支持西安门户枢纽机场建设。二是大力支持基地航空公司实行枢纽化运营。三是支持西安航空运输市场的深度开发。四是支持咸阳空港产业园建设，发展临空经济。

（三）西安航空市场现状和预测

西安咸阳国际机场位于中国内陆中心、西安市西北方向、咸阳市东北方向，距离西安市中心 47 公里，距离咸阳市中心 13 公里。机场场区占地 564 公顷，地势平坦，视野开阔，净空良好，为 4F 级民用机场，拥有两条跑道，长度分别为 3800 米和 3000 米，能满足客机 A380 机型起降，停机位 123 个。机场现有候机楼三座，共计 45 万平方米，可满足年旅客吞吐量超过 5000 万

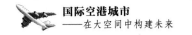

人次的需求。

2011 年，西安机场旅客吞吐量为 2116 万人次，货邮吞吐量为 17.3 万吨，起降架次为 18.5 万，"十一五"时期年均增长率分别为 17.79%、13.68%、12.47%，超过全国年均增长率 3.1 个、1.41 个、－0.13 个百分点。在目前 16 个旅客吞吐量超过 1000 万人次的枢纽机场中，西安机场旅客吞吐量年增长率、货邮吞吐量年增长率分别列第 5 位，起降架次年增长率列第 7 位，远超过国内枢纽机场平均增长率。目前西安机场拥有国内通航点 68 个、国际和地区通航点 11 个、航空基地公司 5 家，已建立起覆盖国内重点城市和主要国际城市的航线网络。

为了科学预测西安机场的航空运输需求，根据西安机场 2001～2011 年客货吞吐量历史数据（见表 8－4），在回归分析和弹性分析的基础上，采用组合预测方法（见图 8－1），对西安机场 2012～2020 年业务量进行了预测。

表 8－4　2001～2011 年西安机场业务量、西安 GDP 增长指数

年份	旅客（人）	货邮（吨）	起降数（架次）	GDP 增长指数
2001	4071658	55006.0	61109	168.2
2002	4433604	65292.4	68164	190.7
2003	4397991	62858.8	60183	215.8
2004	6362409	73368.8	77655	241.9
2005	7942034	83256.1	91372	273.7
2006	9368958	99433.7	99315	312.8
2007	11372630	112053.7	119341	357.3
2008	11921919	117084.5	121992	419.0
2009	15294948	127000.2	146272	523.9
2010	18010405	158054.0	164430	604.6
2011	21163130	172567.4	185079	688.0

注：GDP 增长指数 = 名义价格 GDP/CPI。

按照上述 GDP 增长速度构造 2012～2020 年 GDP 增长指数，预测结果如表 8－5 所示。

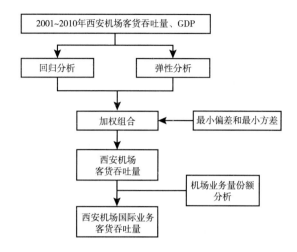

图 8 - 1　预测思路和方法

表 8 - 5　2012 ~ 2020 年西安机场预测值

年份	旅客(万人)	货邮(万吨)	国际旅客(万人)	国际货邮(万吨)
2012	2392	19. 5	70	0. 9
2013	2727	21. 9	83	1. 1
2014	3106	24. 6	98	1. 3
2015	3529	27. 6	117	1. 5
2016	3952	31. 0	139	1. 8
2017	4389	34. 3	166	2. 2
2018	4838	37. 9	198	2. 7
2019	5380	42. 0	236	3. 2
2020	5988	46. 5	282	3. 9
2012 ~ 2015 年年均增长率(%)	14. 4	11. 8	18. 4	18. 5
2016 ~ 2020 年年均增长率(%)	11. 2	11. 0	19. 3	20. 0

注：国际客货预测值包含港、澳、台地区航线运量。

二　重点航空产业发展趋势

(一) 航空维修产业

据统计，目前全球机队规模约 2.6 万架，包括喷气式和涡桨飞机，预计未来 10 年以每年 1000 架飞机的规模增加，其中亚太地区和中东地区是重点发展区域。目前其对应的民航维修市场价值约 510 亿美元，并将以 4% 的年均增长率增加，至 2021 年约达到 760 亿美元，主要的驱动力量是发动机修理、部附件以及各类加改装业务，相对来说，受未来 10 年旧飞机退役、新飞机引进，以及新技术的开发利用、劳动生产率的提高等因素影响，飞机机体维修增速稍缓，约为 2.7%。

当前世界民航维修业务，特别是在北美地区，航空公司维修业务包括飞机航线的维修业务、发动机车间维修以及部附件的修理等多为外包，如劳动密集型的机体重维修项目大多转移到韩国、新加坡、中国大陆和台湾等亚太地区；发动机维修大多集中在 OEM 及其合资单位，还有部分规模较大、实力较强的第三方 MRO 单位，如汉莎技术、SRT、ST Aerospace、华航、Ameco Beijing 等；航空部附件维修在第三方 MRO 单位较多，但是未来的趋势是随着 OEM 的强势介入和技术资料控制，第三方 MRO 会加强与 OEM 的合作，争取更多的市场。未来十年，民航维修发展较快的区域将集中于亚太地区，其中中国的增速约为 13%。

截至 2010 年底，中国民航共拥有各类运输飞机 1639 架（各类运行及备份发动机 3600 余台），通用航空器 1010 架。民航维修行业规模发展迅速，2010 年中国民航维修市场总量达到 23.2 亿美元，占世界 MRO 市场的 5%，成为全球增长最快的民航维修市场，其中发动机维修约占总量的 40%，航线维护、飞机大修及改装、附件修理及翻修各占 20% 左右。

作为未来航空增长的重要区域，中国民航业迅猛发展，特别是低空政策试点推行给国内民航维修行业的发展带来了重大利好，通航必将实现快速增长，未来 MRO 发展将呈现专业化和规模化的态势。同时，国外投资也将大量涌入，包括 OEM 将携带资本和技术优势，寻求独资或合资建厂的机会，分享国内民航蛋糕。另外，OEM 越来越多地希望和航空公司建立航材保障的长期合作，由 OEM 为航空公司提供配置升级、部附件维修和性能监控等服务，进一步压缩独立第三方维修单位的空间。

根据中国民用航空局发布的《民用航空维修行业"十二五"发展指导意见》，"十二五"期间，在维修能力建设方面，将针对部附件维修进一步完善运输与通用航空器维修产业链，根据市场需求，引导行业维修竞争力的提高，重点鼓励各类市场需求较大、附加值较高的重要加改装和部附件的维修能力建设。"十二五"期末，我国部附件国内维修率增至40%以上，全行业国内维修产值增长至维修行业市场总量的50%，并拥有3～5个主流发动机型号的深度维修能力。同时，继续加强通用航空器、关键部附件的维修能力建设。在产业布局建设方面，将面向全国范围，基于现有的产业布局，重点引导建设3～5个航空器维修产业集群、3～4个部附件维修产业基地以及通用航空器产业集群，根据市场需求，各产业集群将有所侧重地拓展其维修能力，并结合科研、制造以及人才培养，充分发挥民航维修产业集群效应。

根据预测，中国民航将会继续保持较高的增长速度。2015年，中国民航大型运输飞机将增加至2890架，通用航空器将增加至2000架以上，民航运输总周转量将增加至800亿～900亿吨公里，飞行架次将达到840万架次以上，维修保障工作量将较2010年增长70%～100%，维修行业市场规模将达到450亿元以上。

（二）航空培训产业

截至2009年底，我国民航共有从业人员491063人。其中，航空公司人员277535人，占比为56.5%；机场人员130963人，占比为26.7%；民航局空中交通管理局（以下简称"空管局"）人员19177人，占比为3.9%；民航局、地区管理局、监管局、空警总队公务员4993人，占比为1.0%；中航信、中航材、中航油运输保障集团人员12044人，占比为2.5%；院校、科研机构、医院等事业单位人员7308人（不含空管局人员），占比为1.5%；非属航空公司的独立飞机维修单位人员39043人，占比为8.0%。

航空培训业作为航空业的技术支持产业，为民航业的发展提供智力支撑，是民航业发展的原动力。由于技术含量高、专业性强，同时具有高投入、高产出的市场特点，加上受我国航空业的特殊体制限制，航空培训市场一直未能实现高效的市场化运作。近年来，航空培训产业正逐步走向市场化，除了一些专业院校可以进行相关培训外，一些民办、商办的企业也开始兴办培训机构。但是，目前国内民航培训产业的培训量和培训能力远不能满足我国民航业的人力资源需求。

按照民航"十二五"发展规划，到2015年，民航员工总数将达到67.5

万人。其中，航空公司 36.9 万人，机场 18.8 万人，空管局 2.34 万人。民航三类特有人才总数达到 138127 人，其中飞行员 28999 人、管制员 8419 人、机务维修人员 100709 人。

（三）航空制造产业

1. 商用飞机市场

（1）大型商用飞机。随着全球经济的逐步恢复，全球航空运输长期较快增长的市场发展趋势较为乐观。根据波音公司预测，2010～2029 年全球将新增大型商用飞机 28980 架，总价值为 3.53 万亿美元。其中，亚太地区的份额为 34%，欧美和北美地区的份额分别为 24% 和 22%。

值得注意的是，首先，以中国为代表的亚太地区新兴市场国家，得益于经济的高速增长，将强劲拉动商用飞机市场的需求。其次，低成本航空商业模式的成功，降低了旅客航空出行的成本，极大地拓展了航空市场服务范围。最后，由于油价高企，以及环保因素日益受到重视，大量老旧机队将面临更新。

大型商用飞机市场主要由波音和空客两家公司垄断。截至目前，波音和空客的储备订单量分别达到了 3469 架和 3356 架。为迎合市场需求，波音和空客正加快研发和生产 B787、A380 新型客机，提高燃油经济性，减少环境污染。另外，庞巴迪、巴西航空工业、俄罗斯苏霍伊、中国商飞等公司也加快了干线飞机的研制，可以预见，未来单通道飞机市场的竞争将日趋激烈。

（2）支线飞机。支线飞机通常被定义为座位数小于 100 个的商用飞机。庞巴迪和巴西航空工业是世界上主要的支线飞机生产商。根据巴西航空工业的预测，2010～2029 年全球需新增支线喷气式飞机 6875 架，其中北美、欧洲地区以及中国的市场份额将分别为 35%、22% 和 14%。

从机型结构来看，支线飞机 20～59 座级目前占全球支线机队最大份额，但未来支线飞机的市场需求主要集中在 60～120 座级，即支线飞机大型化的趋势越来越明显。巴西航空工业已经向市场推出了 E 系列支线飞机，由 E170/175/190/195 四种机型构成，最大机型为 120 个座位。庞巴迪正加快研发 C 系列飞机，由 CS100/300 两种机型构成，最大机型为 130 个座位。此外，俄罗斯苏霍伊超级喷气 - 100、日本三菱 MRJ 和中国商飞 ARJ21 已经首飞，目标市场均为 80 ~ 130 座级。

2. 通用飞机市场

（1）固定翼飞机。从全球范围来看，固定翼通用飞机以活塞飞机为主，占固定翼飞机年销售量的 70% ~ 85%。受金融危机影响，全球航空制造业需求放缓，2008 ~ 2010 年全球固定翼通用飞机年交付量呈下滑趋势。

但亚太、拉美等地区新兴市场国家的快速发展成为通用航空飞机市场的新的经济增长点。全球主要的通用飞机制造商有豪客比奇、塞斯纳、西瑞、派博、钻石等。中小型通用飞机结构简单，技术要求低，在航空制造体系里，飞机的总装劳动密集程度较高。因此，目前欧美通用航空器生产商均选择向中国等亚太新兴市场转移生产线，一方面降低了成本，另一方面贴近市场，便于构建销售和服务网络。

（2）直升机。直升机在通用航空领域扮演非常重要的角色，不仅在短途商业运输方面，而且在工农业生产、应急救援、军事等领域发挥了重要作用。根据 Frost & Sullivan 预测，到 2015 年全球直升机将达到 36946 架，年均增长 7%。

3. 航空部件市场

航空器制造是一个复杂的系统工程，不仅要求很高的系统集成能力，而且对不同领域和专业有非常高的技术标准要求。航空器制造大致可分为机体、发动机、航电系统、起落架、内饰等几个主要部分。其中，机体和发动机制造占飞机制造成本的 65%，航电和机电系统占到 25% 的份额。

（1）发动机。航空发动机根据其特点可以分为活塞发动机、涡轮螺旋桨发动机、涡轮风扇发动机和涡轮轴发动机。涡轮风扇发动机主要被商业运输飞机和喷气式公务机使用；活塞发动机主要被小型或轻型通用飞机使用；涡轮轴发动机主要被直升机使用。

未来 20 年，随着航空运输市场的持续增长，航空发动机新增需求 14.1 万台，价值超过 8000 亿美元，主要市场集中在大型商用飞机，需求总量和价值量分别占 37.0% 和 76.8%。在市场需求分布方面，未来航空发动机的新增市场主要在亚太地区，用以满足该地区航空市场需求的快速增长。此外，由于航空油价的成本压力，以及人们对环境保护的日益关注，航空业对发动机的燃油经济性和低排放性能提出了更高的要求。为此，航空发动机制造商加快了新型发动机的研发进程。通用电气和罗罗公司正合作开发开放式转子发动机（Open Rotor Engine），普惠公司正专注研发齿轮风扇发动机（Geared Turbofan）。

目前，航空发动机市场主要被通用电气、普惠、罗罗三家公司占领。由于航空发动机的研发成本和技术风险很高，发动机制造商多采取项目合作的方法研发和运营具体的发动机产品，如国际航空发动机公司（普惠占32.5%股份，罗罗占32.5%股份，日本航空发动机公司占23%股份，摩天宇占12%股份）为A320飞机配套生产的IAE2500系列发动机；CFM国际（通用电气和斯奈克玛各占50%股份）为B737飞机配套生产的CFM56系列发动机。

（2）机载系统。机载系统主要包括航电和机电两部分。航电系统主要包括电子飞行控制系统、飞行监控系统、通信系统、导航系统等。机电系统主要包括燃油系统、液压系统、环境管理系统、辅助动力系统、电力系统等。

目前机载系统的主要制造商是欧美厂商，它们在国际市场上占据了主导份额，如欧洲的泰雷兹、迪尔宇航、利勃海尔宇航，美国的罗克韦尔－科林斯、霍尼韦尔、L－3通信等。

（3）复合材料。复合材料是航空制造业极具潜力的发展市场。随着对航空器燃油经济性和环保性能的要求越来越高，航空业积极探索重量更轻、强度更高、韧性更优的航空复合材料的研发和制造。仅航空发动机结构制造2007年共消耗675.85吨复合材料，价值4.5亿美元。预计该项需求将年均增长7%以上，到2016年航空发动机结构制造复合材料需求将达到1324.5吨。

在航空器机体制造方面，波音公司处于行业的领先地位。B787机体复合材料使用率超过了50%。这些复合材料的大量使用，延长了机体的使用寿命，预计将航空器D检的时间间隔延长了10~12年。

目前，美国的Hexcel在结构件制造方面是全球的领导者。美国的

HITCO 和日本的 Toho Tenax 在碳纤维制造方面全球领先。欧洲的 Ten Cate 在复合材料研发和生产方面也具有较强实力。

（四）公务机运输产业

公务机市场对宏观经济变动非常敏感，特别是国际金融危机对全球公务机市场造成了较大的影响。2009 年，全球公务机交付量为 870 架，同比下降了 34%。从长期趋势来看，全球经济的逐步复苏，特别是中国、印度等新兴市场国家的快速发展，将成为带动公务机市场的重要驱动力。全球公务机制造商主要集中在欧美地区，如塞斯纳、庞巴迪、达索、湾流、巴西航空工业和豪客比奇等。其中，塞斯纳一直是市场的领导者，在过去十年占据市场 35% 的份额；庞巴迪次之，在同一时期占据市场 24% 的份额。2009 年，全球公务机总量为 1.4 万架。庞巴迪公司预测，未来 20 年全球公务机市场年均增长 3.6%，到 2029 年全球公务机总量将达到 2.9 万架。

从市场分布看，北美和欧洲仍然是市场主体。预计北美将占全球公务机市场 42% 的市场份额，欧洲占 24% 的市场份额。作为新兴市场国家，中国和印度未来十年将新增公务机 600 架和 325 架。

在我国，公务机发展时间较短，但发展速度较快，特别是 2008 年之后，中国公务机市场呈现爆发式增长。目前，中国已成为全球公务机增长的核心市场之一。截至 2011 年底，我国共有 8 家公务机公司，拟开展公务飞行项目的筹建企业有 48 家。中国内地注册的公务机机队规模为 109 架，比 2010 年增长了 45.3%，年飞行总量达 2.2 万小时，年运送乘客达 3 万人次。其中，北京、上海、深圳等机场的公务机起降架次以每年超过 20% 的速度增长。截至 2012 年 4 月经民航局批准拟进口的公务机有 60 多架。尽管这两年我国公务机市场发展迅速，但公务机发展所需的专业运营保障服务设施和体制机制尚未建立。具备一定规模和条件的公务机保障企业主要集中在北京、上海和深圳等公务机市场发展较快的地区，如北京首都机场公务机公司、上海机场霍克太平洋公务机公司、深圳金鹿 FBO 等。

预计到"十二五"末期，中国的公务机数量将达到 260 架以上，具备公务机执管和运行能力的企业将达到 30 家。到 2020 年，全国拟增加通用机场 280 多个，其中可用于公务机飞行的机场近 40 个。

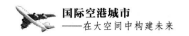

（五）金融服务业

在民航领域，金融服务业的一个重要应用就是飞机租赁。飞机租赁是指航空公司（或承租人）从租赁公司（或直接从制造厂家）选择一定型号、数量的飞机，并与租赁公司（或出租人）签订有关租赁飞机的协议，在飞机租赁期内，飞机的法定所有者将飞机的使用权转让给承租人，承租人以按期支付租金为代价，取得飞机的使用权。从飞机租赁的目的以及出租人收回投资的角度进行分类，可以将飞机租赁划分为融资租赁和经营租赁两个基本类型（见图 8 - 2）。

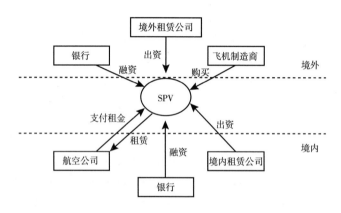

图 8 - 2　飞机租赁业务模式

20 世纪 60 ~ 70 年代，西方航空公司资金充裕，飞机引进方式绝大多数都是直接购买。随着航空公司财务压力的增大，从 70 年代中后期开始引入飞机租赁方式，并且比重越来越大。从存量上来看，经过 20 多年的发展，飞机租赁和直接购买基本保持各占一半的比例。但是，从增量上来看，飞机租赁从零起步，说明在机队规模扩张的过程中，新增飞机越来越多地依靠租赁方式引进。截至 2006 年底，全球机队的租赁比重为 40% ~ 50%。

我国民航飞机租赁开始于 20 世纪 80 年代初期，比欧美国家晚了 20 年，但发展十分迅速。2004 年，租赁飞机已占民航机队构成的近 63.5%，租赁资产价值占民航机队价值的比重也比较高。到 2006 年底时，全国民航运输飞机共计 998 架，其中租赁飞机的比例在 70% 左右，融资租赁占 35% 左右，经营租赁占 35% 左右。其中，三大航空公司（国航、东航和南航）的租赁飞机数量为 428 架，租赁飞机数量占其机队构成的 60% 左右。2008 年以来，在东航、南航机队构成中，融资租赁飞机数量呈现增长趋势，经营租赁飞机数量呈现微弱减缓趋势。

根据中国民航"十二五"发展规划，"十二五"末期，民航运输机队规模（未包含通用航空）将达到 2750 架，较"十一五"末期增加 1153 架。按照同一比例分析，即假定飞机租赁比例占新增飞机总数的 66% 以上，则通过飞机租赁的机队规模平均每年净增 153 架。

（六）保税服务业

保税制度是一种国际通行的海关制度，是指经海关批准的境内企业所进口的货物，在海关监管下，在境内指定的场所储存、加工、装配，并暂缓缴纳各种进口税费的一种海关监管业务制度。我国现行的保税制度主要有两种形式：一是为国际商品贸易服务的保税仓库、保税区、寄售代销和免税品商店；二是为加工制造服务的进（来）料加工、保税工厂、保税集团。民用航空领域内的保税业务主要对象有航材和航油两大类，常见的形式为航材保税仓库和航油保税区或保税库。

1. 航材保税

航材是航空器材的简称，它是指航空器上的动力装置、机载设备、零部件和其他航空材料等，主要用于维护和修理飞机机身、发动机。在航材的库存控制中，航材可分为消耗件和周转件两大类。

根据中航材公司的统计，我国民航 2010 年末在册运输飞机 1604 架，航材的基本库存按全新重置价计算，应达 600 亿元以上。在目前全国民航超过 600 亿元的航材储备中，周转件占库存的 80%，这不少于 480 亿元。其中，三年不流转的周转件按抽样统计占库存的 34%，约 204 亿元，消耗件约为 100 亿元。

由于我国运输飞机主要依赖国外进口，作为保障飞机运行的航材必然需要从国外进口，从航材的采购到修理的各个环节都加大了费用支出。其中，最大的首先是进口关税和增值税，占总数的 20%；其次是运输费用、进口报关费、保险费用。总体费用增加了约 30%。为了降低航材使用成本，减少资金占用和财务费用，航空公司、航空维修企业及飞机制造企业纷纷通过建设航材保税仓库进行航材存储与管理，以提高通关速度、减少资金占用、降低贸易成本、方便采购。

根据我国民航"十二五"发展规划及民航强国战略，到 2015 年，我国航空运输能力将显著增强，运输总周转量将达到 990 亿吨公里，旅客运输量为 4.5 亿人，货邮运输量为 900 万吨，年均分别增长 13%、11% 和 10%；运输机队规模达到约 2750 架，运力年均增长 11%，2011～2015 年运输飞机净增加 1153 架，每年需要引进飞机 200 架以上。到 2020 年，力争满足旅客运输量约 7 亿人次的市场需求。随着飞机引进数量的增多，航材进口也将持续增加，这给航材保税业务的开展提供了良好的需求基础。

2. 航油保税

随着我国民航运输总量的快速增长，飞机油耗总量也大幅上升，航空煤油消耗量从 1990 年的 118.64 万吨增长至 2010 年的 1531.4 万吨，年均增幅达到 12.9%。2010 年，国内运输飞机各机型共完成运输飞行 510.75 万小时，实现运输总周转量 538.45 亿吨公里，消耗航空煤油共 1531.4 万吨。从单位油耗来看，2010 年航空燃油万吨公里消耗量为 2.98 吨，比 2005 年下降 11.3%；小时能耗为 3.00 吨，比 2005 年下降 6.5%。

根据民航"十二五"规划，"十二五"期间，航空公司要利用先进节油技术，优化管理模式，降低各环节能源消耗。通过优化地面运行、研发与推广航空替代燃料、加装飞机翼尖小翼、深化 APU 替代项目，并积极配合推进生物航油研究和应用等，实现降低燃油消耗、减少二氧化碳排放的目标。到 2015 年，吨公里燃油消耗比"十一五"下降 3% 以上，从 3.06 吨/万吨公里降至 2.95 吨/万吨公里；航油供应量从 2010 年的 1600 万吨增加至 2015 年的 2850 万吨，年均增长 12%。

近年来，对于我国航空公司而言，由于油价的快速攀升，航油成本占总成本的比例已经达到 30%～40%。目前国内的航空煤油价格和国际挂钩，每月的油价都有所不同，2012 年 9 月 1 日零时起，国产航空煤油的综合采购成本价从 8 月的 6820 元/吨上调至 7583 元/吨。相对于普通航油而言，保税航油减免了 17% 的增值税。按照这一价格，享受 17% 增值税减免的保税航油较普通航油便宜约 1100 元/吨。因此，对于经营国际航空运输业务的航空公司而言，这将极大地激励航空公司使用保税航油。

根据我国民航"十二五"发展规划和民航强国战略，未来我国民航将实施全球化战略，大力发展以枢纽化运作为支撑的国际旅客运输，增加欧美航线航班密度，开辟连接南美洲、非洲的国际航线，积极推进周边区域航空一体化进程。到 2020 年，我国国际客运周转量将进入世界前 3 位，国际航空运输市场的不断扩大，将为航油保税业务提供更大的发展空间。

三 空港新城民航产业定位与发展规模

(一) 航空维修产业

空港新城处于发展航空维修产业的最佳区位，同时具有强大的科技和人才支撑。西安本身具有一定的航空维修基础，在国内 175 家独立维修单位中，西安、成都、厦门等 7 个主要城市（地区）集中了约 70% 的维修单位，尤其是在部附件维修方面，西安拥有较强的技术和人才优势。

1. 空港新城航空维修产业定位

目前依托以西安为基地的航空公司，如中国东方航空集团西北公司、海南航空集团长安公司、南方航空集团西安分公司等，或引进国内外具有较强机体维修能力的公司，做大做强机体及航线维修；吸引发动机 OEM，建立发动机大修厂；以国产客机制造为契机，寻求部件 OEM 单位的合作，尤其是高附加值的部件修理，做优部附件维修。

2. 空港新城航空维修产业的发展规模

在机体及航线维修方面，加快建设东航西北基地，机位数将达到 6 个，空港新城自建机位数达到 4 个，其他航空公司机位数达到 2~4 个，按照这一规模，航空维修年产值将达到 10.5 亿元左右。空客 A320 系列飞机维修能力最高达到 4C 级。到 2020 年，入驻空港新城的机体维修企业或能力在 2015 年的基础上增长 1 倍以上，航空维修年产值达到 21 亿元左右。空客 A320 系列飞机维修能力最高达到 8C 级。

在发动机维修方面，加快引进发动机维修企业落户。到 2015 年，年产值达到 3.5 亿元左右，能够进行发动机故障检查及部件维修。到 2020 年，年产值达到 10 亿元左右，能够进行发动机翻修作业。

在部附件维修方面，根据西安目前部附件维修企业的数量和规模，到 2020 年，空港新城年产值 1 亿元以上的部附件维修企业数量达到 6 家以上，年产值 0.5 亿~1 亿元的部附件维修企业数量达到 15 家以上，年产值 1000 万元以上的部附件维修企业数量达到 40 家以上，维修企业数量占国内部附件维修企业总数的 1/5 左右，年产值总计达到 17.5 亿元左右。

3. 空港新城发展航空维修产业的主要内容

西部飞机维修基地是空港新城精心策划和打造的，是西北地区具有唯一性的飞机维修领域的标志性项目，是空港新城临空特色支柱产业，是建设第四代国际空港城市的重要载体。项目总规划面积 25 平方公里，投资超过 300 亿元，按照"一轴两翼八片区"的空间发展结构，西部飞机维修基地借力西安区域枢纽机场地位和航空运输能力的提升，以空侧区域飞机机体维修为突破口，扩大维修机队规模，带动航空部附件维修制造业发展。到 2020 年，总投资将超过 300 亿元，工业总产值达到 800 亿元，建成区达到 6 平方公里，形成国内首批航空器维修产业集群，打造世界一流航空科技创新产业基地、国产航空器营运和服务保障中心。

（二）航空培训产业

西安作为航空维修产业的大型聚集地，同时拥有东航、海航、南航、天航等基地航空公司。这种得天独厚的企业群形成了一定的航空培训需求，为航空培训产业提供了市场。

1. 空港新城航空培训产业的定位

空港新城航空培训产业的定位从实际情况出发，以国产系列飞机和 A320 系列飞机为核心，力争形成培训特色突出、专业性强、门类专一的民航培训产业。专注于做精做深做强优势特色门类，成为西部较有影响力的以模拟机培训为重点，以维修培训为支撑，以机场技术人员培训体系为基础的相互配合、互相促进、协调发展的航空培训基地。空港新城航空培训产业主要包括模拟机培训、航空维修培训、机场业务培训。

2. 空港新城航空培训产业的发展规模

在模拟机培训方面，到 2020 年，成为全国较有影响力的模拟机培训中心之一。同时，力争成为国产飞机新舟系列模拟机培训的首个培训点。在维修培训业务方面，未来 3~5 年内形成 1~2 个特色维修培训项目，形成新舟系列飞机维修培训的首个培训点。在机场技术人员培训方面，到 2020 年，形成机场人员培训特色和完整培训体系，成为以西北机场集团以及青海、宁夏、甘肃等地机场人员为服务对象的机场人员培训机构。

3. 空港新城航空培训产业的主要内容

在模拟机培训方面，2017 年以前，以西安咸阳国际机场基地航空公司飞行员为培训对象，引进 3~4 架 A320 系列模拟机，完成飞行员实驾前的模拟培训；以幸福等支线航空公司为服务对象，以西飞集团飞机销售情况为基础，引进 2~3 架 MA60 模拟机，模拟训练时间约 1.2 万小时，初步形成国产飞机培训的主要培训点。到 2020 年，形成 10 架以 A320 系列为主要类型，同时兼具新舟系列模拟机特色的培训能力，每年能够完成 5 万小时的模拟机飞行培训任务。

在维修培训业务方面，2017 年以前，从电子设备和机械维修培训入手，同时兼具液压和机电维修培训，引进一家以 A320 系列飞机为主要对象的维修培训机构，形成 1~2 个维修培训认证，能够初步满足西安飞机维修企业的维修技术人员以及基地航空公司机务维修人员的维修培训需求。到 2020 年，成为 A320 维修培训认证的主要培训点之一。

在机场业务培训方面，2020 年以前，初步建成机场培训学院新校区和机场集团职工活动中心，可以同时完成以西安咸阳国际机场为服务对象的短期基础培训。

（三）航空制造产业

1. 航空制造产业发展优势

（1）西安拥有雄厚的航空产业发展基础。陕西省是我国重要的航空制造产业基地，拥有西飞、陕飞、试飞院、西工大等为龙头的航空制造产业研发、生产和制造产业体系。

（2）政府对航空工业发展的高度重视。陕西省和西安市高度重视航空工业的发展，并将其作为区域经济转型发展的重要抓手。为加快陕西省航空工业的发展，陕西省专门出台了《陕西省航空产业发展专项规划（2008—2020）》，规划布局了陕西省"一基地五园区"的产业发展格局，即西安阎

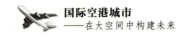

良国家高科技产业基地、阎良航空制造园、蒲城通用航空产业园、咸阳空港产业园、宝鸡飞行培训园和汉中加工制造园。

（3）空港新城突出的交通区位优势。空港新城紧邻西安咸阳国际机场，交通区位优势突出。2011 年，西安咸阳国际机场年旅客吞吐量为 2100 万人次，是中国西部地区最大的航空枢纽，是东航、海航等航空企业的运营基地。随着二跑道和三号航站楼的建成使用，西安咸阳国际机场运营服务和保障能力进一步提升，将为空港新城的加快发展提供有力的保障。

（4）我国航空市场快速增长，航空制造业加快发展。改革开放以来，我国航空市场持续快速发展。目前，我国航空运输总规模已经连续 6 年居世界第二位，并在未来 20 年仍将保持较快的增长速度。随着人们生活水平的提高，人们对出行的效率要求更高，对航空运输服务的综合服务能力提出了更高的要求，将为航空制造业创造巨大的市场发展空间。航空运输市场巨大的需求潜力，特别是随着民航大众化、国际化战略的实施，以及国家低空空域使用体制的改革，将极大地推动新型干支线运输飞机、中小型通用器市场的快速发展。

2. 航空制造产业发展定位

空港新城航空制造业发展遵循国家航空产业发展的总体部署，以提升地区航空制造核心能力和服务民航运输产业体系为重点，着力发展飞机制造配套产业和相关设备制造产业，加快形成产业规模，打造具有一定竞争力的航空制造基地。

（1）在飞机制造配套产业方面，以陕西省内飞机整机制造厂的总装配套服务为核心，兼顾国内外航空配套和相关市场，集聚国内外相关航空配套企业，培育并扶持地方机械装备制造企业，重点发展航空航天基础配套以及相关同源技术产品的制造。

第一，航空配套制造。随着国内工业技术整体水平的不断提高，航空制造企业逐步把部分任务转包给行业外的民用装备制造企业。依托陕西省的航空企业，大力发展中小型机体结构件、钣金零件、锻件、铸件的加工生产及热表处理等制造工艺，形成航空配套制造氛围。

第二，航空工艺装备。依托航空相关制造企业，配套发展航空工艺装备制造产业，发展工装型架、模线、模板等传统工装设备，以及激光定位系统集成模块、柔性装配系统等先进工艺装备系统。

第三，飞机内饰件。我国大型客机、新支线、新舟系列等飞机的扩批生产，将对飞机内饰件有极大的需求，飞机内部装饰项目具有较好的市场发展潜力和广阔的经济效益前景。应加快引进航空复合材料和飞机内饰研发制造企业，大力发展壁板、行李架、机内舱门、厨房及盥洗间等产品。

第四，航空标准件。依托陕西现有航空配套产业基础，快速提高干支线飞机、通用飞机的标准件生产能力，产品种类包括紧固件、衬套、卡箍、弹簧、管路连接件及密封件、宝石轴承、齿轮等。

（2）在相关设备制造产业方面，空港新城重点突出机场特种设备及空管设备的研发和制造，并积极拓展飞机服务设备制造，航空运输服务设备、飞行区服务设备、应急救援设备、目视助航灯具及相关机场设施的生产与制造，积极引进通信设备、导航设备、监控设备、气象设备等空管设备生产。

第一，机场地面特种设备。引进、生产、制造适应我国民航运输业发展需要的机场高端地面特种设备，根据市场发展情况，重点发展飞机服务设备制造，航空运输服务设备、飞行区服务设备制造，尤其是大型飞机牵引设备、飞机启动气源设备、飞机集装箱/集装板升降平台、飞机除冰车、飞机应急作业车、飞机维修作业平台等。

第二，民航运输空管设备。充分满足我国民航运输市场需求，重点推动空管设备领域的通信导航设备发展，如导航设备中的甚高频全向信标（VOR）和测距仪（DME）、着陆导航系统、近台 NDB 等，以及 GPS 系统的GPS 广域增强系统（WAAS）和 GPS 局域增强系统（LAAS）。

加强国际合作，拓展我国空管气象设备制造能力，重点发展气象自动观测系统、自动遥控气象站、常规观测场、观测综合处理系统、气象传真广播系统、接受处理系统等相关配套制造。

（四）公务机运输产业

1. 公务机运输产业发展优势

（1）西安有较快增长的航空运输市场基础。西安是我国西部地区重要的航空枢纽。"十一五"以来，西安咸阳国际机场客货运输量持续快速增长。2011 年，机场客运吞吐量为 2116 万人次，自 2005 年以来，年均增长17.7%，居西部地区第三位。西安持续、快速增长的航空运输量为公务机业务的开展提供了良好的市场基础。

（2）西安咸阳国际机场扩建工程后容量大幅提升。西安咸阳国际机场已经完成二期扩建工程，完成新建 3800 米跑道和 25.3 万平方米的 3 号航站楼。按照建设规划，扩建后的西安咸阳国际机场可满足年旅客吞吐量 3100万人次，高峰小时 9616 人次，年飞机起降 25 万架次，高峰小时起降 72 架次，具备年货邮吞吐量 40 万吨的服务保障能力。西安咸阳国际机场的容量大幅提升，为西安开展公务机业务提供了资源保障。

（3）空港新城突出的交通区位优势。西咸新区空港新城紧邻西安咸阳国际机场，处于关中平原的核心区域，交通区位优势突出。在西咸新区空港新城开展公务机业务，可利用西安咸阳国际机场卓越的地理区位优势，以及机场周边通达的高速交通网络，在两小时内可覆盖关中地区重点城市和地区。

2. 公务机运输产业发展定位

空港新城公务机运输发展以满足市场需求为导向，加快基础设施建设，吸引国内外知名公务机公司入驻，提供优质公务航空服务，将西安咸阳国际机场建设成为我国西部地区重要的公务机运营基地。

3. 公务机运输产业发展规模

建设公务机运营保障基地，即固定基地运营商（Fixed Base Operator，FBO），形成通用航空运营服务基地，为通用航空尤其是公务机飞行提供服务。2011 年，西安咸阳国际机场保障公务机 356 架次，比 2010 年（193 架次）增长了 84.5%。按照我国通用航空年均增长速度，到 2015 年西安咸阳国际机场保障公务机架次将达到 700 架次，到 2020 年公务机飞行架次达到1500 架次以上。到 2015 年，空港新城公务机运输年产值将达到 0.98 亿元；到 2020 年，公务机运输年产值达到 2.1 亿元。

2014 年 5 月，西安咸阳国际机场公务机运营保障基地（FBO）项目成功落户，主要建设西北地区最先进的高端公务航空服务基地，标志着西北地区将拥有最先进的高端公务航空服务，对进一步完善空港新城航空产业结构起到重要的支撑作用。

四 空港新城民航科技产业中的龙头企业

我国三大航空运输集团之一——中国东方航空集团公司，在空港新城投资建设西安维修基地新机库及配套项目，主要用于东航空客 A320 系列飞机的大修机库和飞机起落架的大修，建设包括飞机维修机库、机库附楼、新航材库、动力中心、耗材仓库等项目。其中，双 B747 飞机维修机库可同时对 8 架空客 A320 系列飞机进行室内"体检"维修。该项目于 2011 年开工建设，目前主体结构已经完成，正在进行机电设备安装及室内装修工作，预计年内可投入使用。该项目建成后，除满足当前 197 架空客系列飞机维修需求的同时，还可吸引全国其他 430 多架空客飞机到空港新城定检大修，将成为亚太地区最大的空客飞机维修基地和西北地区功能最完善、设施最齐全的"民用飞机医院"。

陕西新泰航空技术有限公司成立于 1997 年，从事航空机载设备维修及航空专用测试仪器开发制造，具有维修项目 900 余项（涉及件号 9000 项），涵盖空客、波音系列等 20 余种机型，2012 年部件维修业务量为西北地区独立维修单位第一。该公司在空港新城投资建设的新泰公司飞机附件维修基地项目，建设内容包括飞机电子附件维修车间、飞机气动附件维修厂房、飞机液压附件维修厂房、通用航空飞机发动机维修厂房、航材备件储存库房及附件周转库房、综合楼及其他辅助设施等。该项目的建设对西部飞机维修基地的产业链完善及产业集群化发展具有带动意义。

西安康倍机电科技有限公司成立于 1999 年，已获得中国民航总局颁发的"维修许可证"和"许可维修项目"，取得 623 项维修项目的 CAAC 适航维修许可，是国内三大航空公司的液压 PCU、APU 发电机送修的指定专业修理厂家。该公司在空港新城投资建设航空液压电机部附件维修项目，组建研发检测、生产厂区，配置研发、生产、实验检测设备仪器，以国际先进水平的 EHS 的综合自动测试设备和技术为主体，重点提高维修行业的航空电机及液压维修产品的研发制造水平，建造现代新型航空电机及液压维修、民航波音和空客发电机、电动机、液压舵机技术检测厂区。通过该项目的建设，可以缩短行业与地区民用航空部附件维修服务的差距，满足空港新城航

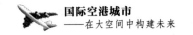

空维修新设备、新技术的产业发展要求。

陕西厚亿节能环保新材料科技有限公司成立于 2010 年，是专业从事重金属污染无害化处理及循环再利用行业的高新技术企业。公司自主研发的独家专利技术产品重金属吸附材料，配套拥有自主知识产权的连续离子吸附设备，结合无害化处理及循环再利用的工艺方案设计，形成公司独有的"CSS 技术"。该公司在空港投资航空航天节能环保新材料项目，主要进行航空新材料生产和总部经济研发服务中心区的建设。该项目可为基地内的航空制造、航空维修类企业做好配套。此外，"CSS 技术"的应用，将有效解决空港新城航空飞机起落架生产过程中电镀废水污染及回收利用的难题，实现经济发展与环境保护的双赢。

陕西蓝太航空设备有限责任公司成立于 1999 年，是集科研、生产、贸易为一体的高新技术企业，主要从事航空设备飞机刹车盘、铁路机车车辆刹车及配件的维修、研制和生产。该企业在空港新城投资建设的蓝太飞机碳/碳复合材料刹车盘生产线建设项目，主要包括飞机碳刹车盘的维修、研制和生产项目。该项目对于完善空港新城的航空产业链、拉动区域经济发展具有重要的带动作用。

首都航空有限公司是海南航空集团旗下的航空公司，在空港新城投资建设的金鹿公务机项目，主要开展 FBO 建设和运营、维修、托管、飞机销售等全产业链的延伸。该项目的建成标志着西北地区将拥有最先进的高端公务航空服务，对进一步完善空港新城机场航空产业结构起到重要支撑。

第四节　半导体产业

一　我国半导体产业发展环境及现状

（一）我国半导体产业发展环境

半导体技术是当今世界上最有活力的技术领域之一，通常认为，集成电路是半导体技术的核心，它的发展及其在各个领域的广泛应用，极大地推动了科学技术的进步和经济的增长，各国基本上都把集成电路作为战略性产业来对待。2011 年 1 月，国务院正式发布了《国务院关于印发〈进一步鼓励软件产业和集成电路产业发展若干政策〉的通知》，对集成电路产业给予进一步鼓励与扶持；2011 年 11 月《陕西省人民政府关于进一步鼓励软件产业和集成电路产业发展的实施意见》指出了目前该省发展软件和集成电路产业所存在的不足并明确了发展思路，重点针对国务院文件提出的财税、投融资、研究开发等八个方面的政策，提出了地方具体的实施意见；2012 年 2 月，工信部发布《集成电路产业"十二五"发展规划》，提出"十二五"期间集成电路产业的销售收入将实现倍增，满足国内近 30% 的市场需求；2012 年 7 月，国务院下发《"十二五"国家战略性新兴产业发展规划》，提出重点围绕整机和战略领域需求，大力提升高性能集成电路产品的自主开发能力，培育集成电路产业竞争新优势。

半导体分立器是半导体产业的两大分支之一。LED 显示屏和半导体照明等分立器件领域的高速发展，带动了半导体分立器件市场的迅速扩展，为 LED 产业的发展带来了新的机遇。近年来，各国政府均安排了专项资金，制订专项计划，大力扶持本国半导体照明技术创新与产业发展。2009 年 4 月，国家科技部研究后同意在石家庄、上海、厦门、深圳、西安等 21 个城市开展半导体照明应用工程，即"十城万盏"试点工作。"十城万盏"试点工作的实施，显著加快了 LED 产业技术进步的速度，并显著提升了 LED 产业的社会认知度。2011 年 11 月，国家发改委对外发布了"中国淘汰白炽灯路线图"，提出从 2012 年 10 月 1 日起，按功率大小分阶段逐步禁止进口和销售普通照明白炽灯。通过淘汰白炽灯，有力地促进了 LED 照明产业的发展，促进了照明电器行业结构的优化，为 LED 照明产业的发展带来了新的机遇。《半导体照明科技发展"十二五"专项规划》明确提出：重点开发半导体照明标准化、规格化产品，实现大规模的示范应用，建成一批试点示范城市和特色产业化基地。2013 年 2 月，国家发改委、科技部等 6 部委联合发布《半导体照明节能产业规划》。该规划指出，促进 LED 照明节能产业产值年均增长 30% 左右，2015 年达到 4500 亿元，并提出了一系列具体的保障措施和鼓励政策。

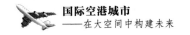

（二）我国半导体产业发展现状

1. 半导体产业发展取得的成绩

2012 年，受国内外半导体市场增速大幅放缓的影响，中国半导体发展的速度也显著趋缓。2012 年，我国半导体产业实现销售额 3548.5 亿元，产业增速减缓至 11.7%，占电子信息产业销售额的 3.23%，占全国半导体市场份额的 36.1%，占世界半导体市场份额的 19.6%，其中集成电路销售额占世界集成电路市场份额的 14.4%。

2012 年，我国半导体产业完成固定资产投资 530 亿元，同比增长 3.17%。其中，集成电路行业完成投资为 344 亿元，比 2011 年增长 12.2%，增速仍处在较低水平。虽然受国内外半导体市场增速双双大幅放缓的影响，但国内芯片制造业整体保持了稳定增长的势头，其规模已经达到 501.1 亿元，比 2011 年的 431.6 亿元，增长了 16.1%。截至 2012 年，我国投入运营的集成电路生产线共 56 条。其中，12 英寸生产线已经达到 6 条，8 英寸生产线 15 条，6 英寸生产线 12 条，8 英寸生产线数量正在迅速增加，已经成为产业主流。2012 年，国内封装测试业保持了平稳的增长，其规模已经达到了 1035.67 亿元，同比增长 6.1%。

从 2013 年第二季度起，国内 LED 产业逐渐出现回暖迹象，而《半导体照明节能产业规划》的发布，标志着中国 LED 照明产业的调整升级阶段已经来临，针对 LED 照明产品在工艺、技术上的革新已迫在眉睫。

中国 LED 产业已经形成珠三角地区、长三角地区、福建和江西地区、北方地区四大聚集区，在市场培育、政府规划、产业布局、技术规范、人才聚集等方面，都形成了良好的产业环境。外延芯片研发、市场等有利因素正在向中国靠拢，中国巨大的应用市场促使跨国公司纷纷加速在中国的布局。日亚将在中国建立芯片厂并加大对低端市场的开发力度，台湾晶元光电独资建设外延芯片厂，飞利浦和欧司朗已明确表示进驻中国 LED 产业，并计划进行核心技术合作。目前，中国已成为全球 LED 封装和应用产品重要的生产和出口原产地，在经济继续保持较快增长以及国家鼓励政策的支持下，我国半导体行业的发展必将继续保持稳定高速的增长，在满足国内市场需求的同时将会进一步占领国际市场。

2. 半导体产业存在的问题

我国半导体产业正处在一个上升阶段，也就意味着需要面临更多的发展机遇与挑战。当前全球半导体产业年产值达 3000 亿美元左右。中国每年进口芯片的金额超过了 1500 亿美元，中国半导体产业需求和供给严重失衡，要使供需均衡，需要解决以下几个问题。

（1）集成电路产业投资力度不够，LED 盲目扩张。随着集成电路技术进入纳米时代，研发与生产线投资成倍增长，全球主要集成电路企业均面临极大的资金压力。各大企业纷纷转向 Fabless，即所谓轻制造的模式正说明了这一点。投入不足是长期以来制约国内集成电路产业发展的主要原因之一，国内集成电路全行业投资总额尚不及一家国际知名企业一年的投资。

半导体照明产业受到国家及各地政府的重视，自 2009 年以来，连续多个地方政府出台了 LED 产业的补贴政策。政府的大力补贴造成了 MOCVD 设备数量的激增，导致外延片产能严重过剩。2012 年，中国封装产能约为 100 亿颗，相当于 200～300 台 MOCVD 的产能，同年中国保有 MOCVD 设备超过 900 台，产能严重过剩。

（2）关键技术水平与国际水平存在较大差距。在半导体领域，国际关键技术仍是我国的技术壁垒，目前国内半导体设计、制造与测试水平仍然以中低端为主。因此，我国必须加速从劳动密集型向知识密集型的转变。

长期以来，LED 上游外延片和芯片市场的核心技术被国外几大产业巨头所垄断。我国 LED 照明产业在外延片、芯片两大关键领域力量薄弱，造成 LED 照明成本难以下调。国内有几万家 LED 厂家，真正能形成独立品牌的却在少数，产品有独立核心技术、完整营销体系的则更少。

（3）设备与原材料发展滞后。支撑半导体产业的材料和设备严重滞后，高端关键材料和设备基本都从国外进口，这样既不利于产业发展，也阻碍了自主创新。国内用于生产高端芯片的 8～12 英寸硅晶圆和 LED 衬底材料基本都从国外进口，生产用高档光刻胶、高纯试剂等基本从国外进口，90% 以上的半导体设备市场和 MOCVD 等关键设备都被国外公司所占领，巨大的利润空间也被国外企业所占据。

（4）中国半导体产业整合的步伐较迟缓。业界已普遍意识到产业整合的必要性和重要性，购并与整合在半导体产业已成为常态，不过在实际推动中，力度却不够。我国尚未建立完善的产业链与市场，半导体从业者无雄厚资本，在启动购并以扩大实力方面，与国际半导体大厂仍存在较大差距。半导体产业是一个全球性的产业，因此，中国的半导体产业想要生存和发展，一定要与国际接轨，加速优势资源整合的步伐，否则将无法适应未来的全球性竞争。

（5）芯片与整机未实现良好联动关系。国家"十二五"规划中强调要加强芯片与整机应用的联动，但无论是在集成电路领域还是在 LED 领域，当前两者的联动效果都不理想。在芯片与整机联动实施前期，需要芯片企业与整机企业之间相互信任、协同发展。目前，主要"风险"仅由整机企业承担，由此导致芯片和整机应用的联动无法很好地实施，整机企业所顾虑的联动中的"风险"有待化解。

二 我国重点区域半导体产业发展状况

（一）集成电路产业区域发展状况

近年来，各地方政府提高了对集成电路产业的重视程度，纷纷把集成电路作为产业升级、加强自主创新的途径，从市场准入、财政、土地、税收、人才等多方面为集成电路企业提供支持。政府依靠本地区的产业配套、人才、市场等方面的优势，制定适合本地区的扶持政策，吸引设计企业、制造企业和封装测试企业落户，已经形成环渤海、长三角、珠三角三个主要产业聚集区及以西安、成都为代表的中国第四大半导体产业基地。

1. 北京市

近十年来，北京市集成电路产业在技术研发、集成电路设计、芯片制造、封装测试、设备和材料等方面都快速发展，在国内同行业中具有明显的比较优势。

经过多年的发展，北京已经形成了"两区两点"的产业布局。中关村聚集了北京 90％的集成电路设计企业；北京经济技术开发区已形成以中芯国际 12 英寸生产线为龙头，包括封装测试及装备在内的产业聚集区，是重要的生产基地。

2. 上海市

上海市已成为我国大陆地区集成电路产业最为集中、规模最大、产业链相对完整和综合技术水平最高的产业重镇。上海漕河泾新兴技术开发区是我国大陆地区建立最早的集成电路产业园区。上海张江高科技园区是当前我国大陆地区规模最大的集成电路产业园区。预计在"十二五"期间，上海集成电路产业规模将在2010年500亿元的基础上翻一番，到2015年实现销售额1000亿元。

3. 江苏省

多年来，江苏省委、省政府高度重视集成电路产业的发展，对其给予大力支持。江苏省集成电路产业主要集中在苏南地区及沿江走廊带，分布在苏州、无锡、常州、南京、南通、扬州、泰州等城市。其中，苏州市集成电路产业占全省的34.9%，无锡市集成电路产业占全省的52.7%。在我国集成电路三业十大企业排行中，江苏约占23%的份额。

4. 广东省

广东省已经建成三个集成电路基地：国家集成电路设计深圳产业化基地、珠海南方集成电路设计服务中心和广州集成电路基地。这三个集成电路基地已经聚集了华为、中兴、英特尔、ST、Renesas、Broadcom等企业的半导体研发中心，通过集成电路基地的辐射效应，进一步完善了广东省电子信息产业上下游之间的配套。

（二）LED产业区域发展状况

近年来，国家坚持把发展壮大半导体照明产业作为重大工程来推动，陆续出台了不少支持产品开发、技术创新以及应用推广的政策措施，为半导体照明产业发展创造了良好的环境。全国有14个省市把LED产业作为本地区的新兴产业来发展，珠三角、长三角、闽三角以及环渤海4个地区成为中国LED产业发展的聚集地，上海等7个城市被批准为"国家半导体照明工程产业化基地"，具体发展情况如下。

1. 四大片区（珠三角、长三角、闽三角地区、环渤海地区）

珠江三角洲是国内封装规模最大、投资最集中的地区；长江三角洲涉及

LED 产业链各个环节的发展；闽三角地区上游投资力度最大，外延片及芯片产能为国内最大；环渤海地区研发机构最集中、研发能力最强，拥有良好的外延芯片技术。占全国 LED 产值 85% 的企业分布在这些地区。

珠江三角洲半导体照明产业主要集中于深圳、广州、佛山、东莞、汕头等地，最明显的竞争优势就是应用市场较大以及中下游企业的集聚，是国内封装规模最大、投资最集中的区域。2012 年，珠江三角洲地区 LED 产业产值突破 1500 亿元。

长江三角洲 LED 产业主要集中在上海、江苏、浙江。长江三角洲半导体照明产业的优势是拥有大量的科技和商业人才，产业化经验较为丰富，资本力量雄厚。2012 年，长江三角洲地区 LED 产业产值约为 300 亿元。

闽三角地区以福建厦门和江西南昌为代表，厦门市已经拥有芯片制造、封装及应用产品研发和生产的企业数十家，具有集群优势、人才优势和区位优势，形成了较为完善的产业链条和较大的产业规模。江西省从上游外延材料、中游芯片制造到下游器件封装都实现了规模化生产。2012 年，闽三角地区 LED 产业产值约为 160 亿元。

2. 七大基地（大连、上海、深圳、南昌、厦门、扬州、石家庄）

大连制定了大连半导体照明产业知识产权战略，将继续加大招商引资的力度；上海未来的发展目标是建立和完善 LED 自主知识产权体系，在加强区域合作、完善产业创新体、推进科技攻关和平台建设上下功夫；深圳已成为国内半导体照明产业最大和最集中的地区，将依托深圳大学光电子学研究所逐步完成多项光电子科研成果；南昌优化环境，抓好产业化推进，发挥基地聚集效应，做好在德、美、日、韩等国家以及中国台湾地区的招商引资；厦门积极推动两个先行区建设，将建成两岸半导体照明产业合作试验区，以应用促发展；扬州以高新技术园区为核心，实现区域联动发展的格局；石家庄依托 13 所半导体照明检测中心和研发平台，大力发展半导体照明路灯、草坪灯、室内照明等应用产品，形成半导体照明产业群体。中国当前半导体照明产业的比重分析如图 8-3 所示。

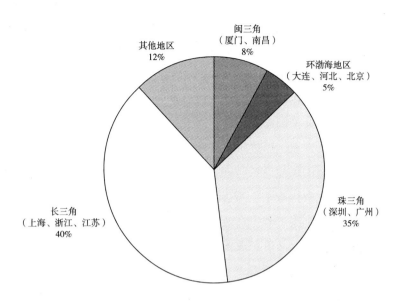

图 8 - 3　2011 年中国半导体照明产业的比重

三　陕西省半导体产业发展现状

（一）陕西省半导体产业发展取得的成绩

随着西部大开发的推进，陕西省半导体产业近年来大步前进，集成电路和 LED 企业的数量和质量都得到大幅度提升。随着华新联合科技 4 寸 MOCVD 项目的引进，以及三星电子和相关配套企业的落户，陕西半导体产业链进一步得到了完善。作为中国半导体发展的重要组成部分，陕西在西部地区乃至全国的作用日益增强。

1. 产业规模持续扩大，技术创新能力提升

陕西省半导体产业销售收入从 2005 年的 20.2 亿元增长到 2011 年的 100.7 亿元。2012 年，产业整体仍保持 25% 的增速，接近 130 亿元的产业规模，约占全国市场的 6%。在产业规模迅速增长的同时，中高端产品份额逐步增加，奠定了良好的产业发展基础。截至目前，陕西半导体企业拥有自主知识产权的产品累计超过 300 多种，涵盖物联网、通信、存储器、微处理器、信息家电、半导体 LED 照明、设备制造、器件研发等多个领域，产品

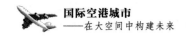

结构向多元化发展，企业技术进步的步伐不断加快，技术创新能力不断提高，产品与市场结合能力逐步加大，自主创新能力明显提升。

2. 产业结构进一步优化，产业聚集效应更加凸显

陕西半导体产业在规模扩大的同时，产业结构不平衡的现状也逐渐得到了改善。随着三星电子的落户，陕西半导体产业链中最为薄弱的制造环节得到了一定的提升。目前，形成了以英特尔、华芯为代表的设计企业，以应用材料、理工晶科为代表的设备企业，以三星和西岳为代表的芯片生产企业，以美光、华天科技为代表的封装测试企业；LED 产业也基本形成了涵盖外延片、芯片、封装、应用和生产装备的较为完整的产业链，在产业规模迅速增长的同时，中高端产品份额逐步增加，奠定了良好的产业发展基础。

3. 优化产业布局，产业化园区发展迅速

经过十多年的发展，陕西省半导体产业呈现聚集化发展，逐渐形成了以西安为中心，整合咸阳、宝鸡、渭南、汉中等地区协同发展的产业布局，形成了明显的园区化发展趋势。其中，在西安高新区形成了以英特尔、华芯为代表的集成电路设计产业园区，以西岳、三星为代表的集成电路制造、以华新联合和中为光电为代表的 LED 制造园区；在经济开发区形成了以华天为代表的集成电路封测，在高新区形成了以陕西光电为代表的 LED 封测；在航天基地建立了以隆基硅为代表的半导体材料和以神光安瑞为代表的 LED 蓝宝石产业园。此外，在出口加工区 B 区和综合保税区，形成了以美光、应用材料为代表的外资企业聚集区，以及气体、化学等相关配套企业的聚集区。

（二）陕西省半导体产业发展存在的问题

尽管近年来陕西省半导体产业发展成绩显著，但是仍存在诸多问题。企业产业链发展不均衡，企业规模普遍偏小，产、学、研结合力度不足，产业链上下游结合能力较弱。

1. 产业链发展不均衡，制约产业发展

近年来，陕西省半导体产业发展迅速，约以每年 30% 的速度增长，但在产业规模扩大的同时，产业结构不平衡的问题仍然比较严重。芯片设计销售收入所占的比例很小，制造业规模较小、发展滞后同样制约了陕西半导体

产业的发展。2011 年，西安半导体产业整体规模为 100.66 亿元，近半数的企业为集成电路设计企业。这些集成电路设计企业的总销售收入仅占整个半导体产业总销售收入的 10.8%，而相应的半导体制造业的总销售额仅占 15.1%，占企业数量不足 20% 的设备与材料企业销售收入却占总收入的 47.1%，其几乎占西安半导体产业整体销售收入的一半；同时，芯片制造能力始终落后于沿海地区。产业链发展的不均衡，严重制约了本地区半导体产业的快速发展。

2. 企业规模普遍偏小，缺少龙头企业带动

本地企业规模普遍偏小，企业的市场开拓能力以及运营能力有限，后续发展令人担忧。近年来，引进的国际大企业与本地产业结合不紧密，产业链各环节普遍缺少本土领军企业引导，没有形成较强的产业优势和产品优势，缺乏知名品牌。在 LED 领域，虽然陕西省起步较早，在灯具、照明工程等方面具有一定基础，但由于缺乏龙头企业和知名品牌的带动，产业整体规模较小，没有形成较强的产业优势。

3. 适用性人才不足，产、学、研结合力度有待加强

陕西省每年可培养大量半导体相关专业的高校毕业生，作为半导体产业的人才储备，但拥有丰富工作经验的高级设计人才、工艺开发人才，以及对市场具有敏锐洞察力的企业管理人才等适用性人才严重短缺。此外，陕西省众多的半导体科研院所和高校拥有大量的领先创新技术专利，但由于和企业的结合不够紧密，领先技术不能转化为产品。LED 产业是人才密集型产业，特别是上游外延和芯片制造环节，需要高端专业技术人才，人才紧缺成为制约陕西省半导体产业发展、技术创新的重要因素。

4. 产业链上下游结合有待加强

近年来，陕西省半导体产业的上游研发企业数量不断增加，技术研发能力有所提升，但企业规模仍然较小且产品领域分散，整合价值链的能力薄弱，尤其面对日益细分的市场，上游企业不能准确地定位产品，造成产品与市场脱节；同时，由于缺乏与应用领域龙头企业的配套，下游企业产品研发与市场需求难以密切挂钩，从而使得很多优秀产品与系统整机无法结合，应用推广受到很大限制，制约了企业的发展。在 LED 产业方面，一方面，专

业的 LED 研发企业较少，技术力量有限；另一方面，利润驱使大量的 LED 企业将投资的重点放在后端的应用和 LED 工程项目方面，而轻视芯片研发，导致产业发展迟缓，上下游产业结合能力较弱。

四　空港新城半导体产业发展策略

（一）集群化的发展策略

2013 年，空港新城半导体产业示范基地被陕西省工信厅批准为全省示范基地。空港新城将依托新城半导体产业基地来实现集群化发展，总体上采取"由内向外，聚点成面"的发展策略，通过建设半导体产业示范基地，打造西部地区半导体产业应用集群。

1. 实施"由内向外"策略

一是临空经济促发展。利用基地良好的区位优势、优越的交通条件以及优惠的发展政策，从航空物流入手，营造机场货运物流大环境，整合物流货源，完善物流服务功能，提升物流辐射作用。

二是 LED 示范应用促发展。制定基地政策和"点亮空港"工程的优惠策略，在基地建设的过程中，通过 LED 照明应用示范作用推动产业发展，吸引终端企业入驻园区。

三是抓住三星落户契机，发展半导体产业配套。三星落户陕西后，极大地提升了陕西省半导体产业在国际上的影响力和竞争力，半导体业内及为三星配套的企业纷纷到陕西进行考察。空港半导体产业基地应抓住机遇，发挥园区临空与综合保税物流的优势，大力吸引半导体产业配套企业入驻，优化半导体产业发展环境。

2. 实施"聚点成面"策略

（1）招商引资带动。聚集国外 LED 产业知名终端产品的生产企业，以及国际产业转移和国内东南沿海地区的半导体制造封装测试企业到空港半导体产业基地，拓展并完善半导体产业链，促进半导体产业升级，在产业规模不断壮大的过程中，通过外部引进，加强产业链龙头企业的培养，增强基地本身的集聚能力和扩散能力，形成本地化的产业集群网络和区域创新网络，为空港新城发展半导体产业提供有效动力。

（2）纵横同步发展。一方面，通过纵向延伸半导体照明产业链，向产业链上游设计和芯片制造环节转移，努力与本地的高等院校和科研院所相结合；另一方面，横向拓展半导体产业链，发展集成电路芯片制造和半导体封装测试环节，产生相应的集聚效应。依托空港综合保税物流优势，初步形成以 LED 高端产品制造为核心，集应用示范、展示交易、金融服务和保税服务于一体的产业群雏形。

（二）企业服务与引进

1. 为入驻企业提供良好的服务与管理

本着依法、高效的原则，整合、优化办理流程，发挥联合审批、委托代理、咨询服务三大功能，全面推行"一站式"管理、"一条龙"服务，实行透明诚信的政府管理；建立健全基地公共服务平台；加强对半导体中小企业的科技创新创业扶持；降低半导体中小企业创业的门槛，鼓励更多的科技人员创业；为中小企业提供融资服务、信息服务、科技创新公共平台服务等；加快半导体产业孵化器和加速器建设。同时，加强监管的力度，保证投资主体的权益，制定风险管理政策和措施，尽量规避入区企业运营中可能出现的风险。

LED 孵化器效果图　　　　　　　　　　LED 孵化器实景图

2. 实施分类扶持，促进企业发展

根据全国乃至全世界半导体产业的发展特点，研究编制企业评价指标体系，建立半导体企业名录库，认定和筛选半导体产业链各环节的国内外龙头企业，集中资源引进龙头企业落户空港新城。加强对半导体产业中优势企业

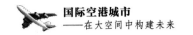

的资金支持力度，选择一批具有自主知识产权和核心竞争力、在国内外有一定知名度和品牌优势的企业引导上市，帮助企业发展壮大。

（三）积极发展产业集群

目前，已有多家半导体企业落户空港新城，半导体全产业链正在加快形成。

富立科技股份有限公司是一家 LED 照明设备生产企业，致力于生产、销售并研发 LED 照明设备，并提供 LED 客制化咨询与进出口贸易服务。该公司在空港新城投资建设富立 LED 应用产品生产基地项目，主要包括 LED 光电相关产品生产厂房、研发中心、产品展示及综合配套区的建设。该项目将成为空港新城半导体产业链的重要上游生产商，为形成半导体产业集群式发展奠定良好的基础。

西安鑫华通光电有限公司是一家致力于光纤产品研发、生产销售的高科技企业，主打产品包括通信室外光缆、室内光缆、光纤连接器、光纤收发器四大类数十个产品。该公司在空港新城投资建设鑫华通通信光缆及光器件项目，计划年生产能力为室外光缆 65 万芯公里，室内光缆 40 万芯公里（其中 1.25 万芯公里用来生产光纤连接器），光纤连接器 500 万条。该项目的建设将促进空港新城无线互联网生产的产业化发展，带动相关行业经济发展。

陕西浩源伟业光电科技有限公司以深圳浩源光电技术有限公司为基础，联合陕西鑫港伟业科贸有限公司共同投资成立。该公司在空港新城主要投资建设浩源传感产业园项目，有光缆生产区、原料库、成品库、标准厂房、研发办公楼及相关配套设施。此项目为将空港新城打造成为拥有自主知识产权，集研发、生产、销售于一体的物联网领域内的国家高新技术园区奠定了良好基石。

第五节　新型现代临空服务业

一　空港城市发展临空服务业的趋势

随着空港城市经济活动的快速发展，在空港城市就业、居住的人员以及经停的旅客越来越多，空港城市发展现代服务业的内容也越来越丰富。

（一）随着生活习惯的改变，人们更愿意到功能更完善和更集中的大型、新型商贸地点休闲购物

过去我国人民的生活水平比较低，交通方式也比较单一，人们多在自家门口或附近的地点休闲购物。在国外，人们更愿意在休息的时候到距离城市远一点的大型商贸场所购物，并把这种活动作为一种休闲方式，因此，许多发达国家的城市购物中心均布局在距离城市十几公里的高速公路或机场周边，如美国、日本、欧洲的奥特莱斯、大型购物中心等新型商贸城不断出现。在西安，私家车保有量正在迅速上升，人们也越来越愿意到距离城市远一点的地方进行购物、休闲、观光等活动，空港新城与市区的距离正符合这一要求。随着北客站至机场轻轨的建成，空港新城与西安主城区的交通将更加便利，发展新型现代服务业，如大型购物、观光农业、休闲娱乐等前景十分广阔。

（二）发达的空港城市周边已经成为现代服务业发展的重点区域

以上海虹桥国际机场和虹桥综合交通枢纽为核心的上海虹桥商务区已经被定位为上海未来的西部中心、"长三角的 CBD"和"国际贸易中心的新平台"。设立于 2009 年 7 月的上海虹桥商务区，其目的是依托虹桥综合交通枢纽和中国博览会会展综合体等重大功能性项目，打造现代服务业的集聚地、国际贸易中心建设的新平台、国内外企业总部和贸易机构的汇集地，以及服务长三角地区、服务长江流域、服务全国的高端商务中心。国家财政部和商务部已明确将虹桥商务区确定为现代服务业综合试点区。上海虹桥商务区拥有目前世界上独一无二的大型交通综合体，涵盖除水运之外的所有交通方式，轨、路、空三位一体，56 种换乘模式助推"一小时长三角都市圈同城效应"，被誉为"一座世界级的交通中心、会展中心和商务中心"。

（三）空港口岸和保税业务的发展，为人们更快地接触国际最新产品提供了便利

一个商业中心的发展需要引入更新、更好的产品。近年来，中国人赴国外旅游快速增长，在观光的同时，购物成为其中的另一个项目。空港新城对

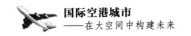

这一现象进行了研究，认为只要口岸和保税功能建立起来，并推动政策创新，完全可以实现人们相关的购物愿望。

二 空港新城重点发展的新型服务业态

空港新城按照空港城市的发展特征，积极发展各类适应城市发展需求的现代服务产业，在多个区域布局了大量的新型服务业项目，努力将空港新城发展为大西安地区新的现代服务业集聚区。

（一）努力推进跨境电子商务产业发展

空港新城重点打造"一园一港三中心"的电子商务产业布局。

1. 一园：空港跨境商贸园

位于空港新城综合保税区的核心点，依托保税物流中心、航空货运枢纽优势，引进和培育与跨境电子商务相关的支付、通关、物流、配送等专业服务的多点聚焦，营造跨境电子商务发展环境。建设跨境贸易的结算中心、仓储物流中心、展示交易中心、区域运营中心等服务平台，发展跨境电子商务、仓储物流、国际分拨配送、国际采购加工等保税业务。

2. 一港：丝路电商港

位于空港新城丝路国际区核心位置，紧邻新城主干道，与跨境商贸园相呼应，通过引进和培育与跨境电子商务相关的金融、法律、咨询、资讯、营销、客服等专业服务型企业，建设跨境电子商务发展的全产业链。由菲律宾友邦矿业国际有限公司投资的空港丝路国际商务中心项目，主要建设空港丝路国际采购中心、空港航城贵宾区、丝路文化风情街（一期）、丝路驿站（一期）；物流仓储部分主要建设大宗商品分包、拆包中心、产品再加工基地（一期）。

3. 电商服务创新中心

位于空港新城门户位置，依托商务中心完善的综合配套设施，着力招引金融支付服务、运营代理服务、软件服务、研发培训服务等电子商务服务型企业，培育中小型电商企业，为企业提供商务办公、事务办理、区域总部、会议会展、生活购物、运动休闲的平台，搭建完善、全面的电子商务生态圈，打造立足西北，连通世界的电子商务创新中心。由陕西首信商贸有限责任公司投资，主要建设西北特产分销及电子商务平台，创建"电子商务＋机场提货"的商业模式，项目将依托生产分销基地对特产进行分装、分包和门店配送，打造西北地区最大的特产分销转运中心。

4. 传统商贸经济升级中心

位于空港新城腹地，紧邻新城主干道，主要吸引大型综合门户类电子商务龙头企业设立区域总部，汇聚生产制造、专业市场等传统商贸企业向电子商务方向转型升级，形成具有区域特色的电子商务现代产业集群，提升传统经济产业竞争力和辐射力。

5. 智慧旅游体验中心

位于空港新城国际文化区，机场轨道交通沿线。依托西安咸阳国际机场获批针对 51 个国家、72 小时过境免签政策的优势，建设智慧旅游公共服务体系，提供机票酒店、旅游线路、门票车辆、风味餐饮、特色产品、金融服务等在线旅游产品，配合休闲游览、购物消费的线下体验，形成具有区域特色的国际智慧旅游 O2O 体验中心和中转旅游集散中心，打造西部乃至全国面向国际游客的"城市会客厅"。

（二）打造综合体式的城市住宅业

世界 500 强企业——上海绿地集团，作为国有控股大型企业集团，以房地产开发经营作为核心主导产业，项目遍及全国 24 个省 61 座城市，并成功地被列入韩国实施海外发展战略。空港绿地新城项目地处空港新城 CBD 板块，紧邻机场核心组团，是目前空港新城投资规模最大的项目，将建设成一座集总部基地、大型商业集群、星级酒店、航空服务、国际教育、创意产业、国际旅游集散以及中高端居住示范等于一体的大型城市综合体。该项目力争打造成为西部地区首屈一指的绿色低碳建筑标杆，对于空港新城实现生态化、田园化发展，构造环境优美、生态宜居的新型城市具有重要的示范意义。

（三）积极引入业态丰富的商贸流通业

北京云柏商贸集团是一家立足首都、辐射全国、发展迅速的大型综合性商贸公司。祥茵·中央公园项目由北京云柏集团投资建设，依托空港新城交通路网及航空客流所带来的大量消费群体，打造古琴艺术中心、五星级酒

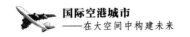

店、国际美食购物街等业态板块。以丰富业态组合为基础，以现代建筑为特色，将珍贵地方文化与稀缺生态环境完美融合，打造艺术化、高品质的新型艺术商业综合体。

红星美凯龙连续5年跻身中国民营企业前50位，将在空港新城建设国际和国内一线、二线名品家具、建材及家饰品折扣商场，打造家居奥特莱斯。该项目以情景体验式的购物环境、名牌大众化的价格、种类丰富化为主要特色，以主力店带动商业街的开发模式着力打造在中国西北地区最有影响力的家居消费产业中心，并与周边大型餐饮、休闲、娱乐、百货、酒店等企业共同打造空港经济服务圈，依托该服务圈吸引相关商业资源共同形成家装"一站式"消费商圈。该项目开创全国首个家居空港旗舰店群模式，引入更多家居后端消费产品，挖掘顾客"随机、随时、随性"消费潜力，增加候机、接送机顾客服务空间，凸显空港商场的独特定位。

空港物联产业城项目总体规划九大板块，主要建设西部红木第一街、红木家具标准厂房、生态花园总部基地、成套机电设备展示中心、雕刻艺术文化创意中心、新材料工业及新型建材研发展示中心、物联产业城、进出口产业区和港城商谷高端酒店住宅配套社区。该项目是基于物联网和互联网技术的第五代高端国际商贸物流枢纽，将建设成一座可持续发展、特色鲜明的商贸与生活新城，打造中国西部产业贸易中心。

（四）繁荣发展高端文化产业

枫叶国际学校创建于1995年，是中国最早的中外合作办学教育机构，拥有迄今为止国内基础教育领域最为完善的国际教育体系，已在大连、上海、天津、重庆、武汉、镇江、鄂尔多斯、洛阳等城市建立了多个教育园区，学历得到中加两国教育部认可。西咸空港枫叶国际学校是大连枫叶教育集团在中国布局的第8个教育园区，也是其面向西北五省的区域总校区，位于空港新城国际文化区，包含小学、初中、高中、外籍子女学校以及配套的学生宿舍和教师公寓，建成后将容纳3500~4000名学生，约120个班级。该项目作为展现"文化旅游、艺术欣赏、艺术品交易、书画创作、国内外艺术交流和书画艺术教育"的综合性书画文化产业平台，在推动空港新城文化产业发展、丰富城市文化内容等方面具有重大意义。

西安国际美术博物馆主要建设博物馆主馆、专题美术博物馆群区、艺术商旅酒店区、综合商业中心区、画家公寓区等。西安国际美术城主要建设美术教育学苑、原创大师工坊、国际美术人才创业园、艺术商务会馆、艺术休闲中心等。

第六节　临空现代农业

高端农产品及海鲜一直是空运的主要货源之一，如荷兰利用空中网络将本国的鲜花运到世界各地，成为荷兰经济的支柱产业之一。空港新城主要发展国际高品质临空农产品的流通、集散和交易，力争成为西北区域高端农产品及花卉、苗木的集散、分装、中转、信息发布、交流、组织中心。

一　空港新城国际农产品物流园

建设西北地区最大的农产品集散中心、信息中心、价格指导中心和高端农产品转口贸易基地。形成临空特色明显，现代农产品供应保障体系完善，以交易、结算、信息、检测、储藏、物流、科研等技术为支撑的国际农产品集散交易中心及信息服务平台，实现大宗农产品的快速集散。

积极运用物联网、云计算等现代技术，采用商物通电子方式，既提高交易效率，又准确掌握全国的交易信息，提供可追溯服务，以达到进货有记录、流向可追踪、信息可查询、质量可追溯。通过农产品物联网，采用智能信息技术，及时准确地获得供应链各环节的信息，建立以物联网为基础的食品安全追溯体系、第三方实验室等全方位食品安全管控体系，提供生态环保、低碳节能设施，形成高效的交通物流组织，构筑"绿色交易"物流枢纽中心，打造中国农产品流通行业转型升级的新模式。

二　国际鲜花流通交易中心

通过建设西北地区最大的花卉物流中心，以花卉物流为引擎，打造中国花卉产业的"阿斯米尔"，形成鲜花市场的"空港"品牌，为鲜花进入大西

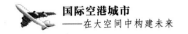

北市场开辟快速通道。

　　规划建设交易场馆、物流中转冷库和停车场，并配套相应的休闲式展览厅、旅游生态餐厅和咖啡屋等休闲娱乐场所。立足"大批发、大流通、大平台"的理念，积极与国际先进地区和城市进行合作，建设国际花卉大流通市场和平台，建设拥有现货交易、冷链配送和信息汇总等统一功能的花卉物流中心。建立电子交易平台，推行网上订货、远程交易，对出口鲜花在市场内提前完成检疫、报关等手续，进行按需实时配送，降低客户的采购成本，节省采购时间。同时，积极开展庭院景观、绿化工程、园艺资材、国内外大型园艺企业办事处等综合经营项目，常年举办生产技术研讨会和产品推广会等教学及推广活动，并定期或不定期地组织各种展览及组合盆栽现场教学活动。在总体布局上，追求人与自然的和谐统一，融花卉交易、展览培训、休闲观光等功能于一体。

第九章
构建国际化的国际空港城市公共服务体系[*]

新开发区的建设是一种城市化行为。而城市化不可避免地涉及一系列宏观经济政策和政府行为：公共产品供给、城市间市场准入和贸易障碍的减少、劳动力的自由流动和商品的自由交换、交通等基础设施的完善等。因此，公共产品供给作为空港新城管理者的首要建设任务，必须与空港新城的国际航空大都市和世界级自由贸易园区的战略方向相一致，必须与未来空港新城的发展需求相吻合，初期的规划与设计就应该立足于世界前端，定位于国际先进。历史经验证明，世界级国际化大都市的兴起需要 50～100 年的时间，那么，如果考虑到 21 世纪信息化、智能化建设大大缩短了建设时间的话，空港新城公共服务的规划构建也必须超前 30 年，避免日后出现由于公共服务建设滞后导致的当前中国大都市水灾、雾霾等"城市病"带来的发展"陷阱"。

第一节　国际化大都市对公共服务的基本要求

一　公共服务的内涵

所谓公共服务是指建立在一定社会共识基础上，根据一国（地区）经济社会发展阶段和总体水平，为维持本国（地区）经济社会稳定、基本的

＊　由于空港新城管委会于 2011 年成立，公共服务均等化的数据均为调研而得。

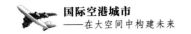

社会正义和凝聚力，保护个人最基本的生存权和发展权，为实现人的全面发展所需要的基本社会条件。

从内容上看，公共服务包括四个层次：第一个层次是就业服务和基本社会保障等"基本民生性服务"；第二个层次是义务教育、公共卫生、基本医疗、公共文化、公共体育等"公共事业性服务"；第三个层次是公益性基础设施和生态环境保护等"公益基础性服务"；第四个层次是生产安全、消费安全、社会安全、国防安全等"公共安全性服务"。

从范围上看，结合当前中国公共服务普遍存在的问题，公共服务包括三个层面：第一个层面是城市与农村公共服务均等化的问题；第二个层面是一个区域内部公共服务均等化的问题；第三个层面是整个区域公共服务、基础设施与国际化接轨的问题。

因此，空港新城从空白起步，对公共服务的构建要立足长远，既要从内容上进行体系化、系统化，也要从范围上分步骤推进、逐步覆盖，最终实现公共服务的城乡均等化、区域均等化与国际前端化。

二 国际化大都市对公共产品的基本要求

国际化大都市是适合人类生活和全面发展的城市，是人们愿意居住并且普遍向往的城市。据联合国发展计划署的估计，衡量国际化大都市的指标主要包含七个：第一，人文发展的指数。包括寿命、教育程度、生活水平等，至少达到 0.9 以上才是国际化大都市的标准值。第二，人均住房面积。这是城镇居民的基本生活条件的一个重要衡量指标，人均达到 25 平方米以上是国际化大都市的最低标准。第三，高等教育的毛入学率。这是反映人口文化素质的重要指标，国际化的最低标准是该指标不得低于 50%。第四，轨道交通客运的比重。这是衡量一个城市交通基础设施建设水平的重要标志，这一比重应不低于 50%，以达到国际化大都市的标准。第五，航空港旅客吞吐量。4500 万人次以上的城市国际交通量才能达到国际化的标准值。第六，信息化水平的综合指数。信息产业、信息技术、信息资源、信息网络等内容全部包含于国际大都市的综合指数内，这些综合指数都应在 80 以上。第七，空气污染指数。国际化大都市的这一指数应小于 3，因为指数越高表示污染越严重。

此外，对国际组织和人才具有强大吸引力和凝聚力的国际化大都市，往往是会展、服务和国际金融中心，包括五个关键指标：第一，进驻的跨国公司的数量。许多大型跨国公司的总部都设立在国际化大都市，根据国际研究机构的估计，如果世界 500 强的企业有一半以上在此设立分支机构，那就可以解释为这个城市的国际化趋势明显。第二，外资金融机构数量。这一指标反映了城市参与国际活动的程度，国际化大都市的标准是必须达到 100 家以上。第三，城市的旅游人数。这一指标体现了一个城市的开放程度以及国际交流的功能，年入境人数在 600 万人次以上是国际化旅游中心城市的重要指标。第四，每年举办国际会议的次数。往往国际性会议的举行地都是国际化大都市，因此，每年必须举办由 80 个国家和地区参加并且不能少于 150 人的国际会议。第五，外籍人口的比例。一个国际化大都市的外籍常住人口比重一般为 5% ~ 20%，这是国际化城市可量化的重要指标。

从以上分析可以看出，要成为一个国际化大都市，首先，必须拥有国际化的立体交通网、通信网等基础设施。其次，必须具备国际化的金融、法律、物流等生产性公共服务以及国际一流水准的教育、医疗、养生与保健机构等生活性公共服务。高水准的城市综合功能配套能够吸引高素质人才与高端产业聚集于此，产生巨大的溢出效应。

第二节　空港新城公共服务现状与差距[①]

根据空港新城管委会对辖区内的经济社会发展状况的实地调研获取的第一手资料，主要从教育事业、医疗卫生、文化体育、商业设施、社会福利设施和公共安全机制六个方面总结了空港新城公共服务的现状与差距。

一　教育事业

区内现有各类学校 38 所、学生 6679 人。其中，高级中学 1 所，初级中

---

① 由于空港新城管委会于 2011 年成立，因此，对辖区内的经济社会发展状况目前还没有建立一套完善的统计体系，本节数据是根据实地调研获取的第一手资料。

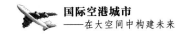

学 2 所，完全小学 18 所，初级小学 5 所，幼儿园 12 所。现有基础教育设施设置不均衡，优质教育资源较为匮乏；学前教育发展滞后，不能满足学前儿童接受较高质量学前教育的需求（见表 9－1）。

表 9－1　空港新城教育设施现状

单位：所，人

	高级中学		初级中学		完全小学		初级小学		幼儿园	
	数量	学生数	数量	学生数	数量	学生数	数量	学生数	数量	学生数
底张镇	1	439	—	—	5	1119	—	—	4	713
北杜镇	—	—	1	395	3	472	1	100	6	452
周陵镇（福银高速以北）	—	—	—	—	2	226	—	—	—	—
太平镇			1	1130	8	1204	4	192	2	237
合计	1	439	2	1525	18	3021	5	292	12	1402

二　医疗卫生

区内现有各类医疗卫生服务设施 77 个。其中，乡镇卫生院 3 个，村卫生室 71 个，计生服务中心（站）3 个。目前区内医疗卫生机构分布较为合理，但规模普遍较小、设施简陋，专业医疗卫生技术人员缺乏，医疗水平较低（见表 9－2）。

表 9－2　空港新城医疗卫生设施现状

单位：个

	乡镇卫生院			村卫生室	其他类型		
	数量	名称	位置	数量	数量	名称	位置
底张镇	1	底张中心卫生院	底张街道	26	1	底张计生服务中心	底张街道
北杜镇	1	北杜镇卫生院	北杜村	19	1	北杜镇计生服务站	北里村
周陵镇（福银高速以北）	—	—	—	4	—	—	—
太平镇	1	太平镇卫生院	柳村	22	1	太平镇计生服务站	柳村
合计	3			71	3		

三 文化体育

区内现有各类文化设施 56 个。其中，镇文化站 3 个，村文化活动室 24 个，农家书屋 29 个。另外，共建设了 36 个健身广场。现有文化体育设施用地普遍偏小、陈旧简陋，缺乏大型综合文化娱乐和体育设施，无法满足居民日常文化娱乐和体育健身活动的需要（见表 9 - 3）。

表 9 - 3 空港新城文化体育设施现状

单位：个

	镇文化站	村文化活动室	农家书屋	健身广场
底张镇	1	6	6	14
北杜镇	1	6	6	6
周陵镇（福银高速以北）	—	—	6	5
太平镇	1	12	11	11
合 计	3	24	29	36

四 商业设施

区内现有市场 5 个，类别单一，流通产品类型多为农副产品和日杂百货。区内基本没有成规模的商业设施，尚处于私人自发小规模经营的形式。集市一般在镇区内设置，经营时间多为期集，定时定期开设，方便村民销售购买物资，满足日常生活需要。总的来说，商业设施不足，分布不够合理，设施环境简陋，购物环境较差，居民购物不方便（见表 9 - 4）。

表 9 - 4 空港新城市场设施现状

	设施名称	位置	占地面积	流通产品类型
底张镇	底张办事处农贸市场	底张街道办事处底张村	50 亩	农副产品 日杂百货
	祥合家居广场	底张街道办事处底张村	19.4 亩	家具
	西蒋农贸市场	底张街道办事处	1 亩	农副产品
北杜镇	北杜镇农贸市场	北杜村	12.7 亩	农副产品 日杂百货
太平镇	太平镇贸易市场	柳村	45 亩	商贸

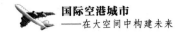

五 社会福利设施

区内社会福利设施缺乏，无法满足空港新城未来人口发展的需求。

六 公共安全机制

区内未形成完善的公共安全监督管理机制，公民的公共安全无法得到保障。

此外，区内除中国建设银行、中国银行等几家国有银行的分支机构外，缺乏股份制银行和外资银行，以及保险、法律服务、咨询等生产性公共服务，国际化的教育、医疗、养生与保健等机构更是匮乏。因此，与国际化大都市相比，空港新城在公共服务和城市综合功能配套方面仍存在质量和数量上的巨大差距。

第三节 国际化公共服务建设的借鉴：邻里中心

"邻里中心"一词由"邻里单位"演变而来，主要指邻里单位中的公共中心，包括商业、公共机构（医院、学校、图书馆等）、开放空间和住宅。时至今日，邻里中心的内涵已经扩充为分层次、与配套的社区活动中心相交叉的概念统称，也就是居住区中心。它是以附近住宅区居民为主要消费对象的中心服务区，是解决居民生活的商业服务模式，其本质是"交往"，拓展后的概念更新和提升了居住观念。社会心理学认为，交往是维持和发展人与人之间情感的有效手段，正是由于人们参与社会生活及交往的社会心理需求才促进了邻里中心的产生和发展。

一 邻里中心在新加坡的应用

新加坡建屋发展局针对邻里中心的建设在摸索中起步，历经30多年，不断实践，已经总结出一套行之有效的经验模式。具体做法为：1000~2000套住户配套建设一个邻区商店；为6000~8000套住户配套建设一个邻里中心；为 4 万～6 万套住户配套建设一个新镇中心。所有邻里中心与组屋分开，均为独立式建筑。新镇中心以经营高档商品为主，邻区商店以经营生活必需品为主，邻里中心以经营中档商品为主，包括诊疗所及牙医、面包店、文具店、中西药行、托儿所、服装店、眼镜店、理发店、家庭用品、书局、家庭娱乐中心等。

二　邻里中心在苏州工业园的应用

中新合作的苏州工业园吸收、借鉴了新加坡邻里中心的经验，并成功应用于园区成为园区一大特色。邻里中心已成为满足居民日常生活、购物休闲与文化交流需求的重要组成部分。

按照园区规划，全区划分为三个居住镇，每个镇区 3 万～10 万户，含 5 个 4000～8000 户的邻里，每个邻里设邻里中心，一个邻里中心包含若干 300～700 户的组团，除配电室、组团绿地等必需性基础公共设施，组团内一般不设其他公共设施，这样保证了居住社区的主要配套设施集中在邻里中心。邻里中心由专门的机构负责建设，以邻里中心的各个组团作为对外招商和住宅开发的基本地块单元。邻里中心的开发遵循"有序、规范、配套"的原则，在 70 平方公里的整个园区内按住宅区分布建成 17 个邻里中心。1 公里左右的半径辐射范围内拥有一个邻里中心，每个邻里中心建设一个综合性商贸大厦，满足 6000～8000 户居民或 2 万～3 万人口的一般需求。苏州工业园经过十年的开发建设，已经成功建成新城、贵都、玲珑、湖东、师慧、沁苑、翰林 7 个邻里中心。园区内邻里中心的营造除了将商业、休闲、文化、体育、卫生、教育等功能融为一体，也将以人为本的情怀体现在区域性商业服务中心之中，建筑主题鲜明、交通流畅有序、功能清晰便捷，运用建筑技术将空间形态与实际环境相结合，营造出人与环境水乳交融、动感和谐的氛围。

因此，空港新城国际化公共服务体系的打造要借鉴邻里中心的构建模式，按照社区配套教育、医疗、养老、休闲、商业、文化等功能。

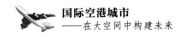

第四节　构建国际化的空港新城公共服务体系

根据空港新城的发展实际，空港新城公共服务体系构建的发展目标从过去零散化、单一化向集中化、多样化与国际化转变，最终在信息化覆盖下实现向规模化、层级化、智能化、高端化的转变，把居住、教育、文化、休闲娱乐等社区功能和商务等商业功能融为一体，实现层级明晰、功能完善、覆盖均衡的现代化、信息化、国际化的公共服务体系。

一　构建原则

第一，前瞻规划，分段推进。以科学性、前瞻性为指导原则进行统一规划、合理布局，为公共设施服务体系建设奠定良好基础。空港新城公共服务体系的规划考虑到50年后的发展情况，超前规划50年，制定大目标分阶段推进。同时，按照产业、居住用地等推进的阶段过程进行分期实施，保证公共设施利用的高效性。

第二，创新体系，覆盖全面。以创新城市建设和发展为理念，通过网络化管理，注重公共服务设施空间利用的合理性和有效性，构建空港新城公共设施完善、覆盖广泛的创新型公共服务体系。

第三，目标明确，加快建设。空港新城区域农村居多，公共服务的意识和功能设施比较薄弱，在建设过程中，空港新城注重明确近期和远期目标，逐步实施，不断推进国际化公共服务体系建设。

二　构建目标

规划构建层次清晰、体系完整、健康运转、集约利用、城乡一体、公平均等的国际化公共服务设施体系，促进区域居民生活质量大幅提升，具体从以下六个方面推进（见表9-5）。

表 9 - 5   空港新城推进公共服务国际化建设时间框架

发展阶段	实现目标
第一阶段 （2011～2015 年）	完善城乡公共服务体系,进一步推进城乡公共服务体制改革,提高镇级公共服务和管理水平,改善公共服务财政体制和供给机制,使得公共服务改革成果能够惠及广大城乡居民
第二阶段 （2016～2020 年）	深入推进区域间公共服务均等化的实现,进一步促进公共服务供给中社会力量的发挥和市场机制的利用,完善公共服务供给制度和转移支付制度,从而进一步满足城乡居民公共服务的需求,实现区域间的公共服务均等化
第三阶段 （2021～2040 年）	建立统一的国际化公共服务供给制度,最终形成高标准的国际化公共服务体系

（一） 教育

以构建公平的教育环境、提高全民受教育水平为目标,加大教育设施建设投入,加强教师队伍建设,构建基础教育公平化、职业教育多元化、成人教育终身化的教育体系。

（二） 医疗卫生

以实现医疗服务体系网络化、医疗保障均衡化为目标,继续深化医疗卫生体制改革,加快卫生技术人员队伍建设,提高医疗服务水平和质量,加大对农村地区卫生事业的投入,构建覆盖城乡、惠及全民的公共医疗卫生服务体系。

（三） 文化体育

以精神文明建设为根本,加快文化事业建设,构建完善的公共文化服务体系,实现文化体育设施布局均衡化,使全区居民公平共享现代精神文明。

（四） 商业设施

坚持"市场主导,企业主体,政府协调,资源共享,市场共通,利益共享,整体规划,重点突破,逐步推进"的原则,按照产业及消费的区域性需求,构建多层级的区域市场网络,逐步形成内外商品自由流动的一体化市场机制。到规划期末,实现专业市场规模化,中心城区建有大中型超市,重点镇建有中小型超市,优美小镇建有连锁店和便民店的市场网络体系,为居民营造安全舒适、便捷放心的优质消费环境。

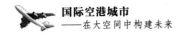

（五）社会福利

坚持"统筹规划、合理布局"的原则，探索构建以老年人、残疾人、孤儿为主要服务对象，惠及外来务工人员的新型社会福利体系，逐步形成布局合理、配套齐全、服务便利、形式多样、环境优良的福利设施体系。

（六）公共安全

构建完善的公共安全监督管理机制，营造安全幸福的生活空间。确保区内食品卫生抽检合格率、社会安全指数等均达到100%。

三 实现路径

第一，完善公共服务体系。遵循国际规则和国际惯例，构建公开、公平、公正的公共服务体系，提供方便、快捷、优质、高效的公共服务，营造良好的国际化政务环境。认真总结实践经验，借鉴国外有益做法，以"有限政府、无限服务"理念为先导，以体制机制创新为动力，以深化大部门制改革为抓手，加快转变政府职能，优化组织结构，完善运行机制，强化制度规范，构建权责一致、分工合理、决策科学、执行顺畅、监督有力的服务型政府基本框架。大力发展教育、卫生、文化等社会事业，搭建技术创新、人才交流、经济服务等公共平台，完善就业分配、社会保障、社会秩序等制度建设，不断增加公共服务的门类和总量，优化公共服务的结构和布局。

第二，创新公共服务供给模式。积极发挥市场和社会的作用，促进公共服务主体、公共服务格局和公共服务模式的多元化、专业化和社会化。推行行政规划、行政指导和行政合同等服务方式，探索政府服务外包模式，构建协商、选择、间接服务机制，强化公共服务质量管理，完善公共服务效能评估，以最低廉的行政成本提供更多、更优、更好的公共服务。推进政企分开、政资分开、政事分开、政府与市场中介组织分开，发挥公益类事业单位提供公共服务的重要作用，支持社会组织参与公共服务和社会管理，形成公共服务供给的社会和市场参与机制。推动公共服务重心下移，建立顺应民意、发挥民智、集中民力的公民参与机制，不断提高公共服务的开放度，扩大公共服务的覆盖面。

第三，提高公共服务水平。加强与城市国际化相适应的公共服务设施、公共服务能力和公共服务标准建设，提高公共服务效率，保障公共服务质量，彰显公共服务价值。完善公共财政体系，调整财政收支结构，把更多的财政资金投向公共服务领域，形成稳定增长机制，促进公共服务优质化和均等化。加强对公务人员的教育培训，不断拓展国际视野和世界眼光，增强规范意识、效能意识和责任意识，全面提高整体素质和服务能力。实施"一窗口对外、一站式审批、全程式服务"，实行限期办理制、服务承诺制、超时默认制，提升政务服务水平。加强电子政务建设和政务信息公开服务，按照多语种、人性化的要求，及时发布信息，统一规范服务指引，实现信息互通和资源共享。

第五节　空港新城国际化公共服务设施规划

一　公共服务设施配套规划的突破

考虑到未来城市建设和居民的潜在需求，空港新城在制定公共服务设施配套标准时重点从以下几个方面做出有益的探索与尝试。

（一）完善居住区共建配套分级体制

按照空港新城的规划和发展特点，对公共服务设施配套提出两种标准。一是按照"空港新城（市级）－居住区级（社区级）"两级划分，这种划分便于高效管理和信息及时传递反馈。二是把空港新城的组团概念纳入考虑范围，实现"空港新城（市级）－组团大社区级－居住区级（社区级）"三级划分，这种划分解决了每一级设施之间脱节而造成的服务设施配套的重复或缺乏问题。

（二）强化对公益性服务设施的管理和投入

强化对教育、医疗卫生、文化体育、社区服务、行政管理、社会福利等公益性服务设施的管理和投入。一是严格按照国家规定的标准落实公益性服务设施的建设。二是在公益性服务设施的建设中，管委会要起到主要的推动作用。三是商业、服务业等经营性设施，要交给居民和市场来选择，根据居

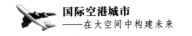

民的需求引入市场竞争机制。

(三) 顺应公共设施形式多样化趋势

公共设施具有公益性和营利性分化的特点，因此，对于二者的建设有着不同的要求。一是对于公益性公共设施，制定严格、明确的规划标准，作为强制性技术标准实施。二是对于营利性设施，充分发挥市场调节作用，根据居民需求变化进行完善，对这类设施项目类型和规模指标的规定应留有充分的弹性。

二 公共服务设施国际化规划

区内公共设施配置按照兼顾区域、分类配置、分级均衡的原则进行布局。考虑到重点镇片区与中心城区相邻，将对其进行高标准规划建设，使之融入中心城区的建设发展中，因而在进行公共服务设施配置时，也将重点镇片区的公共服务需求纳入中心城区统一考虑（见表9-6）。

表9-6 空港新城公共服务设施规划

| | | 中心城区 | 5个优美小镇 | | | | | | 合计 |
			小计	太平优美小镇	庙店优美小镇	西留优美小镇	竹范优美小镇	西安国际美术城	
教育设施	教育科研设施	1	—	—	—	—	—	—	1
	高级中学	3	1	1	—	—	—	—	4
	初级中学	3							3
	九年制学校	3	1	1					4
	完全小学	10	1	—	1				11
	幼儿园	27	5	2	1	1	1		32
医疗卫生设施	综合医院	3							3
	社区卫生服务中心	7	2	1	1				9
	卫生服务站	22	5	1	1	1	1	1	27
文化体育设施	新城级文化设施	6							6
	组团级文化设施	4	1	1					5
	居住区级文化设施	7	4		1	1	1	1	11
	新城级体育设施	1							1
	组团级体育设施	1							1

续表

| | | 中心城区 | 5 个优美小镇 | | | | | | 合计 |
			小计	太平优美小镇	庙店优美小镇	西留优美小镇	竹范优美小镇	西安国际美术城	
商业设施	新城级商业设施	2	—	—	—	—	—	—	2
	组团级商业设施	4	1	1	—	—	—	—	5
	居住区级商业设施	11	4	—	1	1	1	1	15
社会福利设施	市级养老院	3	—	—	—	—	—	—	3
	新城级老年人福利院	1	—	—	—	—	—	—	1

（一）教育设施

1. 教育科研设施

规划新城级教育科研设施 1 所，位于中央商务组团东部，用地面积为 9.47 公顷。落实上位规划，结合以后实际需要，具体安排科研事业单位或职业教育学校。

2. 高级中学

规划高级中学 4 所，布置在中央商务组团东部 1 所，西部 1 所；配套居住组团西北部 1 所；太平优美小镇 1 所。平均每所用地面积 3.0~3.5 公顷，每所服务人口 8 万~10 万人。

3. 初级中学

规划初级中学 3 所，布置在中央商务组团东部 1 所，西部 1 所；配套居住组团西北部 1 所。平均每所用地面积 2.3~2.6 公顷，每所服务人口 3 万~5 万人，服务半径在 1000 米以内。

4. 九年制学校

规划九年制学校 4 所，布置在中央商务组团北部 1 所，南部 1 所；配套居住组团东南部 1 所；太平优美小镇 1 所。平均每所用地面积 4~5 公顷，初中部平均每所服务人口 3 万~5 万人，服务半径在 1000 米以内；小学部平均每所服务人口 1.5 万~1.8 万人，服务半径在 500 米以内。

5. 完全小学

规划完全小学 11 所，布置在中央商务组团 4 所；配套居住组团 3 所；

高端制造业组团 1 所；保税物流组团 1 所；航空制造业组团南部 1 所；庙店优美小镇 1 所。平均每所用地面积 1.5～2.8 公顷，平均每所服务人口 1.5 万～1.8 万人，服务半径在 500 米以内。

6. 幼儿园

规划幼儿园 32 所，布置在西部配套居住组团 9 所；空港中央商务组团 13 所；西部产业组团南部 2 所；东部产业组团 2 所；保税物流组团 1 所；太平优美小镇 2 所；庙店优美小镇 1 所；西留优美小镇 1 所；竹范优美小镇 1 所。平均每所用地面积 0.37～0.50 公顷，平均每所服务人口 0.8 万～1.0 万人，服务半径在 300 米以内。

（二）医疗卫生设施

医疗卫生设施按照组团及服务半径进行布置，建设医院、社区级医院、卫生服务站等设施，形成以医院为核心、以社区及医院为骨干、以卫生服务站为补充的"15 分钟健康服务圈"。

规划医院按照每 5 万人设 200 个病床，共需 3 所综合医院，考虑到城市周边的就医需求，规划总床位 1300 个。其中，中央商务组团中部设 600 床综合医院 1 所（建议三级甲等医院），面积 7.73 公顷；中央商务组团东部设 300 床综合医院 1 所，面积 3.52 公顷；配套居住组团西北部设 400 床综合医院 1 所，面积 4.63 公顷。

社区卫生服务中心按照每 3 万～5 万人设一个，共需 9 个，平均每个用地面积 0.3～0.6 公顷。空间分布为：配套居住组团 3 个；中央商务组团 2 个；东部产业组团 1 个；西部产业组团南部 1 个；太平优美小镇 1 个；庙店优美小镇 1 个。

卫生服务站按照每 1 万～1.5 万人设置一个，共需 27 个。空间分布为：配套居住组团 6 个；中央商务组团 13 个；西部产业组团南部 1 个；东部产业组团 1 个；保税物流组团 1 个；5 个优美小镇各 1 个。

（三）文化体育设施

1. 文化设施

中心城区规划建设综合文化功能区，建设空港公共图书馆、空港文化博物馆、空港文化交流中心、空港国际会展中心、美术馆、影剧院等设施，设立空港文化信息资源共享中心，成为空港新城人才交流、对外文化交流、承办大型会议会展的核心区。部分城市组团配置文化馆、公共图书馆、影剧院、信息资源共享中心等设施。

结合服务半径和服务人口，中心城区文化设施分为新城级、组团级和居住区级文化设施。其中，新城级文化设施6处：中央商务组团核心区北部5处，南部1处，总面积38公顷。组团级文化设施4处：东部产业组团1处，面积2.69公顷；配套居住组团2处，面积分别为0.95公顷、1.14公顷；西部产业组团1处，面积3.03公顷。居住区级文化设施11处，平均每处面积0.5～0.7公顷。其中，配套居住组团4处；中央商务组团2处；保税物流组团1处；庙店优美小镇1处；西留优美小镇1处；竹范优美小镇1处；西安国际美术城1处。

同时，太平优美小镇建设1处组团级文化设施。其他4个优美小镇文化设施建设应结合其他建筑综合布置，建设社区级文化设施。

2. 体育设施

中心城区建设综合体育场馆，加强游泳（跳水）馆、网球馆、羽毛球馆等专项体育场馆建设。

结合服务半径和服务人口，中心城区体育设施分为新城级和组团级体育设施。其中，新城级体育设施1处，位于中央商务组团东部规划范围外，面积17.10公顷；组团级体育设施1处，位于配套居住组团，面积4.43公顷。

同时，优美小镇体育设施建设应结合其他设施如绿地、广场等，配置健身场、室内健身场所，满足居民经常性文化体育活动需求。

3. 商业设施

构建"新城级－组团级－居住区级"三级商业设施服务体系。规划新城级商业设施2处，分别在空港综合门户组团和中央商务组团核心区内，建成集精品购物、时尚生活、休闲游憩、餐饮娱乐等多种功能于一体、体现城市商业精华和城市形象的商业中心，是城市对外交流的窗口。规划组团级商业设施5处，分别位于配套居住组团核心区、保税物流组团核心区、高端制造业组团核心区、航空制造业组团核心区和太平优美小镇。居住区级商业设施11处，每处服务半径1.5公里以内。此外，除太平优美小镇外的4个优

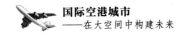

美小镇各布置 1 处商业设施。

4. 社会福利设施

依据《城市公共设施规划规范》（GB50442－2008）、《西咸新区空港新城分区规划（2011－2020)》中的相关规定规划养老服务设施。

规划设置市级养老院 3 处，分别为：配套居住组团设置 1 处 200 个床位的市级养老院，面积 1.51 公顷；中央商务组团设置 2 处市级养老院，中央商务组团东部 1 处 150 个床位，面积 1.11 公顷，中央商务组团西部 1 处 200 个床位，面积 1.72 公顷。

配套居住组团西北部设置 1 处 300 个床位的新城级老年人福利院，面积 0.91 公顷。

此外，优美小镇可根据实际需求建设养老服务站。

第六节 空港新城实现公共服务国际化的发展措施

一 创建公平教育培训环境，构建智慧新城

第一，逐步推行教育优惠政策。整合区内现有教育资源，在九年制义务教育的基础上，根据发展的实际情况，规划近期，可推行从小学至高中 12 年免费教育，即在九年义务教育阶段实施"两免一补"政策的基础上，开始对普通高中、职业高中学生免收学费并给予补贴。规划远期，可进一步推行 15 年免费教育，即从幼儿园到高中实行免收学费并给予补贴。加快普及学前教育，将学前教育逐步纳入公共财政范畴。在社区建立托儿所，开展 0~3 岁婴幼儿教育试点。

第二，加强新城职业教育。建设新城职教中心，确保"人人有学上，个个有技能"；发展成人教育，健全城乡社区教育网络，推进终身教育体系建设；同时，开展各类技能培训，提高安置居民的受教育水平。

第三，建立完善的特殊儿童教育保障体系。建立和完善残疾儿童少年接受义务教育的支持保障体系，形成以特殊学校为骨干，以普通学校附设特殊

教育班和三残适龄儿童少年随班就读为主体的特殊教育格局，使三残适龄儿童义务教育阶段入学率达到 75% 以上。

第四，强化教师培养培训。启动教师、校长全员培训工程，实行校际校长、教师合理流动。加快教育信息化建设，建立与新课程同步的教育资源库，完善新城教育信息平台和门户网站。

二　构建全面医疗服务体系，打造健康新城

第一，加强公共卫生服务体系建设。以政府为主导，加大卫生事业投资力度，加强医疗卫生基础设施建设和设备配备，健全完善"医院－社区级医院－卫生服务站"三级医疗卫生体系。

第二，加强卫生人才队伍建设，实施人才引进优惠政策，采取定向招生的方式，为新城培养高学历、高素质的医学类本科毕业生，构建合理的卫生人才梯队。

三　推动多元文体事业发展，构建活力新城

第一，推动公共文化服务向组团、社区延伸。支持社会公益性文化机构的建设，鼓励民间开办博物馆、图书馆、俱乐部、游乐场等，推行部分文化场馆（室）向社会免费开放，引导社会力量参与支持公共文化服务建设。

第二，发展具有空港特色的文化产业。培育壮大文化市场经营业，支持文化娱乐业、图书发行业、印刷业、工艺品加工业、信息业、艺术培训等进入经营市场。成立空港文化发展公司，发展有空港特色的文化事业，打造一流的文化产业，形成文化产业聚集区，塑造现代空中丝绸之路新起点。

第三，完善群众体育组织网络和服务网络。积极开展内容丰富、形式多样的群众体育活动，调动和发挥社会团体组织的作用，开展各类有益健康的体育活动，丰富群众生活，提高健康水平。

四　建立健全劳动就业体系，搭建人才新城

制定完善人才激励政策和相关优惠政策，有针对性地为新城经济社会发展引进高层次的紧缺型人才，促进人才合理流动，逐步实现专业技术人员在

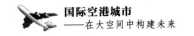
地域、行业、产业方面的科学布局。加快人力资源市场建设步伐，充分发挥人力资源市场在人才结构调整中的基础性作用。拓展人力资源市场服务项目，开展人事代理、人才素质测评、人事争议仲裁等业务，把新城人力资源市场建成功能齐全、管理先进的综合性人力资源市场。

五　积极完善社会保障体系，营造和谐新城

扩大养老保险覆盖面，完善企业职工基本养老保险制度，通过指导建立企业年金，倡导个人储蓄养老金，建立多层次的养老保险制度；逐步建立和完善覆盖城乡的基本医疗保障制度，参与深化医药卫生体制改革相关工作；健全社会救助体系，实现社会救助全覆盖；完成残疾人社会保障和服务体系建设；大力发展养老事业，鼓励社会力量兴办养老机构。

六　制定公共安全机制体系，建设安全新城

建设城乡一体的食品、药品、卫生监督执法体系，加大对农村食品卫生抽查力度，为城乡居民提供同质的健康保障。

七　推进公共服务社会化，推行服务型政府建设

在公共服务供给中引入竞争机制，建立公私合作的公共产品和公共服务提供方式。通过优惠政策、合同制、租赁制、付费制等服务方式，鼓励和吸引私营部门、企业、民间资本、外资等参与原来由政府包办的公益事业和公共服务，创造公共服务消费中的自由选择机会，从而实现不同属性和不同形式的公共产品和公共服务的有效供给，使居民享有更多选择权和更好的服务体验，提升公共服务的质量与绩效。

八　完善公共服务设施配置，实现公共服务公平共享

科学规划区内各类公共服务设施。制定专门的公共服务人才培养机制，与西安、咸阳两地高校、职业技术学校、培训机构等有效衔接，为公共服务人才的培养奠定人员基础。同时，制定志愿者服务机制，引导居民参与公共服务工作，逐步实现居民之间公共服务自助。

第十章
实施国际空港城市战略性生态环境保护

城市的发展离不开它所依存的空间，其中最基本的空间是由土地及附着在其上面的环境承载的。环境库兹涅茨倒 U 形曲线表明：当一个地区的经济处于起步阶段时，人类的经济活动对资源环境的攫取与掠夺较少，人口与资源环境和谐共处。当经济发展进入加速发展阶段时，人类经济活动频繁，技术进步加快，对资源环境的攫取与疯狂掠夺导致人口与资源环境产生激烈的矛盾，生态环境急剧恶化。当经济发展处于高级阶段时，一方面，技术水平提高对资源环境的危害性较小；另一方面，人类开始有意识地反哺资源环境，生态环境得到逐步改善。空港新城的跨越式发展，不是用环境约束来制约城市的发展，而是正确处理好发展与资源环境之间的关系，运用环境文化"无形的手"共同建设人与自然和谐相处的"美丽新城"。

一　城市开发建设过程中可能带来的生态环境风险

目前，全世界大约有 10 亿人生活在各种规模的城市里，占世界总人口的 1/5 以上。纵观中国城市化发展的进程，人们对城市环境问题的关注程度越来越高，高速的经济发展带来累累硕果的同时，也伴随着严重的环境恶化、生态破坏和资源匮乏。从天空到海洋，从陆地到河流，从地表到地下，无论是空气、水源还是土壤，广泛存在的环境污染不断提醒我们环境在城市化建设中是极其脆弱的。

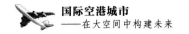
二 树立生态田园城市建设新理念

（一）创新发展模式，建设"两型"城市

西咸新区是首个以创新城市发展方式为主题的国家级新区，秉承建设田园城市核心理念。空港新城注重"资源节约型""环境友好型"城市建设，要求社会经济发展符合自然规律，尊重资源环境承载力，以可持续发展为目标，推进生态文明建设。

资源和环境是经济社会可持续发展的物质基础和保障，经济的发展离不开资源和环境的支撑。建设"资源节约型""环境友好型"城市，是使经济发展与人口、资源、环境相协调，是在节约资源、保护环境的前提下实现经济较快、持续发展，促进人与自然和谐相处。推进形成节约能源资源和保护生态环境的产业结构，贯彻落实科学发展观的内容，保护并合理利用资源，提高资源利用效率，促进空港新城平稳、较快、持续发展。

（二）依托地域优势，构建生态网络

依托西安咸阳国际机场的资源优势，加速产业链构建和集群化发展，形成资源互补、产业关联、梯度发展的多层次产业群，推行清洁生产，发展循环经济，加强工业污染防治。统筹城镇建设与生态环境保护，按照"有机聚合、低碳高效"的发展模式，通过功能组团间生态廊道有机衔接，构建"一环、多轴、多点"生态网络。改善生态环境，提高资源利用效率，推动整个城市走上生产发展、生活富裕、生态良好的文明发展道路。

（三）高效利用资源，创"四化"新城

将"生态化"作为四大核心发展理念之一，实现产业优化升级和产业集聚发展，统一考虑城市建成区和村镇建设用地的关系，以土地的集约高效利用、功能的集聚联合发展为目标，坚持可持续发展战略，建立土地储备制度和严格的环境监督管理体系，结合城市建成区的要求，强化生态历史文化资源的积极保护，打造城市的生态基底和文化底蕴，提升整个规划区的形象和内涵，积极打造"国际化、人文化、生态化、智慧化"的第四代国际空港城市。

三　多措并举推进生态化建设

（一）建立政策制度生态化

综合运用行政约束手段和奖励措施，营造良好制度环境：健全能源、水、土地节约和集约使用制度；严格执行建设项目环评制度，严控区域和建设项目污染物排放总量；建立区域环境风险应急防范体系，加强环境风险评估和环境事故应急处置。加强清洁生产管理，鼓励产研相结合的发展模式，不断推动围绕节能减排、污水再生利用、固体废物资源化、低碳发展等方面的科技攻关和创新，充分发挥科学研究对环境管理以及低碳循环经济发展的支持作用。

（二）严格执行产业引进生态化

开展绿色招商，项目入区前进行环保评估，从源头上杜绝技术落后、耗能高、污染重的项目入区；大力推动航空物流业、民航科技产业、现代服务业等轻污染行业落地生根，整体上实现产业优化和绿色升级；在这些清洁产业中，注重引进丰树、普洛斯、圆通、东航等行业龙头企业，以大企业为核心，实施绿色供应链管理，带动上下游企业共同生态化。

（三）加速基础设施建设生态化

第一，实行资源能源集约化供给的运行模式，推动清洁能源、回用水系统、绿化生态工程、绿色交通等基础设施节能环保工程建设。加快区域天然气工程建设，逐步淘汰区域燃煤锅炉，鼓励居民采用壁挂炉，减少型煤使用量和区域煤炭使用总量；加快污水处理厂建设，将回用水系统作为区域必备基础设施进行建设，对处理达标的污水进行深度处理后用于景观和绿化用水，形成水资源处理－再生－利用模式；在固体废物污染防治方面，加快生活垃圾分类收集、转运及无害化处理系统建设，形成可回收资源利用模式。

第二，加快重点生态片区、主要交通干线生态廊道、项目附属绿化及生态园林等项目建设，加强公共空间垂直绿化和建筑屋顶立体绿化，提升城市立体绿化设计水平，强化绿色建筑设计审查，推行建筑节能、可再生能源利用、绿色建材等绿色建筑理念。

第三，加强现代农业生态化基础设施建设，加快现代农业节水灌溉技术及机械化技术的发展，降低水土流失比例以及减少化肥、农膜的使用量。

第四，优化路网结构，优先发展公共交通，完善公交网络，加快地铁建设，完善整体线网布局，加强交通组织和管理，形成形式多样、使用便利的交通保障体系，方便居民绿色出行。

（四）倡导社会发展生态化

政府率先垂范，建立绿色办公管理长效机制，规范办公用品节约使用和电子化办公系统使用，有效提升各企事业单位的社会责任意识。

公众和企业是绿色发展的重要参与者，鼓励居民参与绿色家庭、绿色社区创建；鼓励企业开展绿色企业、ISO14001环境管理体系建设，加强环保制度建设与管理，形成节约资源、保护环境的社会风尚。

四 打造产业聚集、生态宜居型空港城市

以技术高端化、产业集群化、资源集约化来推动打造临空特色鲜明、极具竞争力的空港产业配套环境。重点建设泾河滨水生态景观带、北辰谷生态片区、福银高速生态廊道、唐顺陵遗址生态园林项目、萧何曹参墓等生态园林景观工程。积极推行清洁生产，发展循环经济，结合建设生态城市的目标，加强LED等节能产品技术推广应用示范；加强与周边区域联动，借助临空产业优势，实现客流、物流、信息流、资金流等资源汇集，建立高效、有序、合理的水资源保护和管理体系，积极营造空港生态城市风貌，建设优美宜居魅力城市典范。

唐顺陵遗址生态园林项目实景图

萧何曹参墓生态园林景观工程实景图

第十一章
国际空港城市的前景与展望

随着国际空港城市的快速发展，其功能和价值不断显现。今后，国际空港城市将进一步引领区域参与到国际化发展的大潮之中，成为世界经济发展中的重要节点，形成网络化发展格局。空港新城未来的重点发展方向是成为世界一流的自由贸易园区和航空大都市。

第一节　国际空港城市的发展前景

一　国际成熟空港城市的发展经验

关于空港城市的发展，美国北卡罗来纳大学的约翰·卡萨达教授研究航空大都市时有一段描述："过去人们之所以选择住在城市，就是为了享受城市在社会、金融、精神等层面上的纽带性优势。但是，在全球化进程中，我们会选择通过光纤和喷气式飞机把彼此联系得更紧密的城市。"斯坦·盖尔简单地把这一想法归结为，建造一个用机场相互联结的快捷城市网络。

经济全球化和区域经济合作的不断深入，进一步促进了人、财、物和信息在国家之间的高速流动，世界贸易量的 40% 是通过航空来进行的，20% 是通过陆路来进行的。很明显，航空运输已经成为世界贸易最重要的推动因素。目前，不仅传统海港枢纽重视发展航空枢纽，如新加坡的樟宜，中国的上海浦东、香港等地，而且一些内陆地区也在打造空港枢纽，形成了以空港

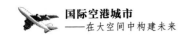

为引领，带动区域参与国际市场分工的新模式。其中，发展较为成熟的、有代表性的内陆空港城市如下。

美国孟菲斯：航空大都市孟菲斯位于美国中心地区，类似西安在中国的区位，在引入快递巨头 FedEx 并建立核心枢纽后，机场及周边临空经济区成为孟菲斯和田纳西州最大的经济引擎，平均每年为地区经济贡献 220 亿美元，提供 1/4 的地区就业岗位，创造 16.6 万个就业岗位，联邦快递公司雇员达 3 万人。超过一半的孟菲斯地区商业活动的未来发展与机场相关，220 亿美元经济贡献中的 195 亿美元来自航空货运业务。孟菲斯依托联邦快递的世界级枢纽，以孟菲斯机场为核心，已经形成了一个包括轻工业区、办公商务区、高档零售区、商务酒店、餐饮服务、娱乐休闲健身、高尔夫运动和居民住宅等区域的典型航空大都市。它是全球化时代发展航空物流、带动服务业发展、拉动区域经济发展的典范。

美国俄亥俄州首府哥伦布市：自由贸易园区。哥伦布市也位于美国中心地区，通过发展国际多模式货运机场（LCK），形成了美国 138 号对外贸易区，成为美国著名的高速国际化物流枢纽。美国 138 号对外贸易区以空港为发展核心，逐步向周边区域扩张，并致力于打造航空－铁路－卡车的立体式运输中心。多家国际航空公司总部和区域货运中心落户该区域，包括联邦快递、UPS 的地区中心和 EGL 的全国火车中心等，为哥伦布地区创造的总产出超过 100 亿美元。随着世界贸易的快速发展，美国 138 号对外贸易区面积由空港向外大幅扩张，它已经发展成为一个对外贸易园区，现有的土地资源已经不能满足其发展需求。

在中国，北京市在"十一五"期间将临空经济区确定为重点建设的六大高端产业功能区之一，河南举全省之力推进郑州航空港实验区建设，上海浦东机场综合保税区成了国内第一个自由贸易试验区的三大组成部分之一，这些鲜活的例子充分证明了机场正在由单纯的基础设施向着更为有效的经济发展平台方向发展。

可以看出，在内陆地区发展以航空为主要支撑的国际贸易是可行的，将为内陆地区直接参与国际市场分工、直接参与全球化发展提供新的发展模式，形成由枢纽空港、国际航线、信息网络和贸易中心共同组成的国际贸易网络，在推动区域经济社会发展和对外交往中将起到越来越重要的作用，空港新城未来将成为像美国孟菲斯与哥伦布市那样的航空大都市与自由贸易园区。

二　空港新城的发展前景及战略方向

2013 年，国家民航局局长李家祥在航空高峰论坛上指出，空港城市将由"城市的机场"变为"机场的城市"，过去人们为了出行，在城市旁边建设机场，而面对速度经济，人们更愿意在机场周边建设城市，来寻找与世界接轨的最佳方式。

可以预见，与大型枢纽机场相关联的空港城市将在经济全球化加快发展的背景下迅速崛起，将对世界经济的未来和人们的生产、生活方式产生革命性的影响。经济活动和人们的生活越来越围绕大型枢纽空港展开，这将成为一个趋势，临空经济推动速度经济时代的大发展，成为引领和改变世界的核心力量。陕西和大西安作为西部地区的金融、交通、商贸、医疗、产业等中心，最有条件建设成为与丝绸之路经济带沿线国家和地区发展经济与文化交流的重要节点和枢纽，发挥好空中优势将是其中的重大战略举措。因此，空港新城的快速发展将使其成为推动世界贸易的重要组成部分。

2013 年 11 月，陕西省制定了《西安国家航空城实验区发展规划（2013 – 2025）》，明确了在西咸新区空港新城建设国家级航空城的总体目标、主要任务和具体措施。2014 年 5 月 14 日，国家民航局对这一规划进行了批复，使西咸新区空港新城成为国内首个以城市为核心概念的空港城市实验区。陕西省一直对发展临空经济和建设航空城给予高度重视和大力支持，这也要求空港新城在未来要按照规划中提出的要求来积极规划和落实好建设第四代国际空港城市的重大任务，科学地构建面向西部、沟通世界、联系全球的开放型的"国际化、人文化、生态化、智慧化"第四代国际空港城市，为内陆地区对外开放提供重大战略发展平台和新模式。

第一，形成我国向西开放的临空经济中心。充分发挥航空运输对技术、资金、人才、产业的强大聚集效应，重点发展临空和时间价值指向性强的高端产业，带动西部地区科技研发、商贸物流、金融会展、文化旅游等优势产业发展，形成服务功能完善、产业布局合理、企业高效聚集的临空经济中心。

第二，形成我国向西开放的国际物流商贸中心。发挥空港对外联系的便捷性，积极参与国际市场分工和竞争，构建空中丝绸之路，建设重点面向中西亚和欧洲的内陆型自由贸易园区，加快形成我国西部与丝绸之路沿线国家、地区的国际物流商贸中心，为丝绸之路经济带建设发挥更大作用。

三　重点实现路径

（一）强化航空枢纽建设，形成我国西部最重要的客货航空枢纽

重点措施是发展大型基地航空公司，加强基地航空公司总部的引入。机场建设再完善，没有基地航空公司入驻也不可能真正成为航空枢纽。基地航空公司的业务趋向和发展重点，是国际的还是国内的，是枢纽还是支线，将直接决定机场的定位和发展。

（二）改革创新政府管理，完善空港新城管理发展机制，形成内陆地区与世界规则接轨的营商环境

重点是借鉴国内外空港自由贸易区的发展模式，特别是参考上海自由贸易区浦东机场分区的运营管理模式，建立省级政府、西咸新区和空港两级管委会，以及民航、机场、海关、商检、边检、口岸等部门的高层联络机制，建设与世界通关、运营等规则充分对接的口岸和自由贸易园区管理模式，使空港新城成为内陆地区最具国际化营商环境的区域。

第一，创新监管服务模式，推进实施"一线放开、二线安全高效管住"的监管模式。

第二，加快制定国际贸易的支持政策，建立与之相适应的海关监管、检验检疫、退税、跨境支付、物流等支撑系统。

第三，建立与空港自由贸易区相配套的税收政策，实施促进国际贸易发展的税收政策。

第四，积极扩大投资领域的开放，重点扩大服务业开放，选择金融服务、航空服务、商贸服务、文化服务等领域扩大开放。

第五，借鉴国际通行规则，对外商投资试行准入前国民待遇，研究制定

空港自贸区外商投资与国民待遇等不符的负面清单制度，改革外商投资管理模式。对负面清单之外的领域，按照内外资一致的原则，将外商投资项目由核准制改为备案制，逐步形成与国际接轨的外商投资管理制度。

第六，构筑对外投资服务促进体系，改革和创新金融等方面的支撑政策。

（三）加强重点产业发展，努力形成一批具有国际水准、能够参与国际竞争的骨干企业

加强空港城市与陕西省腹地在经济、交通、产业、信息方面的沟通和联络，将空港新城加快建设成为第四代国际空港城市，形成以信息网络和快捷航空为主要框架的与世界直接、广泛接轨的国际区和临空经济中心，实现由"城市的机场"向"机场的城市"转变，甚至可以理解为将大西安整体作为空港的城市，全面提升陕西省和大西安的开放型经济发展水平以及产业发展能级，形成丝绸之路经济带中的重要经济中心。

第二节　国际空港城市的发展展望：自由贸易园区

2001 年联合国亚洲及太平洋经济社会委员会在泰国曼谷召开"自由贸易园区和港口腹地"研讨会，与会代表对自由贸易园区的目的与效果进行了评估。结果表明，设立自由贸易园区在吸引投资、提供就业、创造出口收入等方面起到了重要的积极作用。通过原材料的来源提供和转包创造产业链的后向关联效应，从而推动腹地经济的发展，这是自由贸易园区的重要目标。

专栏 11 - 1　自由贸易区概念的界定

在世界多边贸易组织的规则中，有两个概念的自由贸易区：一是 WTO 界定的自由贸易区（Free Trade Area）；二是世界海关组织定义的自由贸易区（Free Trade Zone），两者的内涵是不同的。

前者是指两个或两个以上的国家通过达成某种协定或条约取消相互之间的关税和与关税具有同等效力的其他措施的国际经济一体化组织。对应的英

文是 Free Trade Area（简称 FTA）。后者指在某一国家或地区境内设立的实行优惠税收和特殊监管政策的小块特定区域，是指在主权国家或地区的关境以外划出特定的空间区域，准许外国商品豁免关税自由进出。对应的英文为 Free Trade Zone（简称 FTZ）。

打造西咸空港新城自贸区，指的是 FTZ。FTZ 是一个国家（单独关税区）内部设立的、有隔离的、置于海关管辖之外的、实行自由贸易的特殊经济区域。

一 从综合保税区到自由贸易区

我国自 1990 年设立第一个保税区——上海外高桥保税区以来，先后设立了天津港保税区、深圳沙头角保税区、深圳福田保税区、深圳盐田港保税区、大连保税区、厦门象屿保税区、海口保税区、张家港保税区、广州保税区、宁波保税区、福州保税区、汕头保税区、青岛保税区和珠海保税区 15 个保税区。设立保税区是我国政府在特定的历史条件下，为进一步加快对外开放，在设立经济特区、确定沿海开放城市和设立经济技术开发区之后的重大对外开放决策。保税区作为我国对外开放程度最高的特殊区域，在吸引外资、增强企业国际竞争力、提高整个国家市场化水平等方面都发挥了重要历史性作用，为整个国家的对外开放和经济体制改革做出了积极的贡献。但现有的综合保税区存在诸多不足，主要有以下几个方面。

第一，管理体制、优惠政策、监管制度等方面暴露出多方面的不足和问题。

第二，随着我国关税水平开始下调，"境内关内"的区域定性使保税区难以继续发挥开放的优势。

第三，"多头管理"的管理体制难以提高保税区的运作效率。

第四，"名实不符"的功能定位难以适应保税区的产业发展要求。

第五，"区港分离"的现实难以实现保税区的发展目标。

因此，建立西咸空港新城自由贸易区，搭建我国参与国际竞争的战略平台，对促进全球商品贸易和资本往来、建立全球商品信息网络、全面提升我国的国际竞争能力，具有极为深远的战略意义，是其发展的必由之路。

二 建设自由贸易（园）区的一般发展条件

自由贸易区是从自由港发展而来的，通常设在港口的港区或邻近港口的地区，尤以经济发达国家居多，一般实行港区一体化管理。目前，世界上有600多个自由贸易港，它们已成为主导国际贸易的枢纽、集散地和交易中心。

综合全球自由贸易区形成的一般规律，其建设发展一般需要具备以下条件。

第一，优良的港口、便利的交通、良好的基础设施，包括能源、运输、通信和住宅。

第二，高效的服务体系，包括银行、保险、海关、商检、仓储等服务部门，以及良好而充足的专业人员。

第三，坚持自由贸易政策，大力倡导国际贸易自由化，反对贸易保护主义，一般进口或出口货物均无须缴付任何关税，也不设任何增值税或一般服务费，对货物的进出口经营权不设限制。

第四，发达的银行金融，实行自由汇兑制度，完全开放外汇及黄金市场，无论实行何种汇率制度，本地资金和外国资金均可自由进出、自由流动，外汇市场发展成熟，交投活跃，这大大促进了金融业的发展，而货币市场以金融机构的批发活动最为活跃。

第五，良好的投资环境，即对本地公司及外商一视同仁，实行少干预、无补贴政策，为所有运营商公司提供公平的经营环境，对大部分新投资项目不设任何管制，政府的"一站式"服务有助于为投资者节省时间、降低违反政府规定的风险。

第六，良好的管理体制，体现在政府对自由贸易区如何管理和自由贸易区自身如何管理两个方面。

第七，多方面的优惠制度，包括优惠的投资政策，以及完善的法律、法规等。为了使自由贸易区吸引国内外投资者，促进自由贸易区的繁荣和发展，各国政府尤其是发展中国家的政府，在制定自由贸易区政策时，往往制定许多优惠制度。

第八，适当的监管制度，其中海关的监管制度是重点。自由贸易区和其

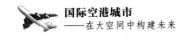

他区域的重大区别之一就是避免由于关税和复杂的海关手续所造成的贸易障碍，国际上对自由贸易区海关监管的核心思想可以概括为"一线放开，二线管住，区内不干预"。

三　中外自由贸易园区发展状况与经验借鉴

目前，世界上已经存在 800 多个自由贸易园区。由于受区位条件、建区目的以及设区国的政治、经济和地理位置因素的影响，这些自由贸易园区的功能各具特色，但其发展的经验可为空港城市自由贸易园区的建设提供借鉴。

（一）自由港型：以香港自由贸易园区为例

1. 中国香港自由贸易园区发展状况

香港是世界上最自由、最开放的自由贸易港之一。香港海岸线共约 870公里，海港面积达 5000 公顷，可同时停泊 150 艘万吨轮。20 世纪 70 年代以来，香港当局除了维持免税和低税制度外，坚持"不干预主义"的经济政策，全面开放黄金外汇进出口管制，简化进出口贸易手续，并没有划设特定区域和制定特别法令，而是致力于使香港发展成为一个自由贸易港。经过几十年的发展、演变，香港自由贸易港已由单一的转口贸易港发展成为经济结构多元化的自由港。

经香港特区政府授权，给予经营业者高度自主管理的空间，从而提高了整体运作的便利性和效率，也使货物进出通畅。香港本身就设定为转口贸易港，一切以快速为导向，达到自由贸易的目的。香港机场货运站与货柜码头均由民营公司经营，通过充分授权及自我竞争力的提升，各家空运及货柜码头公司均非常重视货运站的规划与管理，并致力于组织系统运作的研究与发展。

香港海关利用风险管理方式作为货物通关检验标准，能够提高货物流通效率，节省时间成本，因此，广受国际发货货主的喜爱，选择将其作为转运的地区。航空货运站的海关人员 24 小时作业，进行通关、清关作业无时间限制，方便货主自由调配工作时间。

目前仅有酒类、烟草、碳氢油类及甲醇四种货品在进口通关时需要征消费税，其他货品进口时无需征收关税或其他税费，因此，具有较大的吸引力。

2. 经验借鉴

香港的"不干预主义"政策包括贸易自由、企业经营自由、金融运作自由、人员进出自由、信息开发自由以及政府只实行最低限度的干预等方面。完全不干预政策是香港自由港经济政策体系的基石以及最为重要的组成部分。除极少数本地法律所明确限制的领域及行为外，经济活动基本上不受干预，享有高度的自由。香港的完全不干预政策具体体现为"四个自由"。

第一，自由贸易制度。在世界上，香港的自由贸易制度表现最为彻底。对进出口贸易不设置管制、关税壁垒，进出口手续极为简便，这使得香港享有极为广泛的自由空间，物流体系极为流畅。

第二，自由企业制度。香港的自由企业制度表现在三个方面。一是自由进入及经营制度：政府只直接经营一些公共事业，除此之外其他绝大多数投资领域的进入及经营均是由投资者自我决策的。二是企业进入及经营门槛低：新开办企业不但注册手续简便，而且缴费少。三是居民待遇制度：在香港设立并经营企业，不管资金来源为本地或海外，资产所有制为集体或私人，均享受一视同仁的"居民待遇"，不因身份不同而受歧视或偏袒。

第三，自由外汇制度。香港的外汇管制一直较为宽松。20世纪70年代初期，英国的国际收支严重恶化，英镑开始自由浮动。港元与英镑脱钩并脱离英镑区后，香港便进一步撤销外汇管制，使原来有管制的官价外汇市场和自由外汇市场合并为统一的、完全开放的自由外汇市场。1984年，香港又撤销黄金进出口禁令，从而使香港的外汇管制更为宽松。这样一来，外汇、黄金及钻石等可以自由地进入香港，各种货币可在香港自由地买卖、兑换。

第四，自由出入境制度。香港居民及境外人员进出香港十分自由且所办手续也非常方便。在香港，特区政府与众多的外国政府签有协议，使持特区护照的香港居民到海外旅游或从事商务活动时，在签有协议的国家均可享受免签证入境的待遇。

（二）转口集散型：以汉堡自由贸易区为例

1. 德国汉堡自由贸易区发展状况

汉堡港是欧洲经济自由区的典型，是东欧和北欧与世界进行贸易活动的枢纽，被称为"通往世界的门户"。汉堡自由贸易区依托汉堡港建于1888年，是世界上最早的自由港。汉堡港位于易北河沿岸距北海约110公里处，面积约16.2平方公里。进出自由港的陆上通道关卡有25个，海路通道关卡有12个。汉堡港是世界上规模较大的自由贸易区之一，拥有180多万平方米储存区，建有200万平方米的集装箱中心。在"封闭性"自由港区域内，主要的优惠措施是：在区内进出口、转口货物的装卸、转运、储存不受海关限制；货物可自由进出自由贸易区，不需向海关申报；在区内可不受限制地制造、改造和修理船舶；从自由贸易区运往境内的货物可延期三个月交付关税。

虽然建立汉堡自由贸易区的主要目的是避免由于关税和复杂的海关手续所造成的贸易障碍，为出口商提供接近终端市场的储存货物基地，发展转口贸易，从而促进海运和国际贸易的发展，但随着国际、国内经济环境的变化，汉堡自由贸易区的功能正朝着综合性方向拓展，并取得了成功。首先是汉堡自由贸易区进行的大规模船舶制造和工业生产。其次，金融、保险、船代、货代以及电脑软件开发在这里也十分繁荣，汉堡自由贸易区已经是德国的保险业中心和仅次于法兰克福的德国第二大金融中心。

2. 经验借鉴

汉堡自由贸易区高效的管理和经营经验是其成功的重要因素之一，可以归纳为"软硬兼备、疏而防漏、内松外紧"12个字。所谓"软硬兼备"，就是软件与硬件兼备，既有完善的基础设施，又有发达的管理和服务。所谓"疏而防漏"，即指海关对汉堡自由贸易区的监管方式，借助先进的信息与检测设备，使海关的监管便捷高效。所谓"内松外紧"是指自由贸易区内自由，自由贸易区外严格。

具体来说，首先，汉堡自由贸易区对进入自由贸易区的船只给予最大限度的自由，甚至规定只要挂有"关旗"，海关就不得干涉，"自由"和"便捷"的管理措施贯穿于从货物卸船到运输再到装运的整个过程中。其次，为了发展船舶工业，汉堡自由贸易区专门规定，除了船舶加工业的商业性加工需取得海关的同意外，其他情况都采取不干预政策，这就有效地引导了其向船舶制造中心发展。最后，汉堡自由贸易区转口贸易的成功带动了金融、保险等第三产业的发展，使汉堡成为德国的一个金融中心，这说明自由贸易区的功能是相互强化的。

（三）综合型：以上海自由贸易区为例

世界自由贸易园区的功能经历了由单一化转变为多元化、由一区单独发展转变为多区联动发展，自由贸易园区已经超越了地域限制、经济发展水平限制和经济制度限制，正在向多种功能综合、产业集群发展的方向迈进。这类自由贸易园区集各种功能于一身，涵盖贸易、中转、采购、配送、出口加工、商业、金融、消费、旅游等多种功能，并且新的功能仍在逐步演进，经济自由化的程度不断提高。2013 年挂牌成立的上海自由贸易区当属此列。

中国（上海）自由贸易试验区是中国政府设立在上海的区域性自由贸易区，属中国自由贸易区范畴。该试验区于 2013 年 8 月 22 日经国务院正式批准设立，于 9 月 29 日上午 10 时正式挂牌开张。试验区总面积为 28.78 平方公里，范围涵盖上海市外高桥保税区、外高桥保税物流园区、洋山保税港区和上海浦东机场综合保税区 4 个海关特殊监管区域，实施"一线逐步彻底放开、二线安全高效管住、区内货物自由流动"的创新监管服务模式。

《中国（上海）自由贸易试验区总体方案》提出，经过 2~3 年的改革试验，加快转变政府职能，积极推进服务业扩大开放和外商投资管理体制改革，大力发展总部经济和新型贸易业态，加快探索资本项目可兑换和金融服务业全面开放，探索建立货物状态分类监管模式，努力形成促进投资和创新的政策支持体系，着力培育国际化和法治化的营商环境，力争建设成为具有国际水准的投资贸易便利、货币兑换自由、监管高效便捷、法制环境规范的自由贸易园区，为我国扩大开放和深化改革探索新思路和新途径，更好地为全国服务。

上海自由贸易区的改革从以下五大方面切入：一是加快政府职能转变，深化行政管理体制改革。二是扩大投资领域的开放，扩大服务业开放，探索建立负面清单管理模式，构筑对外投资服务促进体系。三是推进贸易发展方式转变，推动贸易转型升级，提升国际航运服务能级。四是深化金融领域的开放创新，加快金融制度创新，增强金融服务功能。五是完善法制领域的制度保障。

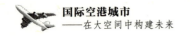

四 建设西咸空港自由贸易园区的总体构想

(一) 基本思路

重点在金融服务、加工、物流、结算等领域进一步与世界接轨，构建全方位、开放型的贸易发展体系，积极参与国际分工，实现国内贸易与国际贸易的接轨，更加积极有效地配置全球生产要素，充分利用国际经济的互补性。以咸阳国际机场和空港新城为核心，有序启动建设内陆自由贸易示范区，突出开放产业格局，强调功能协调整合，促进制度政策创新，使之成为丝绸之路经济带的新起点和桥头堡，驱动大西安开放型经济发展的核心平台，引领国家向西开放的战略平台。

(二) 重点突破领域

着力推动五大便利化建设任务，促进国际贸易、跨国投资、金融结算、物流通关、人员往来高度便利化。

1. 出口加工便利化

以空港新城各产业组团为核心，探索创新跨关区异地加工、加工贸易外发加工等多种出口加工合作模式，加大招商引资力度，有选择地承接和集聚国际和国内东部地区加工贸易的产业转移，促进各产业组团与保税功能区的配套协作。

2. 物流及通关便利化

第一，"空中通关 + 国际空港物流"。以西咸空港新城保税物流区为核心，重点吸引具有国际广泛辐射力的国内外一流物流公司，设立区域性分拨中心、配送中心，为全区以及周边省份加工贸易企业提供面向欧亚国家尤其是丝绸之路国家的全面物流服务。在硬件方面，加快西咸国际机场三期建设，陆续开通一系列国际航线，扩大空中人流、物流通道的容量。

第二，"出海出边通关 + 陆海联运物流"。继续强化空港与陆港口岸特别是与西安国际港务区内陆型枢纽港之间的联动，在开通铁路"五定（定点、定线、定车次、定时、定价）班列"的基础上，建设空陆口岸的快捷连接线，持续推进两大区域之间的合作，持续加强与沿线城市如青岛、天津等的战略合作与交流。

3. 跨国结算便利化

第一，建设对外贸易离岸金融结算中心。加快完善空港商业组团功能，吸引加工贸易企业以及总部结算中心落户，为进出口贸易业务产生的本外币汇款交易结算需求提供国际结汇支持。

第二，建设跨国电子商务结算中心。与全球著名电子支付服务提供商合作，建设国际外汇结算平台，为企业跨国采购、跨国网购提供便捷、快速的国际电子商务外汇结算服务。

4. 投融资便利化

第一，加快推进商业组团建设，特别要增强其金融平台的服务功能，加大其对自由贸易区的金融便利化支撑力度。简化自由贸易区内投资批准手续，进一步放宽投资领域的限制，探索实行负面清单管理，营造更宽松的激励环境。

第二，在自由贸易区内建立"一站式"投资中心，增强投资信息发布和投资便利化服务功能。利用先进的信息手段，促进投资规则、法规、政策、程序的权威发布，为商界提供更便利的营业执照和许可发放的支持与咨询服务等。

5. 生产服务便利化

在自由贸易区加快建设设计、研发、检测、展示等公共服务模块，营造对出口加工、保税物流等核心产业具有直接支撑作用的优良行业环境。逐步拓展综合信息处理服务、设备租赁、供应链管理、国际经济法律咨询等业务，拓展面向中亚、中东、欧洲国家的与服务外包、后台服务等相关的生产性、流通性服务贸易。

五 西咸空港自由贸易园区功能设计

(一) 商品流通功能

建设国际性实物商品的集中展示和交易地，包括国际贸易和国内贸易在内的大流通市场，使一定比重的国际贸易得以在区域完备的生产体系中获得交易。

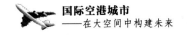

（二）商品集散功能

建设全球多种实物商品和全国各地进出口商品物流集散的"桥头堡"和转运中心。健全园区物流基本服务功能，形成运输、仓储、装卸、搬运、理货、配送、货运代理等物流服务体系。

（三）信息集成功能

建设世界级商品信息交流中心、各类大宗商品定价中心、各类新品信息发布中心、信息服务中心，成为国际客商获取我国西部地区进出口贸易态势信息的参照系。

（四）辐射吸引和资源整合功能

以国际贸易和综合服务需求为龙头，通过其辐射、吸引作用系统，整合全球范围内的金融、物流、制造业等资源，逐步通过制度创新、流程创新、商务模式创新、价格发现影响国际市场。

附件一
西安国家航空城实验区发展
规划（2013－2025）

　　围绕西安咸阳机场和西咸新区空港新城，建设西安国家航空城实验区，是构建西安国际化大都市重要组团的有效途径，也是建设丝绸之路经济带新起点和桥头堡的战略支点。西安国家航空城实验区（以下简称"航空城"）规划范围以西安咸阳机场、西咸新区空港新城为核心区，规划面积146平方公里，规划期为2013～2025年。

一　战略意义

　　第一，有利于支撑丝绸之路经济带新起点和桥头堡建设。习近平主席提出共同建设"丝绸之路经济带"的战略构想，为加快西部地区对外开放步伐提供了新的历史机遇。"丝绸之路经济带"东部连着充满活力的亚太经济圈，西部连着发达的欧洲经济圈，陕西处于丝绸之路经济带建设的重要节点，在此建设国际门户枢纽机场、打造国家级航空城实验区，有利于通过航空快速通道，加速人流、物流、资金流、信息流、技术流，促进我国与沿线国家和地区在交通、能源、通信、农业、旅游等领域开展互利合作，全面提高开放型经济水平。

　　第二，有利于为全国临空经济发展提供示范。临空经济以其快捷性适应了国际贸易距离长、空间范围广、时效要求高等需求，越来越成为全球经济发展的主流业态。航空运输方式在综合运输方式中的地位逐步提升，以现代大型枢纽机场为核心的临空经济已经成为新的经济发展方式。加快航空城建

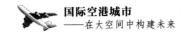
设，有利于做强核心板块，有效整合航空航天方面的科技、制造和服务资源，形成客货并举、陆空联运、制造服务于一体的空港经济聚集区，将为我国临空经济发展提供有益的借鉴。

第三，有利于打造陕西经济升级版。建设航空城，既可以带动航空维修、航空培训、旅游、物流、商贸等现代服务业加快发展，又可以实现航空运输与航空制造相互促进，培育形成航空产业集群，有效带动生物医药、先进制造、新材料、电子信息等新兴产业发展。加快航空城建设，对于培育新的支柱产业，优化经济结构，推动以开放促改革、以改革促发展，提高经济外向度，建设内陆开发开放战略高地具有重大意义。

二 发展基础

第一，区位条件优越。航空城是西咸新区五大组团之一，位于中国大地原点附近，承东启西、连接南北，连霍、包茂、京昆、福银等高速公路，以及陇海、西包、西平等铁路在此交会。西安咸阳国际机场为国内八大机场之一，2012 年旅客吞吐量占西北地区的 43.6%，多式联运体系比较完善，初步形成了全国综合性的区域交通枢纽，为航空城建设和发展提供了良好的基础条件。

第二，科教实力雄厚。航空城所在区域正在加快建设西安国际化大都市，全省 80% 以上的科研单位、高等院校和专业技术人才都在此聚集，科研单位和高等院校数量居全国前列，西北工业大学等高校可为临空经济发展提供充足的人力资源。西安是国家创新型城市，又是统筹科技资源改革示范基地，目前正在积极争取建设国家自主创新示范区、电子商务示范城市、智慧城市和下一代互联网示范城市，为航空城建设提供了科技支撑和环境保障。

第三，产业基础良好。陕西是我国重要的航空产业基地，已形成集大中型飞机研究、设计、试验、生产、产品支援、综合保障及教学培训于一体的较为完善的航空科研生产体系。西安阎良国家航空高技术产业基地、高新区、经济开发区、国际港务区、出口加工区、综合保税区等一批国家级开发区（基地）航空类产业集聚效应明显，为航空城发展提供了产业支撑。航空城路网、信息、供水、供电、供气等基础设施逐渐完备，航空物流园区、国际物联城、临空产业园等主要功能区和核心产业项目加快建设，为发展临空经济创造了良好环境。

三 规划思路

（一）战略定位

第一，丝绸之路经济带对外开放的国际门户。围绕建设丝绸之路经济带开发开放高地，加快建设西安咸阳门户枢纽机场，优化航线网络布局，做大做强基地航空公司，构建辐射西北、连接全国、通达世界的航空综合运输体系，打造中国中心门户机场。统筹推进空港、保税区、公路港、铁路港建设、陆空衔接、多式联运，打造航空—铁路—公路无缝衔接中转的现代综合交通枢纽。

第二，临空现代服务业引领区。充分发挥航空运输对技术、资金、人才、产业的强大聚集效应，围绕三星电子、应用材料、美光半导体等世界500强企业，大力发展航空服务、航空物流，建设重点面向中西亚和欧洲的内陆型自由贸易园区，带动科技研发、商贸物流、金融会展、文化旅游等优势产业发展，形成服务功能完善、产业布局合理、企业高效聚集的临空服务产业。

第三，现代航空高端制造科研聚集区。依托现有航空产业园区，加强资源整合，加速要素聚集，培育形成整机制造、航空材料、航空电子、航空维修、空检、零部件支援等产业链，建设世界一流的航空高端制造业聚集区。加强与波音、空客、普惠、赛峰等大企业协作，提升参与国际分工层次，培育壮大与航空关联的高端制造业集群。

第四，国际内陆型空港城市示范区。坚持国际化、人文化、智慧化、生态化发展理念，加强产城融合，合理设计功能分区，完善基础设施，加强生态环境建设，形成生产、观光、办公、商贸、居住于一体，功能齐全的、全国领先的新型航空城市，打造第四代国际空港新城。

（二）发展目标

到 2020 年，航空城基础设施和公共服务体系基本完善，临空经济产业

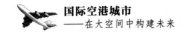

体系初步形成，开放门户地位基本确立，城市框架基本形成。航空旅客和货邮吞吐量分别达到 5300 万人次和 45 万吨左右。航空制造业实现产值 1500 亿元，建成具有全球影响力的航空产业集群，实现航空大省向航空强省跨越。

到 2025 年，发展环境与国际全面接轨的航空城全面建成，开放型运作方式和经济体系进一步完善，与国内外知名经济区形成密切的分工合作，形成以航空城为中心，连通国内外 160 多个城市的 280 条航线网络，航空旅客和货邮吞吐量分别达到 6700 万人次和 70 万吨左右，航空制造业实现产值 3000 亿元，与临空相关联的高端研发制造、文化、旅游等产业年均增长 20% 以上。

（三）总体布局

以航空城为临空经济核心区，以各类产业园区为临空经济支撑区，形成航空城与腹地经济联动发展的总体格局。

1. 航空城空间布局

构筑空港核心区、空港临近区和空港辐射区圈层布局模式，打造"一核、两片、多组团"的空间格局。

2. 核心区

以西安咸阳国际机场为核心，强化福银高速、机场专用高速、西安至机场轨道交通等地面综合交通体系，建立方便高效的空铁联运体系。围绕机场周边 1 公里空港核心区，重点发展航空物流、综合保税、航空公司运营、航空设备制造、航空部附件维修和国际贸易等。

3. 临近区

包括临空产业区和文化生态示范区两部分。临空产业区：机场周边 1~5 公里毗邻空港区，重点布局高端制造、电子信息、会议会展、商务办公等功能。文化生态示范区：位于临空产业区北部，着力发展企业总部、健康服务、文化创意、教育中心、有机航食、生活配套六大产业。

4. 辐射区

包括七大组团，建设国际物流枢纽组团、临空产业组团、商务中心组团、LED 产业组团、民航科技产业组团、国际文化区组团和北辰生态组团。

5. 临空经济产业联动区

构建航空城经济与腹地经济的联动发展体系，充分利用全球资源，引导和带动西安高新区、经济开发区、国际港务区、阎良高技术基地、蒲城通用航空产业园、宝鸡飞行培训园、汉中航空产业园等临空重点产业区域在航空航天、电子信息、先进制造、节能环保、专业会展、电子商务、服务外包等领域加强与国际产业链对接，加快实现优化升级和集聚发展。同时，通过腹地经济的壮大促使航空城与世界重要经济区的联系更加紧密，形成航空城与腹地经济良性互动的发展格局。

四　主要任务

抓住国家向西开放战略机遇，以临空经济为主导，努力建设西部地区国际化发展的先导区、创新驱动的引领区、全国临空产业发展的先行区和产城一体的国际空港城市示范区。

（一）打造丝绸之路经济带的国际开放门户

完善航线网络，做强基地航空公司，壮大航空货运，打造"丝绸之路航空枢纽、内陆开放国际门户"。

1. 强化航线网络建设

增加国内外通航点，提高通达性。进一步开拓欧洲、美洲、澳洲、中亚主要城市的直航航线，形成面向西部、加密港韩、周边成网、突破洲际的国际航线网络。吸引通航国家在陕西设立领事机构，建立旅游和国际航线的联动机制，进一步提升西安航空枢纽的国际吸引力。"十二五"期末，新增国际通航点10个左右，西安咸阳机场开通的国际（地区）航线数量达到25条，国际旅客、货运量将分别达到120万人次和2.7万吨。

加大航线航班密度，提高通畅性。做大做强中转航线市场，优化国际—国内中转的衔接性，构建优质高效、衔接紧密的航班波。至西北地区各主要机场和国内千万人次以上机场的航班密度均达到每天10班以上；至国内50万人次以上规模机场的航班密度达到每天3班以上；至东南亚、欧美、澳大利亚、中亚各主要机场的航班密度不低于每天2～3班，满足旅客"随到随走"的需求。

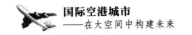

2. 培育壮大基地航空公司

鼓励国内外有实力的航空公司在西安咸阳国际机场设立基地，增加运力，提供完善的客货运服务。鼓励民营企业参股、控股，打造基地航空公司。到 2020 年，主导基地航空公司市场份额达到 45% 以上，与联盟航空公司的市场份额总计达到 70% 左右。

3. 壮大航空货运

通过空空、地空联运以及政策和服务保障措施，挖掘、吸引西北乃至全国物流资源在航空城集散、分拨、转运。支持航空城航空货运公司发展壮大，吸引邮政航空、UPS（联合包裹）、顺丰速递等货运航空公司、快递物流企业在航空城设立基地、投放运力，建设运营基地和快件处理中心。

4. 完善机场设施和集疏运体系建设

加快西安咸阳机场东联络道、航空物流枢纽等项目建设。适时启动西安咸阳国际机场三期扩建工程前期研究，最终形成五条跑道的整体布局。规划建设航空城地面运输系统，实现城市轨道、市政公交与航空港的零距离换乘，以及高速公路、高速铁路和航线的三网融合，形成以空港为中心、覆盖关中－天水经济区的地面 1 小时辐射圈。

5. 提升空港服务水平和运行效率

优化机场地面保障工作流程，完善信息系统，提升航班保障能力和服务效率，"十二五"期末机场服务水平达到 SKYTRAX 国际认证四星级标准。建立民航、海关、边防、公安签证、旅游等部门联动机制，搭建优质高效的综合服务保障平台，推进"大通关"建设，加快建设一站式电子口岸，简化通关和作业手续环节，提高货物进出口通关效率。

（二）建设临空现代服务业引领区

以建设空港国际贸易服务中心四大平台为着力点，推进面向中西亚、欧洲的自由贸易园区建设。加快推进航空物流、航空维修、通用航空、航空租赁、航空人才培训、航空会展六大航空服务业发展。

1. 航空物流

（1）综合保税物流。积极争取设立综合保税中心，大力发展保税物流、转口贸易、仓储加工、物流配送、离岸展示等业务，打造西部一流的航空保税枢纽，建设保税金融中心。

（2）航空快递物流。建设现代航空快递服务体系，积极与美国联邦快递、敦豪国际快递等国际大型物流企业，以及阿里巴巴、京东等电子商务企业开展战略合作，实现快件24小时国内送达。

（3）国际中转物流。加强与机场口岸和海关监管部门合作，无缝连接空侧及陆侧用地。建设国际快件及货物转运监管设施，规范和简化转关手续，实现72小时国际快递送达。支持境外航空公司、货代企业以西安咸阳国际机场为基地，发展国际中转业务，建设国际航空货运枢纽。

2. 航空维修

加快西部飞机维修基地建设，积极提升机体维修能力，重点建设空客A320系列飞机维修集群。到2020年，空客A320系列飞机维修能力达到8C级；充分发挥飞机部附件维修优势，整合资源，促进产业集聚发展，建设成为国内知名的部附件维修产业基地；抓住国产客机制造的有利时机，整合关中－天水经济区航空制造技术力量，联合国内航空公司，努力打造国内首个国产航空器维修集群。

3. 通用航空

依托蒲城通用航空产业园，按照"试点带飞行，飞行带市场，市场带产业"的模式，整合民航行业、空域管理、通用制造等相关力量，提高通用飞机的科研、设计、试验、生产、运营能力，重点构建以通用飞机制造为龙头，以航空培训和航空旅游为两翼，以公务飞行、通航作业、通航服务、会议展览为助推的产业发展体系，打造国内领先、具有国际竞争力的通用航空产业集群。

4. 航空租赁

积极引进利博瑞集团、AWAS租赁公司、长江租赁、中行租赁等国内外航空租赁企业来陕西发展。引导延长石油集团、陕煤集团和民营企业组建飞机租赁公司，采用国际通行的租赁经营方式，开展MA600、MA700等飞机的销售和租赁服务。建设和完善公务机综合运营保障基地，引进和培育专业化的运营企业，建立相应的服务保障机制和商业运营模式。

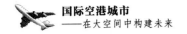
5. 航空人才培训

结合基地航空公司的培训需求，开展模拟机培训业务，填补西北地区飞行员培训市场的空白；引进维修培训企业，充分满足西安乃至西北地区对于维修人员的培训需求；依托西北工业大学、西安航空学院、西安航空职业技术学院等，构建民航人员培训体系，形成面向全国的民航培训中心；围绕民航西安航空器适航审定中心建设，加强飞机性能研究、结构强度、航空电子电器、动力机械等方面人才培训。

6. 航空会展

建设 2~3 个具有国际水准的会展场馆，完善会展场馆周边的交通、服务等配套设施。以航空航天、汽车工业、文化旅游为重点，积极吸引重大会展项目落地。吸引励展博览集团、法兰克福展览会公司、法国高美爱博展览集团等企业入驻，推动会展业向国际化、品牌化、高端化发展。

专栏　航空城国际贸易中心四大平台

航空城口岸集散中心。以空港口岸集散中心为依托，加快陆空联运体系建设，加强航空铁路口岸的无缝链接，形成高效集合、辐射西北、面向中亚的航空港、公路港、铁路港和信息港，推动空港新城与国际港务区、西安高新区、西安经开区等各类园区联动发展，形成全国主要商品进出口集散中心。

航空城国际采购交易中心。以国内外大型商贸企业为依托，以会展中心为载体，加强与美国、韩国、欧洲、中亚、西亚等国家和地区，以及国内重点经济区的经贸合作，将空港新城打造成为国际一流的采购交易中心。

航空城国际贸易服务中心。着力提高市场开放度和贸易便利化水平，推进机场口岸与西安综合保税区、西安高新综合保税区、国际港务区、西安出口加工区的"区港联动""区区联动"，加快大通关建设。积极引进国际专业服务机构，为各类企业提供法律、会计、通关、支付等优质服务。

航空城国际购物中心。加快建设具有地标性、彰显本土文化特色以及集购物、娱乐、休闲于一体的大型商业综合体，积极引进奥特莱斯、工厂店和区域性品牌总部，引入国际知名品牌商品，积极承办国际高端服装产品展销会，培育西部地区高端消费市场，打造西部最时尚的购物之都。

（三）打造与航空产业相关联的高端制造业聚集区

1. 航空整机制造产业

加快大型飞机、新支线飞机、新型通用飞机、无人机的研制和产业化进程，积极推进航空发动机、机载系统、专用装备、零部件的规模化制造及转包生产，加速航空产业聚集发展。以大型运输机和大型干线客机为长线，以MA600、MA700等新支线飞机以及运八系列飞机为中线，以小鹰系列等通用飞机为突破口，大力推进民用飞机制造业发展。

2. 航空配套产业

重点发展航空燃油控制系统、叶片、盘环件等发动机零部件；飞行控制系统、飞行惯导系统、机载计算机、电源等机载系统；飞机机身、机翼、尾翼、起落架等飞机大部件；陶瓷基复合材料、金属基复合材料、碳纤维复合材料和钛合金材料等航空新材料；飞机制造工艺装备、检测试验设备、机场专用车辆、大型模锻液压机、飞机飞行模拟器、机场助航灯故障监测定位系统等航空相关设备。

3. 其他高端制造业

利用航空运输高端汽车电子产品的优势，引入龙头汽车总装项目，建设汽车销售维修服务中心。大力发展通信设备制造、电子器件制造、消费型电子产品制造、工业光纤传感器制造、安防设备制造等，形成电子产品组装、生产及应用中心。发展集芯片研发、制造、封装测试等为一体的LED全产业链。

（四）打造国际空港城市示范区

构建功能完善的现代化基础设施体系、复合智能的综合服务体系和优美宜居的生态体系，建设"国际化、人文化、生态化、智慧化"的第四代国际空港城市。

1. 建设高效完善的现代化基础设施

（1）交通。以空港为核心，加快航空城道路网络建设，实现与航空、城际铁路、轨道交通、快速干道、城市公交无缝衔接，营造舒适、高效的城市空间。加快建设快速货运通道，实现与西咸环线高速、福银高速、包茂高速的畅达连通，形成快速集散通道。构建"三横二纵"的道路主骨架系统，配套次干和分支路网，实现物流、人流高效疏集。

（2）市政。加快配水厂、污水厂、供热中心、变电站等配套设施建设，推进供水、供热、供气、供电和通信等地下综合管线配套，建立地下管线管理信息平台，构建功能完善、安全可靠、保障有力的市政公用设施体系，提升航空城建设发展承载力。

（3）信息。加快第四代移动通信、下一代互联网、无线宽带网络基础设施建设，搭建物联网、云计算综合运营平台，完善地理信息、智能交通、社会治安、市容环境管理、灾害应急处置等智能化数字系统，建设智慧城市。

2. 建立设施完善的公共服务体系

建立和完善公共服务体系。科学合理规划中小学、幼儿园和职业培训机构，建设1~2所国际学校，引进1~2所高等院校。建设先进的医疗卫生服务体系，规划建设文化艺术中心、国际美术馆、体育馆等公共文化设施，丰富群众文化生活。

3. 建设优美宜居魅力城市典范

按照绿色、低碳、清洁、循环的城市经营发展模式，通过七大功能组团间生态廊道有机衔接，使组团内功能配套高效集中，构建以主干环路绿化带、骨架道路绿化带、公共空间绿地为主的"一环、多轴、多点"生态网络。重点建设泾河滨水生态景观带、北辰谷国际生态风情片区、福银高速生态廊道、唐顺陵生态片区、北杜生态片区、萧何曹参墓生态公园等生态工程。加强公共空间垂直绿化和建筑屋顶立体绿化，建立高效、有序、合理的水资源保护管理体系，加大生活污水、垃圾收运处理和中水回用设施建设，推广LED节能产品应用，在楼宇设施建设中同步建设太阳能分布式能源。

五 保障措施

（一）航空支持政策

推进民航管理先行先试，鼓励外资进入民航业。对涉及西安的航权开放予以优先考虑，鼓励通过加强与国外航空公司合作形成成熟的国际航线，支持在西安使用第五航权开通国际航线。对进驻航空城的航空公司在航线经营权、航班时刻等方面给予支持。积极推进西安机场周边军用机场搬迁，改善西安咸阳机场空域条件。

（二）口岸支持政策

推进航空城与既有海关特殊监管区域的共享共建机制，实现航空口岸与海关特殊监管区域的"区港联动""区区联动"。支持在航空城设立空港保税物流中心，完善物流、仓储、展示等功能。支持扩大西安咸阳机场口岸进口商品种类。加快电子口岸平台建设，实施"一站式"通关模式。支持中西亚及欧洲国家在陕西设立领事机构，加强陕西的对外交流合作。争取在陕西实行 72 小时过境免签证制度。

（三）金融支持政策

构建航空城金融机构体系。以银行、保险、证券、信托、资产管理、融资担保等为主体，实现金融机构对相关金融业务的全面覆盖。允许符合条件的外资银行在航空城设立分支机构，经营人民币业务。设立商品贸易结算中心，按照国家有关规定开办跨境贸易结算、离岸金融业务、离岸服务外包业务。支持航空城建设跨境电子商务试点。选择有条件的企业开展国际贸易人民币结算试点。

（四）财政支持政策

由省市财政出资为引导，以社会资本为主体，按照市场化进行运作，组建临空产业投资基金，重点支持区内基础设施、核心技术研发、重大产业项目建设，引导区内产业发展。

（五）税费支持政策

落实已经出台的税费减免支持政策，提高和及时兑现国际航线开通补贴政策。结合国家财税体制改革，研究制定新的税费减免支持政策。

（六）土地保障政策

合理安排功能区各区域、各类、各业用地，促进土地资源的可持续利用。在安排新增建设用地及年度建设用地指标时向航空城倾斜。对航空城实施土地审批直通车制度，对于落户航空城的重大项目用地，优先解决耕地占

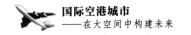

补平衡指标。建立航空城土地供应平台，负责区内土地权属的统一管理。

（七）企业投资政策

创新和制定出台航空城企业投资政策体系，确保在航空城投资的鼓励类产业享受到国内最优惠的投资政策，在国家规定框架体系内，重点对企业减免税、用地、关键技术研发、总部设立等方面给予支持。

（八）人才引进政策

对航空城引进的国家"千人计划"海外人才、省"百人计划"人才，分别给予每人 100 万元和 50 万元的一次性奖励。优先办理入区户口，并在职务晋升、职称评定、子女入学、医疗服务方面给予政策倾斜，对留学回国人员在航空城创业投资重点项目和优秀项目，给予相应额度的资助。

（九）加强组织协调

整合航空产业资源，推动航空城实验区建设，在省临空经济发展领导小组的领导下，领导小组办公室负责协调落实航空城建设中的有关重大问题，各成员单位按照职能分工加快推进相关工作，空港新城管委会负责航空城建设和发展工作。

附件二
2013 欧亚经济论坛

——中国临空经济区发展与合作交流会会议综述

"中国临空经济区发展与合作交流会"在西安开幕
——临空坐标的首次深度对话

一　首次发起，20 余家临空经济区西安对话

当富士康在郑州航空港区引发连锁效应，为河南迎来一次产业结构调整的重大机遇；当三星落户陕西，一条三星专用的机场专线迅速搭建；当北京临空经济区成为 GDP 达 560 亿元、拥有 26 万余人的就业群体的空港城市，人们意识到：临空经济来了。

依托机场的繁荣，目前全国已经规划布局了 58 个临空经济区，它们如同一个个坐标，标注中国区域经济的增长空间。2013 年 9 月 29～30 日，经欧亚经济论坛秘书处批准，西咸新区空港新城发起的首届"中国临空经济区发展与合作交流会"在西安开幕，来自国内的 20 余个主要临空经济区齐聚古城，围绕临空经济区发展建设的经验和体会展开交流与对话。

这是在欧亚经济论坛框架下首次举办的临空经济专门会议，受到了有关部门的大力支持。国家发展和改革委员会经贸司、西部开发司、陕西省发改委、西北民航局、西安海关、西部机场集团等有关领导出席会议。这也是首次以临空经济区为主体的临空经济峰会，以往的临空经济论坛多为民航协会、研究机构等专业部门举办，此次交流会因为 20 多个临空经济区的积极

响应而更加凸显"务实交流、平等对话、广泛参与"的特征。其中，既有以北京顺义临空经济区、广州空港经济区等为代表的在国内起步较早的临空经济区，也有西咸新区空港新城、郑州航空港经济综合实验区等发展势头迅猛的新兴临空经济区，还有部分依托国内支线机场发展的临空经济区域，涉及中国临空经济区发展的各个层面。

本次会议采取主旨发言、圆桌会议形式，参会代表一致表示应建立长效机制，加强各临空经济区之间的交流与合作。经圆桌会议通过，成立了中国临空经济区发展与合作研究会，共同推选西咸新区空港新城党委书记、管委会主任王学东主任担任研究会会长。在坚持节约办会的基础上，通过临空经济区之间相互的交流切磋，共享发展经验，达到开阔视野、提升工作水平的目的。在为各临空经济区之间搭建务实交流的桥梁和对话平台的同时，也为临空经济区之间未来合作共赢打下了良好的基础。

二 发挥优势，建设空中丝绸之路新门户

近年来，北京、上海、广州、成都等地大力发展以航空运输业为先导的临空经济，有力地带动了区域经济的迅猛发展，临空经济也成为国家区域经济战略转型的重要支撑和产业升级的驱动力量。国家发改委经济贸易司副司长耿书海在致辞中表示，习近平总书记结束了对中亚四国的访问，提出共同建设"丝绸之路经济带"战略构想，中国向西开放是历史的必然选择。

业内人士分析认为，在临空经济的引领发展作用日益凸显的今天，开展临空经济区之间的深度合作交流与对话，有助于构建临空版图，促进临空经济快速稳定发展，从而推动区域战略转型，打造经济升级版。会议的成功举办对于提升陕西经济外向度，发挥西咸新区空港新城战略门户优势及"共建丝绸之路经济带"核心作用具有深远意义。

尽管陕西的临空经济起步较晚，但是迎来了最佳机遇期。耿书海表示，陕西作为西部地区的桥头堡和丝绸之路的起点，将在我国实施向西开放战略中迎来新的发展机遇。古丝绸之路的本质就是服务于亚欧之间的商贸和物流的通道，大力发展航空运输、打造空中丝绸之路同样也是强化与欧亚各国沟通联系、推动经贸合作的重要途径，将更大跨度地直接参与国际分工和国际

经济循环，在世界范围内吸纳和集聚生产力的各种能量和要素。这样就可以"以点带面，从线到片"，把"丝绸之路"这个物理上的"大通道"打造成人口和产业集聚的"经济带"。

值得一提的是，2013 年 6 月成立的由陕西省省长娄勤俭任组长的全省临空经济发展领导小组，将大力支持该领域的发展，也使空港新城建设全面上升到全省的战略高度。陕西省发改委主任、省临空经济发展领导小组办公室主任方玮峰在致辞中表示，临空经济作为以航空、数字化、全球化和时间价值为基础的新兴经济业态，近年来正在成为带动地区经济发展的重要引擎，2011 年 6 月陕西成立西咸新区空港新城，也标志着全省临空经济发展进入新的阶段。

事实上，陕西发展临空经济有着深厚的根基：这里拥有全国排名第八的区域枢纽机场；这里拥有全国聚集程度最高的航空航天企业，许多还是国内行业的龙头企业；这里拥有全国排名第三的科技和教育资源；这里拥有丰富的高素质人力资源，仅西飞、陕飞就拥有十几万的航空航天产业人才；这里正在实施的投资 70 亿美元的韩国三星闪存项目等，将为临空经济发展提供强有力的支撑。方玮峰表示，陕西将进一步研究怎样才能最有效地整合这些优势资源，以临空经济发展带动全省产业升级转型。

作为此次会议的承办方，西咸新区空港新城管委会主任王学东向与会嘉宾介绍了空港新城两年来的发展历程。他表示，作为全省乃至西北地区的战略门户，空港新城自起步建设以来就把自身发展放在全省战略全局中来考虑，努力在服务陕西、发展陕西方面成为重要力量。空港新城将充分发挥空中丝绸之路起点的区位优势，以"新丝路、新起点、新空港"为统领，认真学习和借鉴兄弟临空经济区的发展经验和做法，加快推进第四代国际空港城市建设步伐，努力把空港新城建设成为丝绸之路经济带上的璀璨明珠，成为中国向西开放的战略门户。

三 深度交流，观点碰撞

交流会上，北京顺义临空经济区、天津空港经济区、北京天竺综合保税区、郑州航空港经济综合实验区、广州空港经济区的负责人交流、分享了典型临空经济区的开发建设情况及经验。在专题讨论中，与会代表还围绕临空经济区发展的机遇与挑战、临空经济区的发展定位和产业布局、临空经济区发展中的体制机制问题、临空经济区如何处理与行政区和机场的关系、保税区在临空经济区发展中的作用、临空经济区的项目招商和融资等议题展开了热烈的讨论，形成了一系列精彩观点。

中国民航大学临空经济研究所所长曹允春认为：现代经济正在创造一个以航空、数字化、全球化和时间价值为基础的全新竞争体系，机场日益成为区域经济发展的强大驱动力，国际机场协会将机场比喻为"国家和地区经济增长的发动机"，机场已从传统意义上的单一运送旅客和货物的场所演变为全球生产和商业活动的重要节点、带动地区经济发展的引擎，不断地吸引众多与航空业相关的行业聚集到其周围，机场及其周边区域正日益演化成为一个特色经济活动高度集中的区域。

西咸新区空港新城管委会常务副主任贺键认为：一个开发区的发展，除了有科学的规划、强有力的招商、优惠的政策外，还有一个很重要的决定因素，就是当地政府部门对我们的支持，特别是主动权利的支持。与当地政府理念一致、认识一致、利益一致、行动一致、达到高度的融合是我们开发区快速发展的基础。另外，保障老百姓的利益是根本，空港新城成立来，无论在制定规划、基础设施建设，还是拆迁安置政策上，都处处考虑了老百姓的利益。

北京顺义临空经济区管委会办公室主任胡杰认为：在北京顺义临空经济区 20 年的发展历程中，我们感觉最深刻的是，在执行和落实这些定位的时候，容易受到短期利益的诱惑和干扰，包括基层执行领导层面，如人事变动比较频繁等，导致一些工作在落实当中跟原来的决策和设计有了偏差，这一点是我们特别要引起重视的。此外，一般的加工制造业、一般的物流业，以及中低端的住宅、房地产，都应该成为机场地区受到限制的主要产业。

广州空港经济区管委会经济发展处处长邓建清认为：现在全国临空经济区比较多，发展基础和条件不尽相同。比如，经济体量比较小也可以做临空经济，但是做法就不能跟广州、北京一样，如果都讲物流、航空维修，其实是做不来的，因为没有几架飞机往那里飞，所以可以先做通用航空，如果环境比较好，可以做一些产业，定位不是高、大、全就好，一定要找准自己的发展定位。

天津空港经济区管委会研究室主任董维忠认为：现在发展临空经济面临三个挑战。第一，体制上多头管理的挑战；第二，机场规划和临空经济区规划之间如果冲突较多，会带来重复性投资和浪费；第三，临空经济首先发展的是航空物流，它的基础条件较多，如需要码头公司、航空公司、快递公司，以及周边的产业，需要协调发展。

深圳交通运输委员会委直属机关党委书记娄和儒认为：临空经济区存在港城融合、港城联动的问题，空港、海港、陆港，城市和港口之间是一种手段和目标的关系，空港是手段，是一种方式，城市才是我们的发展目标，代表城市的核心是产业和经济，这几种关系，我们要处理好，因此，应该是城市、产业主导，空港带动，空港就是城市发展的引擎。

民航西北地区管理局办公室副主任方瑞丰认为：临空经济的发展，必须以民航业的发展为基础和前提，民航业的发展不光是机场的发展，也包括体系构建、基础设施建设、航空公司入驻、油料航材等方方面面。在临空经济区的发展过程中，一定要给民航业的发展预留足够的空间。航空配套的维修、物流，占地面积都比较大，必须要用超前的目光看待这个问题，一旦地被占用了，失去了空间，不管是空中还是地面，以后再把它找回来是非常困难的。

厦门航空港管理委员会办公室副主任傅仁仁认为：临空经济发展要根据区位优势和航空网络来确定，不是想开航线就能开。按照国家民航局的统计，100 万的客流量将为当地经济带来 5000 个就业岗位。民航系统投资 1元钱，可以带动地方经济 8 元钱的增长力，所以，没有属地政府的推动，任何一个管委会也不能独立完成区域发展和城市建设。因此，要加快推动国家民航局和地方政府主管部门的无缝对接，才能为临空经济的发展创造良好的环境。

广州白云空港经济发展办公室副主任黄铭认为：机场集团要参与到空港经济区的建设中来，首先，要规划航空经济产业园，在机场控制区范围内征地拆迁、招商引资要相互沟通，协调好关系。其次，要引导区域内大型航空企业发展重大产业，在我们区域内，央企南航集团一直把广州作为总部基地。针对龙头企业，我们请它们参与我们的控规调整，共编、共管、共用，以此达到融合发展。

昆明空港经济区管委会办公室常务副主任杨道成认为：发展临空经济实际上有三个先决条件，一个是大型机场，一个是交通枢纽，还有就是城市产业的支撑。体制上的弊端是，在机场的建设中，首先是征地拆迁，依靠属地政府的优势，能起到极大的推动作用，但是到了机场建设阶段，也就是发展临空经济的阶段，属地管理的体制可能对临空经济的发展有一定的局限性。

徐州睢宁临空产业园管委会主任夏巍认为：从临空经济的属性和定位来讲，应该发展一些比较高端的产业，但是，从现实的角度来说，这里既要本着科学发展布局的理念，又不能拘泥于发展临空经济。发展是有阶段性的，对于徐州这样的三线城市，当前的任务是如何汇聚人流、物流，如何拉动地方经济增长。从一些发达地区的发展经验来看，不能否认一般的产业在发展机场周边经济方面的历史性作用，所以，从某种意义上说，腾笼换鸟，是发展中必须付出的代价。

四川仁寿县文化广播影视新闻出版局党组书记李翔认为：眉山地处四川西南部，距成都70公里。2013年，四川要建天赋新区，决定修建成都的第二机场，该机场选址在简阳市，距眉山仁寿县只有13公里，这对我们来说是很大的发展机遇。但是，与此同时，成都、简阳、眉山三方都在发展临空经济，如何更好地发展，是我们目前首先要思考的课题。

四　形成共识，打造中国经济升级版新引擎

作为此次交流会的一项重要成果，与会的20多个临空经济区代表在深入交流和探讨的基础上，就未来临空经济的发展达成共识。

代表们一致认为，在经济全球化背景下，航空运输适应了国际贸易距离长、空间范围广、时效要求快等要求，为地区之间开展"点对点"的经贸往来提供了便利，已经成为新一轮经济发展的助推器和驱动力。围绕大型枢纽机场发展的临空经济区，汇集人流、物流、资金流、技术流和文化流，与人们的日常生活频繁地发生联系，一些临空经济区已经成为本省（区、市）

对外贸易的前哨基地。

代表们纷纷表示，在临空经济区发展全面开花的今天，加强交流与合作有助于临空产业健康发展。当前，各地政府对临空经济给予厚望，但发展中还存在诸多困难和问题，各地区临空经济区管理机构都迫切希望通过交流与合作提高发展水平。本次交流会秉承"开放包容"精神，为各方搭建起了良好的交流与合作平台。西咸新区空港新城临空经济发展势头迅猛，区域引领作用日益凸显，作为大会的发起方，应当坚持定期将会议举办下去，并使之成为临空经济区共有的财富。

更为重要的是，临空经济区之间应该加强相互支持与帮助。虽然我国临空经济发展已经取得了一些成就，但总体上还处于起步、壮大阶段，各临空经济区之间发展还不够平衡。临空经济区在天然优势、后发理念等方面各有优势，会议呼吁临空经济区之间应该加强相互支持与帮助，共同推进我国临空经济大发展。

在这次交流会上，成立了中国临空经济区发展与合作研究会，以此作为全国临空经济区务实交流与合作的平台，广泛吸纳全国临空经济区和具有临空经济性质的区域管理机构、研究机构参加，定期围绕各方共同关注的话题开展深入、坦诚的交流。

参考文献

一 书籍

[1] 王学东:《国有资本运营机制重构论》,中国经济出版社,2001。

[2] 王学东:《商业房地产项目投融资与运营管理》,清华大学出版社,2004。

[3] 上海财经大学自由贸易区研究院:《赢在自贸区:寻找改革红利时代的财富与机遇》,北京大学出版社,2014。

[4] 《首都空港自由贸易区发展战略研究》课题组:《空港自由贸易区理论与实践探索》,中国经济出版社,2008。

[5] 〔美〕约翰·卡萨达、格雷格·林赛:《航空大都市:我们未来的生活方式》,曹允春、沈丹阳译,河南科学技术出版社,2013。

[6] 李镇远、吴冀林:《开发区建设管理理论与实践》,人民出版社,2010。

[7] 张占斌、时红秀、李万峰等:《中国新型城镇化建设研究》,河北人民出版社,2013。

[8] 金乾生:《开发区创新与发展》,经济科学出版社,2013。

[9] 汪素芹:《国际服务贸易》,机械工业出版社,2006。

[10] 许长新:《港航经济系统论》,海洋出版社,2004。

[11] 邢金有:《国际航运概论》,大连理工大学出版社,2004。

[12] 李泊溪、周飞跃、孙兵:《中国自由贸易园区的构建》,机械工业出版社,2013。

［13］李友华：《境外自由贸易区与中国保税区比较研究》，吉林大学出版社，2006。

［14］谷源洋、魏燕慎、王耀媛：《世界经济自由区大观》，世界知识出版社，1993。

［15］潘承仕：《城市功能综合评价研究》，重庆大学出版社，2004。

［16］蔡德林：《国际贸易运输地理》，中国商务出版社，2006。

［17］李军：《国际技术与服务贸易贸易》，中国人民大学出版社，2008。

［18］赵书华：《国际服务贸易研究》，中国商务出版社，2006。

［19］赵锡铎：《运输经济学》，大连海事大学出版社，2006。

［20］周叔莲、裴叔平、陈树勋：《中国产业政策研究》，经济管理出版社，1990。

二 报纸

［1］王学东：《贯彻新型城市化发展理念 打造第四代国际空港城市》，2012 年 2 月 8 日第 11 版《陕西日报》。

［2］王学东：《空经济将成为经济复兴的增长极》，2012 年 12 月 14 日第 6 版《陕西日报》。

［3］王学东：《西安面向国际化、现代化城市发展战略的思考》，2009 年 11 月 18 日第 6 版《陕西日报》。

［4］王学东：《2005 年西安经济发展展望》，2005 年 1 月 26 日《西安日报》。

［5］王学东：《西安产业发展的路径选择》，2005 年 4 月 27 日《西安日报》。

［6］王学东：《推进城市发展全面转型的三大关键点》，2007 年 1 月 31 日第 8 版《西安日报》。

［7］王学东：《彰显人文 激发活力 构建和谐 促进西安经济社会又好又快发展》，2007 年 8 月 20 日第 7 版《西安日报》。

［8］王学东：《西安核心城市功能与产业发展路径（上）》，2008 年 3 月 12 日第 6 版《陕西日报》。

［9］王学东：《西安核心城市功能与产业发展路径（下）》，2008 年 3 月 19 日第 5 版《陕西日报》。

［10］赵燕霞：《韩国仁川自由经济区成功背后的"政治力量"》，2011 年 9 月《中国民航报》。

［11］赵燕霞：《香农"变形记"》，2011 年 9 月 19 日第 7 版《中国民航报》。

三　期刊

［1］王学东：《建设国际化大都市　推进西部大开发上新水平》，《新西部》（下半月）2009 年第 12 期。

［2］薛润涛：《史基浦机场：发扬协会精神，促进货运增长》，《空运商务》2010 年第 12 期。

［3］王红：《国外临空经济发展的现状与启示》，《空运商务》2013 年第 5 期。

［4］朱前洪：《国际空港经济的演进历程及对我国的启示》，《学术研究》2008 年第 10 期。

［5］陈绍旺：《国际航空城发展的经验与启示》，《国际经济合作》2009 年第 4 期。

［6］倪海云：《北美物流中心——孟菲斯》，《空运商务》2009 年第 2 期。

［7］李航、孙薇：《我国航空运输未来发展趋势分析》，《经济研究导刊》2013 年第 11 期。

［8］刘春丽：《西安航空物流分析及其发展对策》，《现代物流》2012 年第 13 期。

［9］王红：《我国临空经济发展的现状和问题》，《空运商务》2013 年第 4 期。

［10］龚峰、刘刚：《武汉城市圈临空经济发展现状、问题与对策研究》，《经济与管理》2013 年第 1 期。

［11］杜琦、刘晓宁：《现代制造业与现代服务业互动发展研究——以西安为例》，《现代管理科学》2010 年第 9 期。

［12］张从寿：《安徽高沟电缆产业集群可持续发展的 SWOT 分析与公共政策建议》，《经济研究导刊》2011 年第 8 期。

［13］曾涛：《金融危机下广东纺织服装企业国际竞争力的 SWOT 分析》，《北方经济》2009 年第 12 期。

［14］周少华：《临空经济的主要发展模式》，《中国国情国力》1998 年第 7 期。

［15］刘廷川：《海外航空城开发的成功之道及规划研究》，《综合运输》2011 年第 4 期。

［16］刘千瑜：《山西临空经济发展：问题与对策》，《理论探索》2012 年第 5 期。

［17］赵冰、曹允春：《基于产业转移的临空产业选择研究》，《商业研究》2013 年第 2 期。

［18］王兆宇：《基于国际经验的我国临空经济发展问题研究》，《生产力研究》2012 年第 3 期。

［20］陈晓剑、王淮学：《主导产业的选择模型》，《中国管理科学》1996 年第 4 期。

［21］郭克莎：《工业化新时期新兴主导产业的选择》，《中国工业经济》2003 年第 2 期。

［22］黄新建、龚国平：《区域主导产业定量选择研究——以江西省赣州市为例》，《江西社会科学》2006 年第 2 期。

［23］李非、王晓勇、江峰：《临空经济区形成机理与区域产业结构升级——以广州新白云国际机场为例》，《学术研究》2012 年第 1 期。

［24］李悦：《战略重点行业的选择与转移》，《技术经济与管理研究》1985 年第 4 期。

［25］林毅夫、刘明兴：《经济发展战略与中国的工业化》，《经济研究》2004 年第 7 期。

［26］钱雪亚、严勤劳：《主导产业选择的原则及评价体系》，《统计与决策》2002 年第 1 期。

［27］史娟红：《南京禄口临空经济区产业选择的探讨》，《产业与科技论坛》2010 年第 3 期。

［28］塞风：《关于工业部门结构合理化问题探讨》，《经济理论与经济管理》1982 年第 6 期。

[29] 许长新：《产业结构调整定量化初探——关于主导产业的一项定量研究》，《财经研究》1989 年第 7 期。

[30] 严素静：《主导产业选择的方法》，《工业技术经济》1988 年第 6 期。

[31] 杨冶：《产业结构识别与选择的基准问题》，《中国工业经济》1996 年第 6 期。

[32] 杨云龙：《论我国经济的结构发展模式》，《经济研究》1988 年第 3 期。

[33] 尹世杰：《略论轻型产业结构》，《新湘评论》1980 年第 7 期。

[34] 袁明鹏、刘国新、李勃：《新经济增长点的产业选择模型》，《技术经济与管理研究》1999 年第 2 期。

[36] 周叔莲、吴敬琏：《调整时期应当优先发展轻工业》，《中国经济问题》1979 年第 6 期。

[37] 周耀东：《中国主导产业理论与实践的反思》，《上海经济研究》1998 年第 1 期。

[38] 周振华：《产业结构政策的选择基准：一个新的假说》，《经济研究》1989 年第 3 期。

[39] 赵晓玥、胡登峰、戴强：《促进区域经济发展的主导产业选择研究——以合芜蚌为例》，《科技和产业》2012 年第 2 期。

[40] 张凤岩、王剑：《大庆临空产业选择的实证研究》，《产业发展》2012 年第 11 期。

[41] 张凤岩、王剑、郭振：《大庆临空经济形成期产业结构调整模式与产业选择研究》，《区域经济》2011 年第 11 期。

[42] 黄安民、韩光明：《从旅游城市到休闲城市的思考：渗透、差异和途径》，《经济地理》2012 年第 5 期。

[43] 宋春华：《大城市发展与卫星城建设》，《建筑学报》2005 年第 6 期。

[44] 任兴洲：《探索城市化及卫星城发展模式》，《新经济导刊》2003 年第 3 期。

[45] 叶峻青、何勋隆：《城市轨道交通与铁路枢纽规划》，《交通运输工程学报》2003 年第 12 期。

[46] 张京祥、邹军、吴启焰、陈小卉：《论都市圈地域空间的组织》，《城

市规划》2001 年第 5 期。

[47] 丁成日：《国际卫星城发展战略的评价》，《城市发展研究》2007 年第 2 期。

[48] 白杨：《我国航空运输服务业的市场结构及价格竞争策略分析》，《经济经纬》2006 年第 1 期。

[49] 周桂荣、王萌霞：《基于钻石模型的区域制造业国际竞争力的对策研究——以滨海新区为例》，《全国商情》（经济理论研究）2008 年第 1 期。

[50] 李向民、王晨、成乔明等：《城市文化竞争力及其评价指标》，《中国文化产业评论》2008 年第 2 期。

[51] 王发明：《城市国际化水平综合评价指标体系的构建》，《统计与决策》2009 年第 22 期。

[52] 陈怡安：《城市国际化水平评价指标体系及实证研究——以天津滨海新区为例》，《经济体制改革》2013 年第 1 期。

[53] 欧阳平凯、赵顺龙：《产业高端化及其评价指标体系》，《山东科技大学学报》（社会科学版）2009 年第 1 期。

[54] 牛勇平、肖红：《高端产业相关研究评述与展望》，《经济学动态》2010 年第 2 期。

[55] 赵德兴、陈友华、李惠芬等：《城市文化竞争力指标体系研究》，《文化研究》2006 年第 6 期。

[56] 吴海瑾：《基于产业价值链分拆理论的产业高端化研究》，《山东社会科学》2009 年第 2 期。

[57] 王云才、石忆邵、陈田：《生态城市评价体系对比与创新研究》，《城市问题》2007 年第 12 期。

[58] 吴琼、王如松、李宏卿等：《生态城市指标体系与评价方法》，《生态学报》2005 年第 8 期。

[59] 徐志虎、白庆华：《城市生态化水平评价方法及其应用》，《生态学杂志》2011 年第 3 期。

[60] 王思雪、郑磊：《国内外智慧城市评价指标体系比较》，《电子政务》

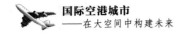
2013 年第 1 期。

[61] 邓贤峰：《“智慧城市”评价指标体系研究》，《发展研究》2010 年第 12 期。

[62] 陈铭、王乾晨、张晓海等：《智慧城市评价指标体系研究——以智慧南京建设为例》，《城市发展研究》2011 年第 5 期。

[63] 杨凡：《上海航空城：建设世界城市的制高点》，《浦东开发》2011 年第 11 期。

[64] 温汝俊：《自由贸易区的作用与类型：兼谈重庆设立保税区的有关政策》，《重庆经济研究》2003 年第 6 期。

[65] 祁欣、孟文秀：《全球自由贸易园区发展模式及对比分析》，《对外经贸实务》2010 年第 6 期。

[66] 郑新立：《将舟山建设成为我国环太平洋经济圈的桥头堡》，《区域经济》2013 年第 4 期。

[67] 华顿：《“放开一线，管住二线”——上海自贸区解析》，《上海经济》2013 年第 8 期。

[68] 陈斌、王晓庆：《上海：一片希望的试验田——上海自贸区打造中国经济“升级版”》，《今日中国论坛》2013 年第 14 期。

四　硕士、博士研究生论文

[1] 陈林：《桂林机场综合竞争力分析与提升研究》，广西大学，2012。

[2] 申小蓉：《国际视野下的科技型城市研究》，四川大学，2006。

[3] 王则仪：《国际航运中心建设进程中的浦东机场竞争力分析》，复旦大学，2011。

[4] 卫昭昌：《西安咸阳国际机场发展战略研究》，西北大学，2012。

[5] 陈晓峰：《祝桥空港工业区产业选择研究》，中国科学技术大学，2011。

[6] 吴智琴：《临空经济区的产业选择与空间布局优化研究——以长沙黄花国际机场为例》，湖南师范大学，2013。

[7] 陈钧浩：《宁波建设自由贸易港的理论与实证研究》，宁波大学，2006。

五　网络资源

［1］《爱尔兰香农自由贸易区》，http：//ie. mofcom. gov. cn/aarticle/jmjg/zwqtjmjg/200211/20021100054415. html，2002 年 11 月。

［2］武汉市交通运输协会：《美国孟菲斯机场航空物流运作的启示》，http：//www. whjt. gov. cn/jtxh/tszs/2012/08/03/39382. htm，2012 年 2 月 16 日。

［3］四川省人民政府：《四川省国民经济和社会发展第十二个五年规划纲要》，http：//www. sc. xinhuanet. com/content/2011 – 01/28/content_21971130. htm，2011 年 1 月 28 日。

［4］陕西省人民政府：《陕西省国民经济和社会发展第十二个五年规划纲要》，http：//www. sxdaily. com. cn/data/zhrdhg/20110125_9875504_0. htm，2011 年 1 月 25 日。

［5］重庆市人民政府：《重庆市国民经济和社会发展第十二个五年规划纲要》，http：//www. cq. gov. cn/publicinfo/web/views/Show! detail. action？sid = 1032430，2011 年 1 月 5 日。

［6］河南省人民政府：《河南省国民经济和社会发展第十二个五年规划纲要》，http：//www. henan. gov. cn/zwgk/system/2011/04/29/010241505. shtml，2011 年 4 月 20 日。

［7］国家发展和改革委员会：《关中－天水经济区发展规划》，http：//www. sdpc. gov. cn/zcfb/zcfbtz/2009tz/W020090703640476937689. pdf，2009 年 6 月。

［8］《2013 年第三季度机场服务评测报告》，民航资源网，http：//news. carnoc. com/list/264/264143. html，2013 年 10 月 22 日。

［9］《国际先进城市的基本特征与发展路径》，宁波决策咨询网，http：//fz. ningbo. gov. cn/detail_22992_48. html，2008 年 12 月 2 日。

［10］中华人民共和国环境保护部：《生态县、生态市、生态省建设指标（修订稿）》，http：//sts. mep. gov. cn/stsfcj/ghyzb/200801/t20080115_116249. htm，2008 年 1 月 15 日。

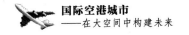

[11] 《智慧城市评价指标体系 2.0》，上海浦东门户网站，http：//live. pudong. gov. cn/pudongNews_ BMTX/Info/Detail_ 451178. htm，2012 年 12 月 19 日。

六　研究报告

[1] 浙江大学中国西部发展研究院：《西咸新区空港新城国际航空城实验区建设发展白皮书》，陕西省西咸新区空港新城管委会，2014。

图书在版编目（CIP）数据

国际空港城市：在大空间中构建未来/王学东著. —北京：
社会科学文献出版社，2014.8
ISBN 978 - 7 - 5097 - 6245 - 5

Ⅰ.①国…　Ⅱ.①王…　Ⅲ.①机场 - 经济发展 - 研究 -
世界　Ⅳ.①F561.3

中国版本图书馆 CIP 数据核字（2014）第 154700 号

国际空港城市
——在大空间中构建未来

著　　者 / 王学东

出 版 人 / 谢寿光
出 版 者 / 社会科学文献出版社
地　　址 / 北京市西城区北三环中路甲 29 号院 3 号楼华龙大厦
邮政编码 / 100029

责任部门 / 经济与管理出版中心　（010）59367226　　　责任编辑 / 林　尧　王莉莉
电子信箱 / caijingbu@ ssap. cn　　　　　　　　　　　责任校对 / 王伟涛
项目统筹 / 恽　薇　　　　　　　　　　　　　　　　　责任印制 / 岳　阳
经　　销 / 社会科学文献出版社市场营销中心　（010）59367081　59367089
读者服务 / 读者服务中心（010）59367028

印　　装 / 北京季蜂印刷有限公司
开　　本 / 787mm×1092mm　1/16　　　　　　　　　　印　　张 / 17.5
版　　次 / 2014 年 8 月第 1 版　　　　　　　　　　　字　　数 / 276 千字
印　　次 / 2014 年 8 月第 1 次印刷
书　　号 / ISBN 978 - 7 - 5097 - 6245 - 5
定　　价 / 69.00 元